近代报刊文献辑录丛书

名家书单

张 伟·主编 孙 莺·编

上海科学技术文献出版社

Shanghai Scientific and Technological Literature Press

图书在版编目（CIP）数据

名家书单 / 孙莺编 . —上海：上海科学技术文献出版社，
2021

ISBN 978-7-5439-8387-8

Ⅰ.① 名⋯　Ⅱ.①孙⋯　Ⅲ.①读书笔记—中国—近代
Ⅳ.① G792

中国版本图书馆 CIP 数据核字 (2021) 第 142431 号

选题策划：张　树
责任编辑：王　珺
封面设计：留白文化

名 家 书 单
MINGJIA SHUDAN
孙　莺　编
出版发行：上海科学技术文献出版社
地　　址：上海市长乐路 746 号
邮政编码：200040
经　　销：全国新华书店
印　　刷：常熟市人民印刷有限公司
开　　本：720mm×1000mm　1/16
印　　张：21.75
字　　数：331 000
版　　次：2021 年 8 月第 1 版　2021 年 8 月第 1 次印刷
书　　号：ISBN 978-7-5439-8387-8
定　　价：88.00 元
http://www.sstlp.com

孤灯书话
PART
3

作家书简
PART 4

书单是人生的索引

简　平

　　孙莺非常踏实、勤奋，所以她的上海近现代文化研究收获甚丰，这本《名家书单》便是她的最新成果。《名家书单》是张伟先生主编的"近代报刊文献辑录丛书"之一种，收录了晚清、民国时期各界名人的读书书目，有开给别人的推荐书单，更多的则是自己的阅读心得，以及与书相遇的记录。说起来，阅读是很私人化的，每个人阅历不同、背景不同、兴趣不同，自然读的书也不同，所以的确很难为别人做荐书之事，也由于私密性，甚至都不愿过多过细地公开谈及自己的书斋和藏书。我想，鲁迅先生当年之所以拒绝孙伏园为《京报副刊》开列"青年必读书"，盖因如此吧。正因为这样，在浩如烟海的民国报刊文献中遴选出一本《名家书单》来，实在很不容易。

　　不过，做"名家书单"倒是历来的传统，尽管九十多年前鲁迅先生弄出一个"梗"，可至今仍方兴未艾，而且没有受到纸质书在电子媒质冲击下疲软萎顿的影响，显出愈盛之势。或许，这在很大程度上与人的好奇心有关。人的好奇心无所不包，窥探名人的私家书单，看看他们都读些什么书，向来为人所乐道，我以为这没有什么不好。既为名家，总有不一般的地方，对于普通人来说，了解他们的阅读，乃至随之跟进，从小处说，是满足好奇心，从大处说，阅读的实质是一种传播，跟随有人生阅历、有独立见解、有读书门道的名师大家进行阅读，乃是一件事半功倍的事。名人的影响力不容小觑，现下，每每推出一本书，出版社总要拉来名家"联袂推荐"，看来并不是多此一举，名人效应还是有的。

其实，名人们的书单分散四处，常就是一瞥罢了，但是，一旦聚合成书，那就不一样了。我读《名人书单》校样，颇感震动，感受到成规模后的浩荡和辽阔，恰如书中作家、翻译家胡山源先生在一篇文章中所说的，"集在一处，便可以成为洋洋大观"，20 世纪三四十年代迎面而来，一个时代的风气、风尚、风貌面目清晰得触手可及。原来，所有的阅读都是一种相通的境遇。1935 年，《青年界》杂志开设了"我在青年时代所爱读的书"栏目，我浏览了一下众多撰稿人的书单，发现虽然他们年龄、出身各异，专业领域不同，但读的书却多所雷同：《史记》《诗经》《牡丹亭》《水浒传》《三国演义》《聊斋志异》，梁启超的《饮冰室文集》，鲁迅的《呐喊》与《彷徨》，胡适的《胡适文存》，托尔斯泰的《复活》和《艺术论》；杂志则有《学生杂志》《小说月报》，而且还都强调这两份杂志换了主编，进行了革新，《学生杂志》改由杨贤江编辑，《小说月报》则改由沈雁冰编辑，而这两人都是马克思主义的信仰者。这些互有重合的书单，很明显地打着时代的烙印，从中反映出当时被关注、被考虑、被鼓动的社会思潮。由此上溯，就可以明白当初耿直的鲁迅先生为何拒绝开列"青年必读书"了，因为那时顽固、守旧的世风与他格格不入。这让我想到，尽管读书是件很私人的事，但由于每个私人组成了大众，结果导致读书无论在何时何地，总是与时代、社会休戚相关。

如果我们可以从《名人书单》中发现读书是时事与思潮的投射，那么，我们更可以从每一份具体的个人书目中找寻到其人生的索引。

学者、作家、翻译家施蛰存先生写于 1936 年的《绕室旅行记》，趣味十足，他围绕自己的书斋做了一次"旅行"，并像导游一般悠悠扬扬地向读者介绍了他曾阅读过的那些杂志，而阅读那些杂志恰恰构成了他的人生历程。"旅行"从刚拿到的《宇宙风》杂志开始，翻完之后，袖手默坐，眼前书册纵横，不免闲愁潮涌。"书似青山常乱叠"，则书亦是山；"不知都有几多愁"，则愁亦是水。于是，生出"我其在山水之间乎"的感慨。太息之后继续"旅行"，那是一叠叠的画报与文艺刊物，画报中最可珍贵的是巴黎印制的《真相画报》，印着许多有关辛亥革命的照片，而"我对于它最大的感谢，却是因为我从这份画报中第一次欣赏了曼殊大师的诗画。"在文艺刊物方面，则喜文明书局出版的三本《春声》，其篇幅每期都达四五百页，厚厚的一本，"是以后的出版界中不曾有过的事"。紧接着，"旅行"陡生悬疑，在一大批尘封的旧杂志中，居然发现了一个纸包。打开来一看，原是一份纸版，那是几年前与戴望舒、杜衡、冯画室一起为上海一家书局编辑的一本三十二开型的新兴文艺小月刊，那时费了两天的斟酌，才决定刊名叫作《文学工场》，"当时觉得很时髦，很有革命味儿"。不料，书局没有通过，戴望舒和冯画室前去交涉，最终带回来了这本文学小月刊第一期的全部纸型，"老板说是太左倾了，不敢印行，把全副纸版送给我们！"重新察看这始终未曾印行出来的《文学工场》创刊号的内容，一共包含着五篇文章：杜衡的译文《无产阶级艺术底批评》，冯画室的《革命与智识阶级》和翻译的日本藏原唯人的《莫斯科的五月祭》，施蛰存的拟苏联式革命小说《追》，戴望舒的新诗《断指》。"当我把这一包纸型重又郑重地包拢的时候，心中忽然触念到想把它印几十本出来送送朋友，以纪念这个流产了的文学月刊。"旅行"至此，我想，我们可以找寻到施蛰存先生后来执着于编辑《无轨列车》《新文艺》《文饭小品》，尤其是主编大型文学月刊《现代》的人生索引了，而且我们还可以追溯到他以及他那代知识分子当年的思想状态和人生追求。

《名人书单》中，这样既生动有趣又不乏思想见地的文章还有很多。比如学者、作家许钦文的《〈新青年〉和〈新潮〉》，说自己先前并不爱读书，平日里做做手工钓钓鱼，有一次忽然得到这两本杂志，让他知道了新文学，就此走上了小说创作道路。学者、教育家朱维之在《介绍四本书》一文里，推荐了罗曼·罗兰的长篇小说《约翰·克利斯多夫》和郭沫若的研究专著《青铜时代》，认为前者有美的理想、美的情调和美的文字，可以藉此接受审美熏陶，后者可以启发人们的批判精神，可知道怎样去"读死书"而不是"死读书"。其实，1930年，也就是鲁迅先生拒绝开列"青年必读书"后的第五年，他的好友、教育家许寿裳的长子许世瑛考取了清华大学国文系，许寿裳请他为其儿子列一份书目，鲁迅先生还是以拳拳之情开列了十二种书单，包括《世说新语》《全隋文》《唐诗纪事》《四库全书简明目录》等，有史，有论，还有工具书，正是国文学习的入门书籍。鲁迅先生还附上了简明扼要的解说，如从《论衡》见汉末的风俗迷信，由《抱朴子外篇》看晋末的社会状态等。时至今日，这份书单对于有志读书的青年还是很宝贵的建议。

我觉得，人的阅读应该是贯穿一生的，鸿蒙初开之时，跟随名家书单读书，不啻为一条捷径。说实话，迄今我都很看重我所信任的国内外大师名家的书单，我会从中汲取智慧；我还关注当下出版界、传媒界推出的各种最新书目，我会从中得到有益的信息；当然，随着自己人生的展开，我也积累了自己的书单，并乐意在各种媒介上进行"阅读推广"，与爱好读书的朋友们分享。我承认，我个人的阅读史、我个人的书单就是我自己人生的索引，一路走来，我的阅读书目也一路发生着变化，而这些变化无不与我对我所身处的时代和社会的思考、理解和认识有关，自然，也对我的文学和艺术创作、专业方面的研究产生了重要的影响。

在我看来，不论阅读方式有何改变，阅读本身会是永恒的存在，人类文明的成果终将通过阅读得以传播和发扬，因而"名家书单"也就永远不会落寞。在推进全民阅读中，各种书单、榜单层出不穷，便是佐证，固然有推广因素，但却与传统、与读者的需求是相承和呼应的。虽然"名家书单"到了今天已有更多的内涵，在形式上也发生了很大的变化，与时俱进地拓展为线上线下的活动，衍生出读书节、读书讲座、读书音视频、读书旅行等等，但是，契合了过往众多卓有成就者人生轨迹的《名家书单》这本书，还是让人有一种摸得着看得见的"读万卷书，行万里路"的美好而真切的感受。

2021 年 4 月 20 日

PART 1

书斋漫步

名家书单

卢前斋偷书记

—— 赵景深

1934

　　卢前斋并没有这么一个斋名，只是卢前的书斋之意。卢前字冀野，因慕卢疏斋以散曲名，和他又是同姓，所以自号小疏。但我因为要写他的书斋，便缩去"的书"二字，一来表示"的书"已被我偷去，二来这斋名颇为浑成，大可追踪元代曲家。比方说，曲家之以斋名者，颇为不少，《酸甜乐府》的作者贯酸斋和徐甜斋已经是两个斋，再加上卢疏斋，这是当然，还有刘通斋、钟丑斋、杨澹斋、杨立斋、吴克斋……一大套的斋，莫不大名鼎鼎。而卢公正有志迈而前之，号为卢前斋，实甚得当。故谓之为卢前的书斋固可，谓卢前斋为人的代名，亦无不可。

　　冀野近任教暨南大学。我偶然买到他的《明清戏曲史》，并且特地去把他的《中国戏剧概论》从世界书局买了来，看见二书中有好多书目，是我所不曾看到的。我所有的关于戏剧和散曲这两方面的书都只是通行本，因为编中国文学史，正编到元朝，渴欲一读冀野所有的书。好在我与他有一面之缘，以前他在开封河大也常把他的著作寄给我看，便不揣冒昧的写了一封信去，说是要借他的书，请他约定时日，以便奉访。他接到信便来看我，允许把他所刻的散曲送一部给我，并且说，我随时都可以去问他借书。于是，我决定要去看他一趟。

　　有这么一天早晨，天气晴和，趁公共汽车到真茹。进了暨大的门，初来新到，摸不着头脑，一直寻到厨房，再由校役的指示，过桥斜行，才寻到卢前斋或冀野的宿舍。这宿舍一共三排，是师生合住的。冀野能够不摆架子，"与民同乐"，极为难得！房子很矮，又很阴暗，室内有两张床，三个书架，几张课室用的矮小的桌子。桌子上乱堆着纸，纸堆里高矗出蜡烛台来。自然，我的目的是在借书，一问，知道冀野不在家，但又不愿虚此一行——从上海到真茹，至少要带一身灰尘去，再带一身灰尘回来——虽是还没有达到忘乎形迹的地位，但为热情所驱使，便一面等待他回来，一面大翻其书。翻阅的结果，知道两架书是他自己的，另一架书是一位名叫 Byron Lee 的。他自己的两架里面，曾约略分类，一架放《九通》和子书四史之类，那不是我所需要的；另一架就被我发现了许多书。计有：

一、《饮虹簃所刻曲》，线装精印五册，内收张养浩的《云庄乐府》、陈铎的《秋碧乐府》和《梨云寄傲》、常伦的《写情集》、夏言的《鸥园新曲》和刘效祖的《词脔》，以及张瘦郎的《步雪初声》。除张养浩为元人外，余均为明人。

二、《曲话十种》，石印本，订为一册，是河大的讲义。内收何良俊的《四友斋曲说》、徐复祚的《三家村老委谈》、王世贞的《曲藻》、周辉的《曲品》、张元长的《梅花草堂曲谈》、程羽文的《曲藻》、黄周星的《制曲枝语》、袁栋的《书隐曲说》、陈栋的《北泾草堂曲论》、刘熙载的《曲概》。前六种为明人作，后四种为清人作。首附冀野自作的散曲书目。

三、《尧山堂外纪》，蒋一葵作，一小册。原书卷帙甚繁。此书将其中有关曲学者录出，极便阅览。

四、《戏曲史》，近人许之衡作，其中《录鬼簿》或元曲作家及其作品名好像占了很多的篇幅。其他各章，好像也没有什么特殊的见解。

五、《散曲史》，卢冀野作，河大讲义。

六、《辑本元明散曲七种》，都是河大学生所刻的，计有钟嗣成的《丑斋乐府》、汪元亨的《小隐余音》、睢景臣的《睢景臣词》（附睢玄明词）、顾德润的《九山乐府》、吴仁卿的《金缕新声》、马九皋的《马九皋词》以及冯梦龙的《宛转歌》。除末一种为明人作品以外，余均元人作品。又，除《宛转歌》系自《太霞新奏》辑出者外，余均自《太平乐府》《阳春白雪》《乐府群玉》《雍熙乐府》《词林摘艳》《录鬼簿》等书中辑出。

七、《词莂》，朱强邨所选的清词。龙榆生刊。

八、《南北曲研究》，近人王玉章作，持志大学讲义，铅印本，比复旦大学油印本多一章。此外还有他自己所编的刊物《会友》合订本二、三、四册。我把这些书检出来放在一堆。同时毫无理由的翻 Byron Lee 的书，因为他不应该全放的是《中国文学史》一类的书，否则我就不去染指了。我偶然翻到我自己的《中国文学小史》，看见上面画了许多颜色铅笔线，自幸有这样细心的读者，更仿佛立刻与他成为神交，便大翻他的刊物，翻到《中国语文学系丛刊》和《南音》各一本，都是暨大文科的刊物，一并放在一处。久待冀野不至，便用随身携带的铅笔（并非墨笔或粉笔）在一张讲义纸的背后（也不是墙上）像英雄好汉似的大书所借书名，并云《饮虹簃所刻曲》预备"揩油"，签了名，便把一堆书捧了出去。这一回有题目和正名，道是：卢冀野城门失火，拜伦李殃及池鱼！

虽说是借，究竟是不告而取，但较之敝省郭沫若公的万引，究竟要略胜一筹。捧了一堆书，曳上了门，走出宿舍，沿路幸而并无人盘问。但是，捧了一堆不曾包扎的书，像是匆匆忙忙偷出来的，总有点不大妥当。从宿舍到公共汽车站有一大段路，我总觉得有几个走过的人是用怀疑的眼光望着我的。汽车开行之后，我才把忐忑的心放了下来。我心里想："倘若我真的做了窃贼，这不是一个小小的成功么？不过，如果真的偷书，态度恐怕没有这样的自然了，虽然也有一点担心！"

很高兴的把书放在桌上，首先便取《曲话十种》来吞读。忽然想起冀野失去这许多书，没有了参考，他怎么教书呢？不禁替他担起心来，愈想愈难过。我自己就是这样，猢狲没有棒就耍不起来。将己之心，度人之情，觉得他自己所著的《散曲史》尤其不该拿了它去。后来听见为法说起，任讷有《新曲苑》三十几种的稿本存在冀野处，又记起冀野自己也曾向我说过，他留有稿本，我这才放心的把《曲话十种》和《尧山堂外纪》（二书为《新曲苑》的一部分）留下，预备慢慢的看。《饮虹簃所刻曲》，他还存有三部，也不甚要紧，我也留了下来。此外如《辑本元明散曲七种》，我猜想他只有一本，便抄了一个要目下来，以备检查。《南北曲研究》我另借有复旦本，只把复旦本所无的末章看了一遍。《词莂》一时还用不到。《戏曲史》似不很重要，虽然许先生是颇为有名的。

《散曲史》我把急需参考的元代章大略看了一遍。于是，在几天以后，这些书连同 Byron Lee 的刊物两本包扎在一起，再亲自送到暨大去。可是，我的心中仍似依依不舍，正如李清照在《金石录后序》里所说，大有"恋恋怅怅"之慨。

第二次虽然仍不曾看见冀野，把书留下，觉得此后他将不致因失书而感到困难，已经得到很大的安慰了。徘徊于卢前斋者片时，便兴尽而返。正如王子猷雪夜乘小船造访，不必见戴，又如邱为的《寻西山隐者不遇》云：

绝顶一茅茨，直上三十里，

叩关无僮仆，窥室惟案几。……

差次不相见，黾勉空仰止。……

虽无宾主意，颇得清净理。

兴尽方下山，何必待之子？

此诗颇近初次偷书的情形，亟录之以结吾文。

二三，五，二六。

○ 原载《青年界》，1934 年第 6 卷第 2 期第 65—68 页

我的书斋生活

1935

—— 邵洵美

你们简直可以说，洵美是生活在书斋里的：会客室里是书，卧房里是书，楼梯边上也是书，连三层楼上的洗澡间里也是书。所以一定要我指出哪一间是书斋，那可不容易。也许在我卧房隔壁的一间最像，中间有只书桌，可是书桌上又堆满了书，没有地方摆稿纸，也没有地方摆砚台，我又不会用钢笔写文章。用钢笔写，我总嫌太滑、太快，它几乎不容你思想，你下了一个种，它就为你长出了花和叶。你会不认识你自己的文章。我喜欢毛笔，它总伴着你，有时也许比你快一步，可是你总追得到。这个小房间里还有两只安乐椅，一个书架，里面是我最心爱的书籍，不肯借人的。墙上只有一张叔华画的水仙，浅淡的笔姿给你一种清高的空气，偶然在看书的时候想到自己不久要穷得不成个样子，它就会显示你一个最伟大的希望，所以有几个晚上，我简直就呆对着这张画。

①

---

① 张大任绘，刊载于《时代》，1935 年第 8 卷第 1 期。

这个小房间，长不满十五尺，宽不满十尺，关于现代诗的书籍，我都放在里面。书架里放不下，便放在桌子上。桌子上放不下，便堆在椅子里。椅子里放不下，便叠在地上。理由是我从不整理我的书籍，买到了新书就随便放，看过了又随便丢。假使为了写一篇文章，需要参考时，每每费半个一个钟头去寻觅。我的老婆又爱多事，一看我的书压住了什么账单之类的字纸，便总把那本书去放置在书架里，等到我要找的时候，便总和侦探去捉罪犯一样，查问、推敲、猜测和追求，有时又会当面错过，我的文章便只能改换一个题目了。

通常一个人有了这许多放书的房间，他便总会为他们取许多雅致的名字，什么室，什么斋，什么楼之类。一半当然为了借这个机会可以写些大字，叫做匾的人刻好了挂起来，一半也是为自己或是家人找书的时候容易辨别。我却懒得花这种心思，所以像上面所说的那个房间，我们便叫作"楼上书房"，楼下的叫作"楼下书房"，三层楼的叫作"三层楼书房"。

我平时读书写文章，都在夜间，所以坐在"楼上书房"的机会多，因为它

最近我的卧室，倦了，跨几步便到床上。但是当我准备要全夜写文章的时候，便只能等在"楼下书房"了。那时候两个大房间里只有我一个人，咳嗽，刮洋火，便不会闹醒人家。天亮了，自己炖杯牛奶，或是走到对面弄堂里买些油豆腐，谁都不会觉得讨厌。

写文章，读书，本来是最个人的事情。也许老婆可以了解你工作的价值，可是为她们想，总是一种无谓的牺牲。你工作的时候，她们不好意思来缠扰，工作完了，你又得休息。嫁给你一百年，至多只有五十年在一起。尤其像我这样喜欢惹是招非的人，白天总是不在家的时候多，一回家便得寻了书读。书拿到手，电话又来了。朋友又喜欢要我写文章，因为我最明白编辑的痛苦，要二三千字我总肯为他赶写。我于是要茶，要水，要香烟。忙了老婆一阵子，结

① 张大任绘，刊载于《时代》，1935年第8卷第1期。

果她又只能把我一个人留在房里，关好了门，去叫小孩子不要笑出太大的声音，隔了一两个钟头来张一张，看我仍是伏在桌上写，于是再关上门，要是我已躺在椅子里睡着了，便把燃着的香烟头先丢在盂子里，再把绒毯子轻轻地盖在我身上。想到这种情形，我便十二分惭愧，一个人究竟不应当自私到这种田地。可是看见一本心爱的新书，便总买回来读，朋友要文章，总是满口允认。

我是无论如何脱离不了我的书斋的了。但是除非在我读书或是写文章到了出神的时候，我总会感觉到这几间书斋没有一间是舒服的。我理想的书斋是一个极大的房间，里面要能容下二十个书架，冬天有热水汀，夏天有冷气，最好是像马赛尔·普罗斯脱的书斋一样，四面的墙壁包上软木，外面有什么汽车喇叭的声音，里面都听不到。我希望有一只最大的书桌，上面可以尽我把书籍纸张乱堆，中间还可以留一些地方安置笔砚稿纸之类。记得北岩爵士曾说"小房间会狭小你的头脑；要写大文章，非有一个大书斋不可"。这个当然是我的奢望，我既没有财力去得到那样大的书斋，我也没有才力去写出什么大文章来，不过希望也是一种安慰，同时还是一种鼓励。

但是，无论如何，我白天是写不出文章的。"楼上书房"的光线太大，多待了会头痛，用了太厚的窗帏又会闷气。"楼下书房"事实上又是会客间，我的客人又多，文章写到一半，来了几个朋友，反而大家不舒服。我写文章还有一个坏习惯，和吃饭一样不能停，一停了就吃不下。有一次写一篇关于现代诗的文章，中间来了一个朋友，到现在还没有把它续完。所以假使有什么副刊编缉要我写那种分期登载的长篇小说，他一定会受累。但是夜里写文章，一忽便会天亮，一天不睡，三天都不能使精神恢复，我于是时常头痛。去找医生，他们总是皱紧了眉头叹口气。"三层楼书房"现在已放了一个床，我的表弟睡在里面，所以我除了寻书便不常去了。

事实上，我已不应当对我的书斋发什么牢骚，虽然不大，可是究竟容得下我。况且它们也不算对不起我，自从去年秋天搬到此地，真名假名的文章，将近十五万字了。

○ 原载《时代》，1935 年第 8 卷第 1 期第 4 页

我的书斋
1935

—— 江寄萍

　　我的书斋里——如果严苛的说起来，简直不能谓之书斋，因为书斋是雅的地方，大都是窗明几净，有瓶花，有香炉，纸墨笔砚与书籍，自然是更得排列的井井有序，书籍自然是在书架放得很齐整。而我的书斋却乱得很，不仅乱，而且又是卧室，这是书斋而兼卧室。只就书桌之一隅而言，简直就乱的可以。书籍是以堆而言的，东一堆，西一堆，书也许跑到床上去，袜子也许摆在墨盒旁边，别人看来以为我是非常的没有秩序，其实我以为我自己是秩序井然。比如说袜子摆在墨盒旁边，如有急事，放下笔，顺手就拿起袜子来，一穿而就毫不浪费时间；书籍放在床头，随便什么时候想躺一躺，就顺手可以将书拿起，不管是一本诗集，还是一本小说，俱有催眠的可能性，于是看几行下去，则酣然入睡矣。这也是非常方便的。不仅此也，即如每堆之书籍中，想读哪本，则信手而取，绝无差错，即有时误抽他书，亦不再翻找，只就此读之，久之亦有佳趣。有时我看见书桌上实在乱的不象样子，也亲自下手清理一番，从不愿假手他人，因为我的书桌一经他人之手，处处都不能如我之意。厨川白村在《苦闷的象征》上说一切的艺术创作也是这样，他说：

　　不但文学，凡有一切的艺术创作，都是在看去似乎浑沌的不统一的日常生活的事象上，认得统一，看出秩序来。就是仗着无意识心理的作用，作家和鉴赏者，都使自己的选择作用动作。凭了人们各各的选择作用，从各样的地位，用各样的态度，哪有着统一的创造创作，就从这浑沌的事象里就绪了。用浅近的例来说，就譬如我的书斋里，原稿、纸张、文具、书籍、杂志、报章等等，纷然杂然地放得很混乱。从别人的眼睛看去，这状态确乎是浑沌的。但是我，却觉得别人进了这屋子里，即单用一个指头来动就不愿意。在这里，用我自己的眼睛看去，是有着俨然的秩序和统一的。倘使由女工的手一整理，则因为经了从别人的地位看来的选择作用之故，紧要的原稿误作废纸，书籍的排列改了次序，该在手头的却在远处了，于我就要感到非常之不便。

艺术的东西，是一个人一个看法的，仆人虽然可以把你的书理的很齐整，但这不是艺术的，在他看来，以为是很好，在你看来，却以为是杂乱无章了，别人看着杂乱无章的事情，在你看来也许就是艺术的。我的书斋便是这样。我作的文章也是这样。

○ 原载《国闻周报》，1935 年第 12 卷第 29 期

绕室旅行记
1936

—— 施蛰存

我一出学校门，就想旅行。动机是非常迂腐，原来一心要学"太史公"的文章。当时未曾读过全部《史记》，只读了《项羽本纪》《刺客列传》《滑稽列传》等三五篇。但林琴南的翻译小说却看了不少。一本《大食故宫余载》，尤其是我平生最爱书之一。据说林琴南的文章是"龙门"笔法，而"龙门"笔法是得力于邀名山大川的。所以我渴想旅行，虽然我对于山水之趣并不十分浓厚。

可是到现在为止，我的足迹还是北不过长江，南不过浙江。旅行的趣味，始终不曾领略过。这理由是一则为了没有钱，二则为了没有闲，而没有闲也就是为了没有钱。所以三年前就说要逛一趟北平，到今天也还未曾治装成行，给朋友们大大的笑话，说是蚂蚁也该早爬到了。

今天气候很坏，天上阴霾，地上潮湿。看看报纸，北平附近似乎也不安逸，别说旅行去，便是想也不敢想它一想。桌上有几张现成的笺纸，突然兴发，不知打从什么地方来了一股勇气，抓起一支秃了尖的邵芝岩小提笔，挥洒了一联吴梅村的诗句，叫做"独处意非关水石，逢人口不识杯铛"。摊在地上一看，毕竟没有功夫，不成体统。再写一联，叫做"瀹茗夸阳羡，论诗到建安"。这回字大了，魄力益发不够。写字一道，看来与我终竟无缘，只得抛进字簏去。惟有这两联诗句，着实看得中，将来免不得要请别人写了。

收拾好墨池水滴，揩干净书桌，恰好校役送来一本《宇宙风》，总算有了消闲具。看到《秋荔亭墨要》之一，觉得俞平伯先生的文章游戏愈来愈妙，可惜我又不解棋道，莫敢赞一辞。近来棋风似乎很盛，朋友们差不多都能来一手。我却不知如何，怎么也学不好。仿佛是林和靖说过："我样样都会，只有下棋和担粪不会。"这句话倒颇可为我解嘲。只是"样样都会"一项，还是不够资格。而且以下棋与担粪并举，也不免唐突了国手。罪过罪过。

翻完一本《宇宙风》，袖手默坐。眼前书册纵横，不免闲愁潮涌。"书似青山常乱迭"，则书亦是山。"不知都有几多愁，恰似一江春水向东流"，则愁亦是水。我其在山水之间乎。"欲问行人去那边，眉眼盈盈处"，不免打迭闲愁，且向书城中旅行一番。于是乎燃白金龙一支而起。

一站起来，就看见架上那个意大利白石雕像。我幼时有三件恩物，是父亲买给我的。第一是一个宜兴砂制牧童骑牛水池，牧童背上的笠子便是水池的盖。原是很普通的东西，但是我很欢喜它。有一天，因为盛水，一不经心，把那个笠子碰碎了一角。惋惜之下，竟哭起来。第二是一架照相机，当时手提摄影机初来中国，一架"柯达"一百二十号快镜须售二十元，连一切冲洗附件，共须三十元零。父亲也不忍拂逆我，给如数买来了。摄景，冲晒，忙了两三个月，成绩毫无，兴致也就淡了。在水池之后，照相机之前，我唯一的珍宝便是这个意大利石像。当时随父亲到上海游玩。在爱多亚路一间空屋里看见正在举行意大利石雕展览会，就进去看了一看。不看犹可，一看竟看呆了。我生平未尝见如此可爱的美术品。那时的石雕都是天然的云石（marble），不是如现在市上所有的人造大理石或矾石。所以纯白之中有晶莹，雕刻的人体像没一个不是神采相授的。父亲屡次催促我走，因为他要去干正事。但我却迟疑着，也可说呆立着在那里了。我口虽不言，但欲得之心，却已给父亲看出了。他说："你欢喜就买一个回去罢。"我大喜过望，就挑选了横卧的裸女像。哪知一问价钱却要一百元以上。父亲连连摇头，我也觉得我不能买这样昂贵的东西。于是只得寻求价钱最便宜的。除了一些小器皿之外，雕像中间标价最便宜的就是这个半身人像，二十五元。当下那管理人翻出一本簿子来，查对号数，说这个雕像是一位意大利诗人，名字叫做亚里奥斯妥。我当时方读西洋史，以为一定是这个中国人读错了洋文，这是亚列斯妥德的半身像。但不管他是亚列斯妥德或是亚里奥斯妥，反正都是诗人总不会错。诗人亦我所欲也。当下就请父亲买了下来。重顿顿地捧着走路，捧着上火车，在火车里捧着，直捧到家中。

现在那水池早已不知去向了。那照相机也早给一位同学借到广州去革命，连性命带照相机都断送了。惟有这位意大利诗人还在我书斋中。可惜前年给我的孩子的傻乳娘，用墨笔给他点了睛，深入石理，虽然设法刮掉，终不免有点双目炯炯似的，觉得不伦不类了。

在诗人半身像底下的，是一架旧杂志。我常常怕买杂志。要是不能积成全卷或全年的话，零本的旧杂志最是没办法安置的东西。但是如果要"炒冷饭"，旧杂志却比旧书的趣味更大。我的这些旧杂志，正如时下的还在不尽地印出来的新杂志一样，十之九是画报与文艺刊物。画报中间，最可珍贵的是那在巴黎印的世界和审美图书馆的《真相画报》。近来中国的画报，似乎专在女人身上找材料，始而名妓，名妓之后是名媛，名女学生，或说高材生，再后一些便变了名舞女，以后是明星，以后是半裸体的女运动家和模特儿，最近似乎连女播音员也走上了红运。然而要找一种像英国的《伦敦画报》、法国的《所见周报》和《画刊》这等刊物，实在也很少。就是以最有成绩的《良友》和《时代》这两种画报来看，我个人仍觉得每期中有新闻性的数据还嫌太少一些。至于彩色版之多，编制的整齐，印刷之精，这诸点，现在的画报似乎还赶不上三十年前的世界。"东方文明开辟五千年以来第一种体式阔壮图绘富艳之印刷物，西方文明灌输数十年以来第一种理趣完备组织精当之绍介品。"这个标语，即使到现在，似乎还应该让《世界画报》居之无愧。至于《真相画报》，我不知道它一共出了几期。在我所有的几期中，印着许多有关辛亥革命的照片，我觉得是很可珍贵的。但我对于它最大的感谢，却是因为我从这份画报中第一次欣赏了曼殊大师的诗画。

在文艺刊物方面，我很欢喜文明书局出版的三本《春声》，我说欢喜，并不对于它的内容而言——虽然我曾经有一时的确很欢喜过它的内容，而是说到它的篇幅。每期都是四五百页的一厚本，也是以后的出版界中不曾有过的事。

在这一大批尘封的旧杂志中，我发现了一个纸包。我已经记不起这里边是什么东西了。我试猜想着，也许是一些撕下来预备汇订的杂志文章，也许是整理好的全年的报纸副刊，如《学灯》《觉悟》《晨报副刊》之类。打开来一看，却全没有猜中。这是一份纸版。这才想起来，这是一种始终未曾诞生的文艺月刊的创刊号底纸型。

大概是十七年的夏天，戴望舒、杜衡和新从北平南归的冯画室都住在我家里。在种种文学的活动之中，我们向上海光华书局接洽好了给他们编一个三十二开型的新兴文艺小月刊。名字呢，我们费了两天的斟酌，才决定叫做"文学工场"。当时觉得很时髦，很有革命味儿。我们编好了第一期稿子，就送到上海光华书局去。谁送去的，现在可记不起来。过了二十天，到了应该在报纸上看见出版广告的日子。一翻报纸，却遍寻不见我们渴盼着的广告。这天，代替了杂志创刊广告的，是光华书局寄来的一封快信，信中很简单地说他们不能给我们刊行这个杂志了，因为内容有妨碍。于是，我很记得，望舒和画室专程到上海去了。次日，他们回来了。带回来了我们的新兴文学小月刊第一期全部纸型。是的，我还记得画室的那副愤慨的神情："混蛋，统统排好了，老板才看内容。说是太左倾了，不敢印行，把全副纸版送给我们！"

这就是现在我从旧杂志堆里拣出来的一包纸型。真的，我已经早忘却了这回事了。这始终未曾印行出来的《文学工场》创刊号底内容，一共包含着五篇文章：

第一篇是杜衡的译文《无产阶级艺术底批评》，署名用"苏汶"，这大概是最早见于刊物的"苏汶"了。第二篇是画室的《革命与智识阶级》，这篇文章后来曾登载在《无轨列车》上。第三篇是我的一篇拟苏联式革命小说《追》，署名"安华"，这是我的许多笔名之一。我说这篇是"拟苏联式革命小说"，这并不是现今的说法，即使在当时，我也不能不自己承认是一种无创造性的摹拟，描写方法是摹拟，结构是摹拟，连意识也是摹拟。这篇小说后来也曾在《无轨列车》上发表，并且由水沫书店印行了单行本，终于遭受了禁止发行的命运，这倒是我自己从来也没有敢希望它的。第四篇是江近思的诗《断指》。江近思就是望舒，这首诗后来曾编入《我底记忆》，但似乎删改得多了。第五篇又是画室译的日本藏原唯人的《莫斯科的五月祭》。大概书店老板之所以不敢印行这本杂志，最大的原因恐怕是为了这篇文章，因为这篇文章中间，真有许多怕人的标语口号也。

在这份纸型的最后一页上，我还看到一个"本刊第二期要目预告"。这一期内容似乎多了，一共有七个题目。

《黑寡妇街》（小说），苏汶；《在文艺领域内的党的政策》，画室译；《文学底现阶段》，周星予；《放火的人们》（诗），江近思；《寓言》，安华；《最近的戈理基》，升曙梦；《戈理基是和我们一道的吗？》，绥拉菲莫维支。

这七篇文章，除了那首诗从此没有下落之外，其余的后来都曾在别的刊物上发表了。现在看看，觉得最有趣的倒是那末一篇，恰恰说明了一九二七、八年顷的左翼文学刊物了。当我把这一包纸型重又郑重地包拢的时候，心中忽然触念到想把它印几十本出来送送朋友，以纪念这个流产了的文学月刊。

我觉得应该换一个地方逛逛了。于是我离开了这个安置旧杂志的书架，不消三步，就到窗槛边的壁隔了。那里有一只半桌，桌子上安置着一只账箱，是父亲的东西。我曳开账箱门来一看，里面并没有什么账簿算盘之类，不知几时藏在那里的，一个盛贮印章的福建漆盒安逸地高隐着。我不懂得印石的好歹，但是我很喜欢玩印章。这趣味是开始于我在十五六岁时从父亲的旧书箱中找到一本《静乐居印娱》的时候，而在一二月以后从神州国光社函购的一本《簠斋藏古玉印谱》使我坚定了玩赏印章的癖性。这建漆匣子的二三十枚印石，也是祖传的几件文房具之一，差不多都是"闲图章"，如"花影在书帷""我思古人""正在有意无意之间"，辞句倒都还有趣，只是石质并不很好，而且刻手也不是什么名家，除了我把它们当作"家珍"以外，讲赏鉴的博雅君子是不会中意的。说到印章，我还有一个故事，可资谈助。那是在之江大学读书的时候，每星期日总到"旗下"去玩。走过明德斋那家刻字店，总高兴去看看他们玻璃橱里的印章。有一天，我居然花了八毛钱买了一块椭圆形的印石。不知怎么一想，想到有个杭州人曾经刻过一块图章，文曰"苏小是乡亲"，便摹仿起来，叫刻字店里的伙计给我刻了"家姊是吴宫美人"七个阳文篆字。这是想拉"西施"做一家人了。放了年假，把这颗图章带到家里，给父亲看见了，他就大大的讪笑了我一场，羞得我赶紧来磨掉，现在连这块印石也不知哪里去了。

隔着一行蛎壳长窗，紧对着这账箱，高高地在一只竹架上的，是一个七八年不曾打开过的地球仪箱子，于是在这里边，我又发现了一本民国十一年四月中华书局同人进德会出版的《进德》杂志。我翻开来一看，原来它已不是《进德》杂志，而是我的贴报簿了。这上面所剪贴的大概是十一二年间的《申报》《新闻报》《时报》上的长篇新闻纪事和文艺作品。当时固然为了它们有趣味，所以剪下来保留起来，而现在看看，却是格外有趣味了。在《进德》杂志中的《说平民和平民主义》那篇文章的第二页上，黏着几篇溥仪夫人作品。此外凡所黏贴的东西，都是绝妙好辞，不能一一抄录，只得仿八景之例，记下了八个名目：

第一，黎黄坡箇电原文；第二，清宫烬余物品目录；第三，《巴黎通信：春城葬花记》，这是名女优莎拉·蓓尔娜夫人之死的记事，附有夫人遗容与绝笔铜图一帧；第四，李昭实的捷克通信《百衲治化谈》；第五，黎明晖小姐的《说糖》；第六，刘三致黄任之书《论四时花序》；第七，辜鸿铭《论小脚美》；第八，美国之麻将潮。这八景实在可以代表了民国十一二年间上海各大报的精华。尤其是《申报》上的李昭实和王一之的欧洲通信，真是很美丽的文字，可惜以后竟无人继起了。

我把这地球仪的箱子重又搁上了书箱顶之后，才想起我的白金龙不知剩下在哪一家别墅的茶几上或哪一座凉亭的石栏上了。走回头路一寻，原来在玩弄印石的时候搁在那账箱旁边了。大半枝烟全都烧完，兀自的有余烬在那里熏蒸着。这时，太太泡好了一盏新买来的红茶送进来，酽酽的怪有温暖之感。抽烟品茗的欲望打消了我的旅行趣味，何况两足虽未起跰，而两手实已沾满了埃尘乎？好！我回去罢，正如小说中所说的"话休烦絮，瞬息便到了家门"，于是，我又坐下在藤椅中了。

○ 原载《宇宙风》，1936 年第 10 期

书室遗象
1939

——朱雯

在白天，在黑夜，像虫豸一样地啃着我，叫我忘却不了的是，我的美丽的故乡。然而每次念及那个早已沦陷了的故乡时，最使我于邑慨叹的，却是我的小小的书室。我是一个身无长物的人，但是我那小小的书室，却是一笔最可珍贵的财宝。失去的疆土可以收复，荒芜的田园可以重垦，毁灭的城市可以再建，然而我那被毁的书室，我敢相信，决不能够恢复旧观的。

故乡是一个小小的城市，我的家就在城市的东郊。那是一幢两楼两底，足够我们居住的非常精致的屋子。正中是一间客堂，左边就是我的书室。客堂中铺着整齐的方砖，书室中却是广漆的地板。面南和面东，各有几扇玻璃窗；面北一扇的小门，通到隔壁的起坐室，东边一扇通到客堂。所以我的书室，可以"控制"看整个的屋子。有时候，来了客人，于是我就分别延入屋内；有的请他在客堂里坐，有的请他到起坐室，再有的请他进书室；大概要看身份与情谊，而决定延见的场所。但是，当我在书桌旁的摇椅上回顾时，就可以看见那进来的客人，而走去延接迎迓了。

书室与起坐室的中间，隔着一重广漆的板壁，靠壁放着一张柚木的半桌，上面供着一尊细瓷的钟馗。这是一件小小的骨董，花了不少的钱去买来的。而买到我家里的时候，正是废历的端午。那样精细的瓷器，固然很多，可是钟馗的造像，生平我只见过这一个：全身只有黑白两色，看去非常的清晰，像高不到一尺，然而那双乌黑突大的眼睛以及那抹蓬乱的髯胡，已经活现出一个辟邪啖鬼的终南进士的面目。像前供着一个宣德的铜炉，两旁放着一对白石的狮子。那些都是先父的遗物，尤其那对小小的狮子，虽是近代石工的作品，而其雕刻的精细，也可说是少有的佳构。铜炉里面，往往燃点着一盘扬州的线香，虽然未必如古人词里所说的龙炉、宝鸭、麝脑、兰烟，然而那种清幽的陈设，也使我这个庸俗的蠢物，风雅了不少。

半桌上面的壁上，挂着一幅改琦的绢画，两旁还有一幅陈鸿寿的对联。这些虽都是清代的字画，但是为了字画本身的艺术价值甚高，我也颇为珍惜着它们。七芗画的是一幅洗桐图；画着一棵桐树，一个穿戴着儒服方巾的老者，两个正在洗桐的童子。笔致娟秀而工整，大类新罗山人的制作。陈鸿寿的书法，却正相反，那是奔放得厉害，因为他是一个工于金石的人，善用铁笔的。我之所以常常悬挂曼生的对联，却是为了他的句子颇足以作我的箴诫，那上面写的是七言两句，"立脚不随流俗转，留心学到古人难。"然而我的心境时有不同，因而这种布置，也往往是在改变着的。有时候，我把七芗和曼生的字画一起摘了下来，换上了一个和尚画的立轴，以及俞樾写的对联。画的是观自在菩萨，作者是一个乾隆年间的和尚，我已不记得他的法号了。画的是单色的工笔，可是一无俗气，上面还有一位居士"焚香沐手百拜敬书"心理经。曲园的字，一例的古怪，写的也是七言，"笑口三杯欢喜醉，曲肱一枕吉祥眠。"上联的上端盖着一个长方的印，那是御赐的好评"写作俱佳"。

在悬挂这些字画的时候，我把钟馗的瓷像藏了起来，换上一尊如来的佛像。那是我苦心经营的一件小小的产业。记得在十八九岁的时候，不知为了什么，我竟信起佛来。不仅看了许多的佛经，写了不少关于佛学的作品，抑且计划着要造一尊好好的佛像。可是母亲虽然信佛，她却不许我把佛像供奉在家里，说是家里太脏，怕要亵渎了菩萨。其势我不能公开的实现我这小小的计划，然而如何肯放弃我的野心，于是瞒着母亲，用一笔稿费来自己购办。先去买了几斤檀香，然后到"成佛处"去雕了一尊佛像，像高也不满一尺，是由整块檀香雕成的，除了头部稍施朱黑外，其他部分是一例的黄褐色。雕得工细异常，我认为确是一件神圣的艺术品。佛像雕成以后，我便兴匆匆地捧到了家

　　　　　　　　　　　　　　　　　　　　　　　　　　　　名家书单

里，望客堂正中一供，那是某年岁除的事情；母亲看见佛像早已请来，对于这个"既成事实"，也就不再加以反对。到了元旦，便香烟辉煌地供奉起来了。

西边靠壁，整齐着地排列着四个书橱，足足容纳了几万本书。这是我书室中间最精粹的部分。靠北的二架书橱中，藏着的全是杂志，从《新青年》以至于"八一三"前新出的刊物，而且有几种都是不缺一份的，譬如《新青年》《奔流》《南国》《文学季刊》《文学》《现代》《宇宙风》《文季月刊》《水星》《文丛》等等。因为一些后出的杂志，大多是杂志社赠阅的，所以许多比较很偏僻而寿命不足的期刊，也总有着全份。这两个书橱是雇了工匠在家里做成，在家里髹漆，因而成本很大，可是式样却都是由我自己设计的。书橱分成两节，上面三格，用玻璃的窗，下面三格，用木板的门。上面放着杂志，下面看不见的部分放着一些古书。那是先父的遗产。这中间有经有史，有子有集，数量虽不多，但已够用了。后来，我自己又添购了一些。我自己买书却专诚讲究版本与装帧，即使残本，只要稍有价值，我也不惜购置。因为我自己觉得，在趣味方面，我是庸附"风雅"的，虽然我在别方面，都蠢俗得厉害。

往南过去的第三架书橱，完全放着《丛书集成》。这也是我手起的产业，花了二三百块钱。全部共有四千册，就已出版的而言，数量亦已不少，一架书橱本来排列不下，但是书室地位有限，再也放不下第五架书橱，因而只能打开一部分的纸包，把书横列，其他的书籍，还是堆塞在橱中。这一部丛书，我认为是智识的宝库，尤其是趣味的宝库，我已"发掘"了许多有趣的东西，记录在札记的卡片上（可惜那些卡片，已连同我的书籍一起火葬了），尤其关于宋人的诗文，我几乎一起看过了一遍，甚至校出了许多误字和舛错的标点，本预备请商务印书馆在再版时订正的，然而这些费了时间费了精神的"收获"，也已经为书籍殉葬了！

陈列在最北一架书橱里的，是一些新交学的书籍和西书。因为我的趣味不同，所以藏书的种类至为庞杂，纯文艺的作品固然很多，然而其他关于社会科学的著作，亦复不少。西书方面，则大抵都是文学一类。这中间最可宝贵的是几套丛书，譬如《现代文学丛刊》《良友文学丛书》《文学珍本丛书》等，都是不少一本的全套。此外，尚有许多绝版的书籍，永远不会再购得到的书籍，还有一些原著者赠送的书籍，也不容易重新得到的。西书中间，有一两种正在翻译，俄国科布尔的短篇小说集和美国辛克莱的历史长篇《曼纳萨斯》。这些藏书，种类虽有不同，然而有一个相同之点，那是一律的崭新。我个人颇有一点古怪的洁癖，素来不愿意把书籍弄脏或者折皱。即使是一本小小的期刊，当我阅看的时候，总是把书摊放在桌上，正襟危坐，决不用手搓弄，或者用手卷折。及至看完以后，就用书桌上的那本《韦氏大学字典》来压平，然后藏进了书橱。罗洪也会沾染到了我这古怪的癖性，所以我家的藏书，决没有一本破旧或者皱裂的。有之，那是朋友们造下的罪孽。朋友们知道我家的藏书，往往走来借阅，我们素来抱定"至亲好友，概不出借"的主张，然而一经朋友们开口，又觉得怎么好意思拒绝呢？于是非常心痛地借了出去。朋友们大半知道我们那点古怪的脾气，每次接过了书，照例约定了归还的日期，而且还说："请放心，包管不会弄脏的！"然而在约定的日子上，当我从朋友们手里接过那些归还的书本时，照例会发现口裂似的折痕，卷起了的书角，甚至还有一两点油渍或者汗印什么的。朋友们笑着说："没有弄脏吧，是不是？"于是我们也笑着，然而是苦笑！

沿着西边的墙壁，放了四架书橱之外，尚有一方小小的隙地，正够安放一个公事橱。这橱共有十来个抽屉，是分门别类地盛着东西的。大抵文稿和信札之类，一起盛放在里面，下面一个小橱藏着历年来朋友们给我的信札。我有一个古怪的脾气，对于任何人给我的信札，即或是一个短短的字条，也不肯轻易摔掉的。十余年来，从没有丢弃过一个信封一张纸，所以积得那时，数已逾万。除了某一部分的信件藏放在卧室内的柜子里以外，其他的都给存放在橱中。而且，这些信件，我是常常温理着的，在悒郁的春宵，在萧瑟的秋夜，往往把温信作为消遣的方法。从那里面，读出了温暖的友情，映现了活跃的青春，也会，当然的，赚去了欣忭或者悲切的眼泪。

从西墙折往南面，放着一个荼几，那上面只有一架四灯的无线电交流收音机。这是我们的良伴。在每次用餐的时候，总要开这么一两点钟，听着各电台广播的乐曲，尤其在晚餐过后，一直到就寝，从不间隙地开响着，即使在伏案工作时，也只把声音旋得低些，却不会把它关了的。我们觉得，一壁听着低音的乐曲，一壁工作，往往会减却工作所给予的疲劳，非但不会扰乱心思，反觉得增进了工作的效率。我们最欢喜听的是外国电台所播出的西乐；那种规律的乐音，那种颤声的歌唱，仿佛絮语一般地盘旋在耳际，叫我们忘却了疲劳，忘却了厌倦，忘却了现实生活中感受的痛楚。那种时候，罗洪往往在写着文章，我也在看书，或者处理着日常的工作，孩子们都给女仆带去睡觉了，整个书室，不，整个屋子都已沉入了恬谧的岑寂；只有温暖的音乐，像一阵熙和的春风，回荡在静穆的夜空。

傍着棐几是两张书桌，摆成一个曲尺的样子，一张面对着南面的墙壁，比较很小，却也放上了不少的东西。一部开明版的《二十五史》，和一部商务版的《佩文韵府》，高高的堆放在那里。入夏后一架华生的电风扇，也照例要放在那张书桌上。这是罗洪用的书桌，四五个抽屉中放着她的文稿和女红。我的一张书桌是面对着西面的墙壁，非常宽阔，是红木制的比较旧式的一种。沿着南窗的桌上，放着一口小橱，上面雕着八个阴文的篆字"陟岵草堂读书札记"，这是我自己设计的。橱内包含着十六个小抽屉，每一抽屉中放着我的读书札记卡，合计已经记录与没有记录的，大致有五六千张。记录的门类很广，可是关于历代中国诗人的品评，却占据了一大半，因为近一二年来，我专看历朝的诗集和诗话，除了有些材料已经写入我的《陟岵草堂诗话》外，其余的材料都在札记卡片中。在这小橱的顶上，放着好几种字典，中文的有《辞源》《辞通》《辞海》等，外国文的则有德、法、英、日的字典，此外尚有一部《韦氏大学字典》，因为容积和重量都不容许搁到橱顶上，所以放在书桌的右角。

书桌正中排列着几件文房的用具：一块圆形的端砚，雕着精细的花纹，背后且有一幅山水的雕刻；一盒松烟，五六锭珍藏了几十年的好墨；一个福建朱漆的笔筒。那边还有一个夹金镶边的玻璃的小橱，是亢德送给我们的礼物，现在放着我们一对绿松的和一对犀角的私印；一尊五寸来高的白玉观音，兀立在一座红木的架子上。当我伏案工作的时候，往往要望那小小的佛像，仿佛她会给我灵感似的。

南墙和西墙的转角处，又有一架正方的棐几，那上面也放着一架无线电收音机，可是这是一个直流的。当那个城市中的电厂，尚未放送白天的电流时，我就启用这一架收音机。后来白天也送了电，于是这一架被遗弃在一角了。在那时候，我们的生活中，少不了无线电，因为城市中的低级趣味的娱乐，我们是不愿意享受的，只有无线电中每天播送的乐曲，才是我们唯一的娱乐。

东墙的窗下放着一套柚木的家具，两张椅子中，夹着一张茶几。坐在这里就可以望见书橱上面的墙壁上疏疏地悬挂着好几个很大的镜框，放着我、罗洪、琪妹和孩子们的相片，都是十一寸的放大的相片。也可以望见公事橱旁边的墙壁上挂着三张恽南田的山水尺页。书室的中央摆着一张柚木的圆桌，四张花漆的圆凳。桌上铺着台布，跟了气候的变迁，而更换抬布的质料和花式。桌上供着一个红瓷的花瓶，间天由一个花园送来鲜花，所以，永不会看到枯憔的花朵。有时候送得迟了，我们便打电话去催，因为电话就装在起坐室，一出书室就可以看见的。

就是那样一个小小的书室，现在却给敌人的炮火毁灭了！在我离开故乡的时候，十二分坚信着不会损害到这个平凡的家庭的，所以一点东西都没有带，就把整个屋子交付给命运了。然而命运这一次，却深深地欺骗了我！但是我又能怨艾谁？千千万万的家，都被毁灭了，甚至千千万万的无辜的民众，都给屠杀与侮辱。我们能够一家人安然地出险，已经是万幸的事。有一天击败了敌人，这一切的损失，都可以要求敌人来偿付的。然而当我读到毛序始在康熙庚辰夏日所填的《临江仙》，不免又有点於邑了：

> 数本残书何足忌？祝融忽学秦皇。
>
> 一朝一炬尽消忘。岂能重购索？空自费思量。
>
> 焚砚虽然常发愤，并书焚去堪伤。
>
> 从今遣闷更无方，将何来下酒？一斗竟荒唐。

○ 原载《宇宙风》，1939 年第 77 期

我的书斋
1940

——柳存仁

　　我的读书，向来没有一定的地方，因此也就不应该有书斋这一类的名称。然而，我居然有了一个斋名。好几年前，在北平住的时候，是借住在一个亲戚的家里。那座房子坐落在僻静的西城大觉胡同，屋外的车马很稀。每在夜里，特别是冷风凛冽的冬天的夜里，偶然到朋友家里夜话之后，从几里外远的东华门、北河沿一带，顺着景山大街、什刹海、定阜大街，朝西踏月而归，最后必然遇到一座冷清清的旧式的铁架子的街灯，远远的从胡同口，照射到我们那一座坐南朝北的绿漆斑剥的大门，淡淡的黄灯，淡淡的月色，再合上淡淡的人影，非常的寂寞。有时候我那双厚重质朴的"老头乐"式的棉鞋，一脚不留神踏了下去，半鞋都是又轻又软又齷龊的黄土泥，粘在袜面上，颇饶奇趣，因而也就常常想到"坎坷多苦辛"这句话的深意。房屋外面的环境这样，屋里也就是同样的寂静。通常九点多钟一响，同住的人们各回寝室，各入睡乡，却就是我一个人精神最好、抖擞振作的时候。然而一个人究竟是孤零零的，案旁就不免有上一盏说大不大、说小不小的台灯。这个台灯，灯罩是纸糊的，花纹的图案完全是满清宫灯的样子，用黄、红、绿三种线条油成，然而已经败敝不堪，不小的窟窿也有上了两个。书桌正对着两扇矮窗，窗上的玻璃虽然常常有一阵子从黄河流域飞来的黄沙把它罩盖住，可是也还不能完全隐蔽了透射出去的灯光，照得出窗外正是一簇有时候也会开紫色的喇叭花，但是最多而且最好的还是它本身的支干，蔓延很远。爬东窜西的青色的细藤，而且从窗子里面不能够瞧见它的蔓延的高度，所以可以把它想象得很高很高。我有时候会傻得发愣，不知道南边的那颗闪亮的小星为什么老是瞧了我不张嘴，心里总是跟饭没吃饱似的空虚，老好像少着点什么似的。我就喜欢呆瞧着那窗外的细弱纤小的青藤，从它那勇敢的，阔大的，无为而无不为的活动的力量上，学着和远道的亲友们保存着一点儿心里面的交通。

于是我就常常在灯底下看书，喝茶，想问题，而且戴着那副度数并不很浅的眼镜。案上还有的东西是：红印泥的瓷盒、黑墨砚、水盂、红蓝墨水、毛笔、钢笔等等，还有一个假象牙制的约摸三英寸长的小圈戳子，预备圈点线装书时用的。我素不抽烟，就是到昨天止也还诚恳地谢却过朋友们替我划火柴的好意，所以"思想之源泉"一盒决不会列在我每月的账单。可是白开水真是又甜又淡，甜到我不敢多喝它，怕闹上虫牙火牙；淡到我舍得一毛钱一包的去庆林春买龙井茶叶，并不以为这是奢侈。而且愿意每次喝的都是新沏的热茶，也用来分享座间的好友、上客。什么我总得占上一样，烟、酒、咖啡、白开水，我既然都"忍痛牺牲"了。喝茶，而且是和几位挺说得来的好朋友坐在一块儿喝茶，聊天，我不能不认为是"也是一乐"。上至天下国家大事，下至苍蝇蚊子卫生衫，这时候都和那黄瓷的小茶壶嘴上冒出来的一阵阵腾腾的热气融化在一块了，并且至今也许还散兵群似的并没有消逝在几个人的根深蒂固的脑海思想，或古旧的日记簿上。如果是我自己一个人在屋子里，看书报，写信，算账，整理书籍杂物，同样的，要是没有一杯两杯这功能润喉解渴、生津化痰的东西摆在桌上，我准得把墨毛笔蘸在红黑水瓶里，而且越写字越觉得今天的信纸太薄，于是痛恨荣宝斋或是淳青阁的店伙的欺骗，也许写了满满的整张纸才恍然大悟。这样，我的喝茶的习惯养成了许多年，特别是爱喝好茶、浓茶，也使我的案头有一个黑漆的铁罐，光可鉴人，里面常是满满的一罐，非常的充裕。

喝了茶之后就愿意开始工作，手上总是抓着一柄鸡毛掸子，不住的老向书桌面上掸去一寸半寸的北方最觉得多产的灰尘泥沙。掸了又掸，心里充满了一种整顿乾坤的愉快。在这个时候，我有点儿明了为什么中国人喜欢盆景的雅致，喜欢园艺、种菜，甚至于烹饪调羹。书桌上干干净净，心里面也干干净净，这样把屋里的电灯熄灭，台灯插起，眼前又是一阵子雪白的光辉，这个时候开始圈点，大约是一套克日可期的史书，或《史记》，或《资治通鉴》。每天连小注总可以圈点完两卷，把书搁起再喝一杯浓茶，肚子里温暖起来，于是又磨墨濡笔，写信，作文。我就是不记日记，因为要避免将来有人找着来要出版的麻烦，可是却记零零碎碎的近事，或不记日子的日记。至于写信，那是长短咸宜，或用八行，书蝇头楷书，或添再启，或注西文，目的只在获得受信的人的心里一刹那间的融化无间的微笑，并不是不写求恳、作荐、索款、借账的冗俗的书函，也从不以为这是俗人市侩的庸陋无比的勾当，而且也常常答复朋友们"非敢云酬，聊表敬意云尔"的稿费单，并且一定盖上我那一颗自己制印的橡皮图章。信是常常用挂号的，因为我在十四五岁在上海的时候，有一次把两块多钱的邮票和一张优待的广告券寄到苏州某处，希望得到我所合法可受的货物，谁知一直到现在止，仍然没有把货物寄来。一算时间，那货物应该已经可以周游世界十六次，而且大约不寄来的原因并不是寄货的人预先知道，怕受第二次世界大战将要爆发的影响。在当时我的坏念头还没有培植垦发，素来信得过任何小组织的滑头商社，然而因为我的信没有挂号，所以也就痛恨组织庞大的邮政局，所以以后每次写信，曾经有过一个时期，总要跟邮局要一张盖上戳子的收条。

至于作文，大约以考据性质的东西为限，因为免得说来说去，尽是"天地乃宇宙之乾坤，吾心实中怀之在抱，久矣夫千百年来已非一日矣"之类的滥调。写文的时候，常常预备在身边的是世界大事年表，历代名人生卒考这一类的工具书，线装的和洋装的，大约也有高高的一叠。因为这个嗜好和习惯，使我至今奇怪为什么民国廿九年的上海的大学生——甚至于所谓国学专修的大学生——不知道碑传集、疑年录、历代帝王年表。他们当然知道 *Gone with the wind* 影片是好的，因为它在上海开映的票价卖到八块钱一张，而且又真正去看过。不过我也知道那是好的，因为我也去看过。

我的书桌的图书，假如那也可以算是图书的话，真是零乱不堪。一本商务版的《英汉综合辞典》，里面夹着一张中央银行的十元的钞票作为书签，也不一定要是伪币。一本《史记》的平装书，一本《汉书》的《食货志》，一套王应麟的《困学纪闻》，一套顾炎武的《日知录》，中间夹着一本薄薄的封面是《史记·孔子世家》子见南子一段的图画的林版《论语》，专为圈点书时精神疲惫后看的，有时也拿它来垫放着热茶壶。小说也要看，案头也有《子夜》，也有陀儿斯黛的小说集，也有鲁迅的杂感文《伪自由书》《二心集》，在那时候的北平都是不容易读到的。也不是不看《金瓶梅词话》，而且也会从《清波杂志》等书上面找出书中"热孝"这句俗语的出典或关系，但是决不看坊间发售的删节本，也不购藏起来。

书桌上或书桌旁的书架上，除了一本外，绝对找不出第二本讲话概要、发凡、大纲、概论、大意一类的书籍，所以也没有新哲学讲话，也并不是把它买了锁在箱子里准备来夜读。至于那一本呢，名字叫做《中国文学史发凡》，内容浅薄恶劣，还是我的哥哥在他念高中二年级的时候作的，居然灾梨祸枣，并且还有一两家大学的附中采用，作为高一年级必修的课本来贻误青年。

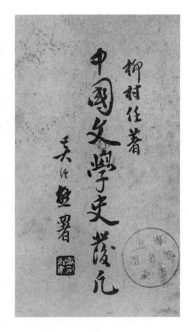

我的书斋，假如我也可以有书斋的话，墙壁上绝无地图、镜子、日历、照片，也不管是我崇拜的伟人或爱人的。椅子是旧藤做的，坚实无比，和墙外窗间的青藤大不相同。椅子上面有一个软垫，是破旧的绿缎绣成，烂得一块一块的，露出里面的木棉絮。有时候它也可以被我改放在椅背上，作为临时用的靠枕。我的书斋的最重要的一角，不过是这个样子，斋名"彤斋"，也不过跟北平的炒面胡同、羊尾巴胡同、象鼻子中坑一样，既无言志气息，也从来不想载什么大"道"。更直爽一点的讲，好在这里也没有第三个人听见，那是想纪念一个朋友的。这个朋友现在远役巴蜀，也并没有知道他自己已经有了被人纪念的事情。

○ 原载《中国与世界》，1940 年年第 2 期第 148—150 页

我和书房

—— 蔡壬侯

我是一个没有书房的人，但是我想有一间。

人是常常不满意他的环境的，据说这就是人类进步的动因。当在做学生的时代，对于读书，老实说毫无热心，那种生硬的句子，如果不是为了考，实在对它们没有好感。我记得读《经济学原理》的那学期，简直痛苦极了。不但那种结构过分简洁的英语，极难令人一时了解，使人感到焦急，而且有时校里的书不够，要跑四五里路上中央图书馆去商借，尤其麻烦。因为把几册厚而硬的洋装书夹在腋下，沿着中山马路走着，别人都对你抬着羡艳的目光，以为你博学呢，实则天晓得，一无所知，稍动良心，便要惭愧煞了。

我现在很怀疑，现在一般坐在银行里的青年经济家们，生活得非常讲究，他们确多是大学校的经济学士，对于累积商业资本这一点上，自然很有技巧，但是不知他们确还记得经济学的原理，是在增加国家的财富，改善人民的生活么？

是的，我现在仅想讨论能否有一间书房的问题，并不是想发财，虽然我也读过会计之类的出色的功课。那么就应该搁下对于目前青年经济家们的批评，而需简单地说了。是的，我过去几乎是厌倦了读书，虽然有一个很好的环境，而现在却反大大地爱好一无实用的书本子了。

"学以致用"，虽然是一句说来很不时新的话，但是读书究不过为了处世。大学问家的造就，如果不能够因此使大众也获得同样的智慧，那么他的孤立，决没有人会起同情的。不过造就学问，并不是一件轻易的工作；像我只企求一间书房的人，无非像一个普通的工作者，于夜晚无事之时，想藉以消磨片刻的光阴，以免胡思乱想罢了。若有人以为这就是造就学问的态度，未免有些大言不惭，自欺欺人。

我想有的一间书房，当然在目下这个环境里，是减低到最次的程度的。在离开市区略远的地方，小小的一间有地板和天花板，或可以报纸糊的顶棚的房子。一张旧写字台，一盏旧电灯，两只椅子和一排书架，上面立着两百本书，以及一些最新的杂志。

假使有时间，我还可以开下一大堆欲望中的书籍的名目来。但是，这究竟不是顶重要的，因为我不是在这里写读书指导，所以你要是喜欢文学，不妨多来几本小说、诗集或杂志等等；若是喜欢实用科学，那么自然少不了工业或农业方面的读本。在我，则是一个生物学的崇拜者，文艺的嗜好家，因此宁愿立满着这类洋洋的巨著，那么由得我在一夜之间，可以从一个单细胞的生活涉猎起，看到千变万化的复杂的人类的心灵了。

然而我目前非但没有那么像样的两百本巨著，而每夜在桐油盏底下的生活，更非一般有电灯的仕女们所能想象的了。我记得离开南京的那年，近视程度还不太深，数年来被熏着黯淡的油盏灯以后，两只眼睛才加倍了它们的愚笨，我现在只要一失去我的眼镜，生活的烦恼便立刻袭来，因为日月将永远不为我放射它们的奇光异彩了。

书籍的印刷既越来越坏，而每册的价格，复日新月异，不但手头没有买两百本巨著的金元，即使买一部新近出版的汉译《战争与和平》的零钱也没有。我于是不得不每夜悄然地坐到黯淡的桐油灯底下去打开那本既老且旧的一九三〇版的《心理分析》来读了又读。弗洛伊特说，欲望的不满足而过分地压抑它，便造成了心理上的冲突，这种冲突，在某种情况下，足以使一个人有成为神经病的可能。我想我还是早早地放弃了书房的欲望吧，否则我便难免也要被关入疯人院去了。

○ 原载《野草》，1943 年第 5 卷第 4 期

篁轩记
1944

——纪果庵

将自己做事读书的地方命了这样的名字，并不是要学风雅，实在因为窗前正有一大丛细竹，又是自己栽的。查《说文》，篁字云：

篁，竹田也。段注：《战国策》：蓟丘之植，植于汶篁。《西京赋》：筱荡敷衍，编町成篁。《汉书》：篁竹之中。注，竹田曰篁。今人训篁为竹，而失其本意矣。

这样说，篁虽有误解作小竹的，但其为成丛之竹，则显然不错。《倭名类聚钞》木部竹类云："篁，竹丛也。"狩谷棭斋注云："广雅作竹名，按竹丛之训见汉书严助传注引服虔。"则更分明。《尔雅》无篁字，且连《卫风·淇澳》的"绿竹"，都不作竹解，而以为"篇蓄"的。陆疏："似小藜，赤茎节，好生道旁，可食，又杀虫。"又云："绿竹，一草名，其茎叶似竹青绿色，高数尺，今淇澳旁生此，人谓此为绿竹。"《水经·淇水注》亦谓非竹。这很糟，我以为古代黄河之曲是与今日的黄沙漫漫大不同的，譬如梁孝王的兔园，洛阳的金谷园，在意象中都应当是很有江南之风，竹子是不可少的。如今则干脆一句话打破，于是荒凉成为自古有之的了。所以自从渡江，对于竹子特别注意。竹田在此地颇为不乏，例如三步两桥和清凉山一带均甚多，早先我是以为秋天格外好，各种应当凋落的全凋落了，没有可厌的庸俗障目，正是极目萧然的好天气，辽远的几片郁郁的竹林，多么拔俗清绝呢？如今在春天也看见了，那万竿齐发的生气可又不是秋天可比，大竹一长出来就是那么巨大挺直，给人欣悦与兴奋，乃至于惊异，碧绿的外表上微微著一层白霜。李释戡先生告诉我他寓园中新生的一株大竹，高已两丈余，其成长不过五天！松柏虽也可贵，但长大却难，如此岁月，有使人不能忍耐之势。当晋室之末日，知识分子都到竹林去狂放无羁的游宴，岂亦有感于斯乎？现在清谈正是被骂得体无完肤，说了这样的话不免与"时务"相违，但研究历史的人，总喜欢以乱世比乱世，比来比去，比不出好意境来，也只好算作无可如何罢。

现在还是回过来说说自己的事。窗前种竹，也不过那么一点意思，正古人之所谓聊以寄意。始而很为这些细竹之不能长大起来惘然，既而知道这是品种的关系，不是培养与土宜所致，也就释然了。去年曾写小文曰《南方草木状》，记此数十竿的简短历史，此刻意念也还是如此。可是今春细笋滋生尤繁，有好几只是挺破了水泥地皮而出来的，虽然其梢头稍稍有点弯曲，其可惊固不在李氏园中巨竹之下。数日来出笋日期已过，放出比枝干更绿得新鲜的叶子，我的欣悦，殆不可言，大约此即古人"吾亦爱吾庐"的意思欤？惭愧不能说出，只有多从窗子向外望几望。而且竹下忽然生了红色的草莓，艳丽得使人奇异，因为不是由于培养，瘦小的果实全无味道，但对于我而言，却总是一种安慰。在沙漠里，一株狗尾草或芨芨草都是给人莫大舒服与快乐的。

乱世人事升沉是突然而不可悬拟的。虽然是这么一个小院落，却亦有其应有的变化了。——但我却一直固守着四年前的老屋。有人以为太拙笨，有人以为很好，在我都是无所容于心。我心里所要求的乃是长久的安定与寂静，固然，一般人未尝不是如此，然为了安定先须活动，为了寂静而谋躁进，不客气的说，都不为我所取。安定本是没标准的，冯谖作歌，有了鱼还要车，在此种心情之下，别人认为安定了而自己还是不足；另一种则是"身在魏阙，心存江湖"，严子祥所以必须过垂钓的生活，盖不徒然为富春江的景色好；张季鹰想莼菜鲈鱼，更非为了口腹之欲也。

当我初来这里的时候，竹子还没有，一切都是破陋不堪，墙上的垩粉是我刷的，地上的地板是我钉的，一只桌，一把椅，一盏灯全是我自己预备的。热闹而纷呶，天天跑到外面去"应酬"，在家里来了客也"应酬"，端端茶杯，握握手，笑一声，看一眼，全是为了别人不是为自己，而这为自己又是出于一种强迫的力量。有时端起了急就章的蛋炒饭，事实上总是到下午两点左右了，一面用调羹糊糊涂涂吃进去，一面注视着当天的报纸。可是到不了半饱，又有人来找了，不会说谎话，抹抹汗，穿上长衫又去"应酬"。除非到晚上十一点以后，关起房门来卧到床上去长叹一口气，此外是没有片刻为我所有。像这种生活的形态，不少朋友反而羡慕，不少一般人是莫测所以，说是世俗的"安定"，毫无疑义的够得上而有余。但是我瘦了，食量减了，健康情形坏了，这是安定吗？我有点不大相信。我只觉得这样活下去不行，还是赶快回到"初服"为佳。于是先在职业上寻觅了可以变更生活的道路，渐渐脱离可以扰乱宁静的种种，客人虽则仍然往来，但已不再纠缠于我，古屋中印有红格子的公文纸渐少，而线装的以及破旧的洋装的书渐多，久之，好像有点"心远地自偏"了，可以有闲暇运用自己的笔，有地方让摊开的书侵占，有时间给凝想飘然而至，甚至于有工夫有一场"病"了。

这才觉得窗前需要种一片竹，很远的，从一个僧寺那里讨来的竹根，深深埋下去。时间迟了，当秋天，叶子一如院外梧桐，黄而凋萎的样子，使人对着这种不该有的憔悴生轻轻的厌恶，好容易熬过多雪的冬天，第二年春日不过凄零的十几竿，笋是没有，并且友人告诉我这不是毛竹，永远不会有，我如上文所云，惆怅。但到第三年却有了新篠，直至今年连水泥地也穿起来为止，差不多他们成了在这附近——只有污浊的小河与专门在大门前晒牛粪和排泄大便的区域——唯一的竹林，不要因为向前走不了十步就是灰色的墙而难过，须知若没有这一片绿色就更无法安排疲倦的心神。我无论如何，被这古屋与竹丛所满足了。

现在这里不大有什么来客，这是应当有的现象，盖前面所引的"心远"之说还不够，实在是人也远了。正好，我愿意客厅的沙发上有尘土，愿意工人闲得伏在桌子上假寐，我欣赏门外梧桐上的鸟巢，我侧耳静听竹丛里的喊喊鸟语。幽深的走廊上晚间有蛛网而无灯。乳色的灯罩只供白天欣赏，晚上则是萤与蚊的世界。假定有什么事而必须晚上来的话，要摸索，要有点为夜色所恐惧，好像有什么幽灵。自从人事萧闲以来，原有的电钟拆去了，电扇更无有，高兴时坐到晚饭后还不知回家，也不知是几点了，让自己的孩子三次两次来催吃晚饭，今年索兴连日历都没有了。譬如说，今天本是星期三，我就记成星期四而到某校去上课了，及至见了学生，才知不是，大家都在笑，而我却有忘机之欣然。如此，又并不是不去做事，早晨六点钟来到这里和许多年青人体操，跑步，唱歌。看着他们怎么长大、学习，自己也研究着怎么长大、学习。关心黄杨冬青的叶子不要被虫咬坏，关心墙上的蔷薇是否凋零。把芭蕉移到土壤好而易长的地方，看青年人们捏着锄头种西红柿，把瓦砾掘出来，使荒凉变为整齐与生产。古诗人种豆南山下或也稍有一些这样动机，虽不敢相比，心向往之总该被原谅，许可。用最大的体力但用最少的思想去处理所谓公事，留下一部分精神还是为自己读书。书是读得毫无成功，但这是嗜好与兴趣，替别人尽了力，同时也可以有资格和力量看一点愿意看的文字，也就觉得报酬很不少了。

所以坐上客常常也有书友，没有力量买好的版本与大的数量，但知道一下价钱和书林的沧桑也是好的。比方说，前几天费尽力气才买得成的一部《烟屿楼文集》，自己以为是很贵了，可是今天书店告诉我有人愿意出一倍的价钱了，我自然是不卖，而心上终于有了胜利的愉快。利己心原是伟大的呀！自己所收的少少的几本书，还是不肯放在这里，多半是放在家中的。这儿书架上零零乱乱都是没什么用的东西，例如好是很好但是不大愿意看的金尼阁的《西儒耳目资》，朱士嘉的《中国地方志综录》，只好请它们坐坐冷板凳。有一部分期刊，因为不全又非爱好也遭同样处分，北平研究院的《院务汇报》和《禹贡》便是其中之一。直到前天偶然翻到廿六年六七月份出版的《禹贡》才知道还有自己所写的文章，好像他乡遇故知，尽管文章不好，也细细阅过一遍。

大约是去年，看见一个极熟的书店收来许多本《东方杂志》，说是要论斤出售了，因为零卖不合算，我心中有不少珍惜之意，顺手取四十余册，有的是廿六年八月出版，亦是在北京不曾看到的，而且有一册里竟夹着一小本《文学》的战时版，这都使人有意外的高兴。像这里的书之凌乱，几乎是任何地方所没有。去年我在文载道兄书斋看见那么多整整齐齐的书橱书架。冬天在北平，又看到不少师友的书斋，窗明几净，其幽邃与古意皆非南方所可及，甚至一只印色缸，一丸墨，也有北平应有的特殊色调，凡此种种，我这里都没有，有的只是芜杂，一如我的为人。被老鼠咬破了的苏州印本《古逸丛书》，被翻得七零八落东一堆西一本的文明书局印本《笔记小说大观》，因为剪取《凌霄一士随笔》而拆散了的几年的《国闻周报》，中国部分已持回家中，只有日本部分的《书道全集》，一直卧在地上永没动过的《九通汇纂》，这些在可爱与不可爱之间的东西，已竟把屋子弄得隙地毫无。

但最足以助长凌乱程度的还是那些文件报纸和信札。我是十足的"惯迟作答爱书来"主义者，如果一天没有朋友的信，便似青年人等候爱侣似的焦灼、忧郁。而不是我所愿意看的信件，又是如此的厌倦、鄙夷。这样，面积约二十方尺的桌上就纵横着不知多少乱纸和信件。我是不许别人给我整理的，在乱纸乱信中，正有顶喜欢看的东西，如果你一下子都放在字纸篓里去，岂不糟糕？从许多信件里翻出一封应当赶快答的信，立即拿起笔来写了，发了，也是一种痛快与发泄。我常一气写七八封信，可是也许七八天都不写信。对于喜欢的信，本有保留的决心，但是到了实在应当清整一下的机会，则又急躁得忘了这夙愿，于是不分青红皂白丢下去了。从废纸篓中再细细检查要保留的信，也是我的家常便饭，这都使人笑我的肤浅，不深沉安静。可是，没法子，我不大愿意学西门豹去佩韦的，其理由，在一文曰《说瞋怒》者已讲得明白，请参阅。

像这种脾气那就谈不到精密了，我厌倦数学，厌倦一切水磨工夫，讨嫌商人，不敢看音韵学和专门考证的书，怕见心思太细的朋友，如穿了新长衫总怕污损了的一类的人。如果为了有事找我呢，还是请劈头劈脑就说的好，如果闲谈呢，大家有工夫，痛痛快快的，却也很希望。虽然太世俗，好像也还有点人生的道理。我常主张一个浅陋的说法，服务应当全存恕道，作文、谈话可以不必。这里所谓恕道，实即指为人而言。即使要利己，也还是替大家多想想的好，不然恐怕究竟是危险，至于文章，那可管不了许多。若是专门替别人呼号，那只能叫做奉命，或是出卖，不如沉默的人反而得体。我是拿文字作为驼鸟掩护头部的沙坑的，驼鸟明知在后面有人攻击，可是头的安全还是要顾及，这比喻也许不伦，因为原来正有掩耳盗铃的意思，我则姑且断章取义罢，无论如何，只想维持思想的自由。假如世界真的到了末日，不容我们的头脑在沙坑里冥想一二的话，那再由他，此刻现在，似乎还无须在静室焚香，谢天谢地罢。因之，沙发上坐的友人，大致是胡天胡地的多。可以说同那上面摊着的许多乱书一样——这沙发平时大都是书报的坐椅，有人来暂时移开一下——有点内容而不完全是空壳。

你比方真游心物外的话，却也不必对所爱十分关心。即如窗前竹子，固然可爱，我却也并未时时刻刻注意它的生长，或是加以有意的培灌，犹之宋人揠苗助长，其实世俗还是像这样的聪明的愚人多，故英国也有戈登的贤人的民谣。例如有一时期我种大丽花，一块块根埋下去，朝朝暮暮盼它生芽，长叶，开花，结子，可是偏偏才长出的嫩芽就被雏鸡吃掉了，或是长了密密的蚜虫。任凭多么勤勉的灌溉，还是没有在一旁野生的蒲公英肥美，想不到的一朵金黄色的小花会在刹那间开放。慢慢我有点明白这道理了。虽然第一年种竹的时候为它们的焦枯而急躁，到后来，事情一忙，忘得干净，而新笋却给我以惊异的微笑了。这笋又不必每天去看，忽然就高过檐际，正可以想起昔人"新笋已成堂下竹"的词句。你看"红了樱桃绿了芭蕉"的意境，都是包含着这种意外之突然在内的，虽则这突然也是积渐而来，但出于人为就不行。这不只是可以让人怅怅，实亦大有愉悦。"绿树发华滋"，亦复如是。幼年家中小园有一片白杨，至暮春时，忽有暗绿色的大叶子，我便幼稚的唱着从小学校学来的歌了。我想，人生的道理有无与此相同之处呢？似乎是有，也不容易具体的说，总之，我为我的笨拙掩护，我对于自己，向来是不肯"揠苗"的。

除去自己办事读书的老屋之外，尚有好几间余屋，从前也都是人语如潮热闹之至的，现在则剩下"空梁落燕泥"。庭草无人春自绿，对于竹树之类，人们的衰颓，便是他们的茂盛。可见人类也只有向自然掠取，压榨。竹子附近即厕所，从前足迹不断，往来既多，下可成蹊，竹之不能畅生机亦是当然。现在则有较为自由的空气。不关心也有其不好，去年院子里一只荷缸因为不倾去积水而冻裂了，今年无复亭亭的荷盖。可是自荷花移植以来，也不曾好好开过半朵花，大约还是不愿久羁樊笼里。如此说来，这正是自然对于人类的反攻。这老屋外墙出奇的高，而又缀以"天下为公"之门额，与丛篁细荷，殊为不调。据云，乃曾为一要人办公的所在。遮蔽着外面的清新空气与灯火是不好的，而且它这一小丛竹子开在这么一点地方来自私更是不好的，但怎么办呢？不要说没有那种力量，即是墙上长了那么多的蔷薇花，已竟使人觉得破坏了可惜。今春蔷薇多虫，墙也因为多雨而剥落了，如果有一天，它会倾圮了的话，我想一定不再修理，也应该让这仅有的竹丛呼吸一下外面的空气，并且使外面的人可以对它"极目"了。

三十三年六月九日

○ 原载《风雨谈》，1944 年第 13 期第 3—8 页

书房漫步
1944

——纪果庵

每逢写完一篇文字，不管像样与否，心里总有一片说不出的轻松与喜悦。我想，像福楼拜儿、巴尔扎克那么，以几十年的工夫完成一部伟作，甚至是为了还债而咬定牙关执笔，那该是如何的苦痛。工作繁重，日子悠长，何时才能松一口气呢？我为这些先哲杞忧着。如我这渺小的人，作作文章也不过出于一时偶感，伟与不伟倒也不必想到，可是费头脑却亦是事实，盖愈是不学愈要搜索枯肠，为了表达自己不能表达的意见，必须像古人的獭祭似的，把常看的几本书翻来覆去的搜检，希望遇到可以引来作为帮助自己达意的材料，即使被人骂作掉书袋或文抄公也觉得愉快，因为毕竟找到了几句适当的话，比自己说得更圆满。文字写完，把拿出来的书一一还到原来位置，好像远人回家，这也是一团安慰，于是想想看，还有什么必需写的文字没有，坐下来吃一杯茶，不会吃烟就看看淡淡的云，刚刚买来的雏鸡和小鸭，叫作"小虎"的黄狗摇尾来了，院子虽是很小又简陋，心却宽朗起来了。

买书不一定要读，要用，犹如我们日常生活中所需要的其他不必需品一样，酒是必需吗？烟是必需吗？可是有了钱的大腹贾与拖车子的苦工都要它。于是想到有些"正经"人一定要骂别人清谈，其实，他们也并不是整天紧绷绷过"宣言生活"的。那就有点不合理了，吃饭后一定不许吃茶或吃烟，或者说大家只能吃糙饭团而不许吃窝头，只许吃火气旺盛的徐州高粱不许吃绍兴花

040　　　　　　　　　　　　　　　　　　　　　　　　　　名家书单

雕，这好像全不必须。因之，我仍然是我，没有钱买书还是要过门大嚼。昨天在日本书店里看到翻印本的《倭名类聚抄》和厚厚的东洋《书志学研究》，心想买了罢，可是又不识日文，《倭名类聚抄》是汉文的，《书志学》乃是专讲日本书，有什么用呢？但回来以后心中老不安帖，好似小孩子要买那没有什么用的鬼脸木刀而被大人吆喝了，真是委屈，第二天，托朋友终于买来了，而且十分省钱，《倭名抄》约六百页，八十元，《书志学》二千余页，一百八十元。若是商务印书馆，必要一千多。虽然是不大了解，还是打破了午睡的习惯，把二千多页的书翻了一通，看看许多写经的书影和中国书的刻本书影，有说不出的欣然，不懂也算是懂了。好好地，小心地把破了的马粪纸书帙装起来，放在书案的架子上，作为得意的收成了。我有一位学生，他作一文记我说："每天只是看看书架上的书，不必翻阅，也许仅仅抚摸一番，就会心的笑了。"我说他很了解我。一个人都应该有为他的兴趣而牺牲精神的权利，我以为这是不应当被无理的干涉的。

现在说说我的所谓书房，实在也是一间非常简陋的老屋，天花板上白灰粉一遇雨天就一片一片落下来，也许落到砚池里，更许是菜盘中，因为这房屋也兼作餐室。晚间老鼠吵得你心烦，书上都是尿潲和粪粒，昨天从书桌抽斗里发现了成窠的小老鼠，八个，母鼠逃了，可怜又可恨的小生命喂了我的新近讨来的小猫。这窠弄得十分妥帖，信纸、报纸、书封面，都撕得粉碎地铺着，上海朋友的来信有，北京朋友的来信也有。去年买的一部《碧萝簃石言》的封页上半段，也发现在此。因为要抄下一点关于龙门石阙的材料（惊心的炮火使我关心这几千年来的宝贵遗产），《石言》上好像有些记载，于是从书架的底下寻出，才晓得书的一部已竟作了鼠的褥褯。

这房间排了七架书，而七个书架各具姿态：有的是带着玻璃门的好像有的华贵的大橱，有的是用极坏的木料作成的半身不遂的架子，又有的是藤条编起来禁不住洋装书重压的可怜虫。总因为不是从一个地方在一个时期买来的，所以才造成这种"不整齐的美"。而这几个橱柜绝对不够用，不得不把它叠床架屋的摆起来，在《书道全集》上摆着合订本的《史语所集刊》，在《集刊》上还有两层至三层的比较轻些的旧书。每个架子的顶部都是如此。于是当我要抽寻一本压在下部的东西时，那就麻烦了，一层层取下来还有耐心，上面的鼠粪先要扑鼻盖脸的落下来，灰尘还算其次。顶讨厌却是把拿下来的书从新再放上去，建设永远没有破坏容易。我有几册厚重的书，如《故都文物略》和东方文化研究所发行的《龙门石窟之研究》，每一册书都是十几斤重，《龙门研究》尤甚，差不多有二十斤。这书被放在很高的一层，拿下来极其吃力，但若放在下层就更啰嗦，因为是时常要翻阅的。那两只有玻璃门的橱多么可矜贵，只有"珍品"才配放到里面，可是我这人是懒惯了的，随便哪种书趁着便利放进去就不管了，譬如一部黄纸的《宋元学案》，可以占一大堆好位置，而任很难买到的《贞松堂吉金图》《缀遗斋彝器考释》等在外边流浪，磁青色古雅的封面承受老鼠的恩惠，刻本的《纪文达公全集》和通行四川版的《说文释例》《说文句读》也洋洋自得地在玻璃里面傲视着暴露已久的《愙斋集古录》与《清史稿》。直到去年冬天，我又弄到一只较大的橱柜才把它们迁居。可是很不幸，当我回北京的时候，生怕有久留不返的可能，催促家中把几种较为难得且常用的书寄回去，上面几种书都包括在内，虽然我在北平很高兴于二十包书籍很迅速而完满的收到（请注意，在今日这是不容易且不常见的），可是当再回到江南时，十分感到不便，甚至有些书，如《越缦堂日记》及内藤湖南博士编的《清朝书画谱》等，简直成了每天思念的对象了。

在寝室里也放着一只橱，这里几乎应该庋藏日常最喜爱的东西罢，事实上也不尽如此。自然，像去年所买的罗常培先生旧藏明刊本《帝京景物略》是在这里的，而且一到夏天闷热的晚上，我必在蚊虫扰扰之中读它，好象连热带痒都可忘记。此外，凌乱的与零落的物事一样不客气的挤进来，只有四册的《文献丛编》，八册的《清代文字狱档》，都为我们所重视。王文勤的《石渠余记》是我从一小书店花二十元买来的，书品相当宽大，又是初印本，查查北平的书目已竟有写上二百元的了，其实是绝不值的。我看了面子也是特别加以优待了。中国书之讨厌，即在其糊里糊涂，没有完备的目录与索引，我觉得能给一部分这样的原料编上目录索引，一定就可得随手做不少的学问。我们搜罗的索引太不够用，燕大引得校印所编的只有《清代三十三种传记综合引得》《明清画家名字引得》，为了几乎天天要用，非请它们在卧榻之旁酣睡不可。王重民在北平图书馆编的《清代文集综合引得》真是伟大的工程，也只有在北平图书馆那种环境才做得到，当时只卖六块钱，现在简直如宋版元刊之不易觅获，把它排在细琢细磨的燕大引得一起，很不辱没。然而这么一点点工具到底是太缺略，连北平图书馆印的《国学论文索引》《文学论文索引》都没有，事变前那是每一个书摊上都摆着很多部的。幸而前年花了很小的价钱买得《十三经》和《二十五史》索引，总算有了最基础的东西。可是这种经史大著，仿佛大肉肥鱼，天天摆在台子上要腻的，以次还是各从其类罢，让它们做"史籍之缩辖，经典之橐钥"的本位工作，好在我的《十三经注疏》是中华书局的缩印备要本，而《二十五史》也是备要的，都不怎么可贵，唯有单行本的《新元史》倒成为有资格展览在玻璃橱中的货色，因为近日也算难得的了。

我求知最杂，掌故固是所好，讲风俗地志的也以为可爱，尤其是自己家乡和现在所住的地方。下至草木虫鱼，笔墨笺纸，只要能够讲出一番道理，总可增加些许智慧，所以，像程瑶田先生的《释草小记》《释虫小记》，吴其浚先生的《植物名实图考》，都十分感到兴趣。例如《释草小记》告诉我什么是"藜"，什么是"芄兰"，什么是"芸"。《释虫小记》则告诉我目验螟蠃螟蛉的变化经过，没有"雀入大水则为蛤"那么荒唐，更没有芝兰玉树那种附会与夸大，我没有读过法布尔的《昆虫记》，中国也没有译本，但据说是很有益于智慧的一本书，中国也只有程吴诸君下过这种工夫。我为了这两种著作，买了全部的安徽丛书，因为《通艺录》单行本不大好买，清经解的本子不全且字小得可怕。何况这丛书还包括了影印的《癸巳类稿》，附有俞君的手批和他的年谱，虽然我不能一气贯通地读完，就是午睡时不断的读一两段而昏然手倦，也有把它们置之座右的必要了。同时你可以明白我买《倭名类聚抄》也不过基于此种癖嗜，但不知像《和汉三才图会》之类还容易买到否？

若风土的书，我很抱憾，可以说没有一种是很如意的。中国地方志必须先讲分野、宸章、灾祥，差不多已占去全书的二分之一，关于风物人情，却是很少说到。就是《日下旧闻考》也没有什么意思，还不如薄薄的八本《天咫偶闻》。关于南京的，只有《白下琐言》，什么《客座赘语》等等，只见金陵丛书的排印本而没见单行刻本。我的意见，老以为讲地方故实的书应该是刻本好，不然就成了"指南""案内"一类，很让人不高兴，我虽也有《首都志》《金陵名胜图考》《北平指南》《旧都文物略》，可是轻易不去一翻，还是让没有到过北京的朋友们看看那些风景照片吧，吓，太和殿真伟大！北海的荷叶真多！反正是那几张，那几个画面，几种角度，在熟谙的人看起来恰如当教员的看见粉笔盒子一样。对于这方面，反而是日本刊刻的《唐土名胜图会》好，翻刻过来的正阳门大街、广和茶楼、荷包巷、灯市口等等，自是不免有点走样，然而三百年前的遗型终于可以看出一二，喜好历史的人于是就有说不出的欣悦。久想买《万寿盛典》《南巡盛典》这种书，因为有精致的图可以看看"熙朝盛世"的光景，玄烨与弘历无论怎样猜忌刻酷，总不能不认为是一代英主，一气五六十年间的"治世"谁个不要憧憬？尤其是当今的时代！昨天有书店友人带来一部《南巡盛典》，点石斋影印的，八本书，却要了八百元钱，想来想去没什么道理，看看那些古里古怪的阵式又是《名胜图会》已竟翻刻过了，遂决心不花这一笔冤钱。你假定要知道从前皇帝出巡时的仪仗有多少，那只要你打开这书的《大驾卤簿图》看看，包你会瞪大了眼睛，舌拵不下的！

把自己特别爱好的东西辑起来也是快乐，我费了六个月的工夫，辑齐了全部《凌霄一士随笔》，这只是说整理与装订，要想到搜罗全部《国闻周报》的工程，那真是旷日持久了。就是这样，我还是没有买得到民国十八年起始刊载徐君随笔的一年。结果是向某大学图书馆借了合订本抄的。自十八年至廿六年的十年间，我把它订成八册，想编一详目而未能。在整理这篇东西时，同时辑得《藏园群书题记》和《藏园游记》。我已有《藏园群书题记》的续集，北平排印本，很精雅。初集曾由大公报出单行本，现亦不甚遇得到。游记中我还有《秦游日录》的朱印本，但没有照片，不如辑本之便于阅览。古人以辑佚书为终身事业，从前想起来很头疼，以为这工作太机械，殊不料自己动手做一下，也很有趣，而且是一种有连续吸引性的工作，不容你半途而废的。有一时期，想搜集全部的《故宫周刊》，结果只买到五册合订本，若买全了必须费上我所不能应付的价钱，因此气愤而把他们送了朋友！

而刊物的收藏我也就最惭愧，除去全套的《国学季刊》和多半套的《中央研究院史语所集刊》以外，几等于零。《清华学报》和《燕京学报》都是零零落落的几本，《禹贡》虽有全套，我又不大爱看。我自己经手编过的《真知学报》合订本，空有漂亮的外壳，和人家这些名实俱符的刊物放在一起殊属惭愧。搜罗刊物不是易事，有时要跑遍所有的旧纸店旧货铺，在那用草绳子捆好等候按斤出售的"废纸"堆中掘你所要的金矿，这得多长的时间和精力呢！我不行，只好算了，连几天前从旧书店拿来的几册《旅行杂志》合订本也一股脑不要了，把它还送回去，听它遭受"还魂"的命运。

许多朋友来先要注意排在迎门书架上的《鲁迅全集》，红皮的，银字，辉煌的闪光。我是只费了一百五十元钱由周黎庵兄介绍转让的，现在想起来像是说笑话，其实是真的，而且日子也不过两年。在当时，定价三十元的书涨了五倍，也未尝不令我吃惊，可是许多吃惊的事现在都变成笑话，后之视今，犹今之视昔，请你趁早不必因一部《辞源》卖三千元惊慌失措，也许不久会到五千元。我还有中华本的《饮冰室全集》，价仅三十六元，似乎在《白门买书记》上谈过的，现在你能遇到这书吗？如果有，我情愿出一千元。一千元不过才四分之一石米呀，合以前的两元而已，哈哈。

在我的辞典中最为书贾垂涎的乃是《丛书大辞典》，这书编得一点也不好，不知为什么大家都看重它。杨君从前似曾弄过一个很大的局面，各种属于索引式的书很印了几种，但均不甚有意义，他的家据说在"仓巷"，离我现在住的地方正是望衡对宇一般近，书是早已光了，人也没有一位。丛书的辞典完备者较少，金大编过自己所藏的《丛书子目》，清华也编过，在开明出版，都是不甚行，在不得已的情形下，杨君的书便占上峰了。可惜是只有四角号码而无部首式的索引，对于我这样讨厌一切新编检字法的人是个很大的别扭。大约这种别扭，颇可代表中国式的改良与革命。

收藏日记是现在很时髦的事，为什么？不知道！我自己的理由则是想知道一点昔人的生活方式，尤其是战乱时期，可惜这很难遇到。过承平日子是古人的幸运便是后人的不幸，因为不能从那里找到什么可宝贵的教训。《越缦堂》是赶上咸丰十年英法之役的，似也只有愤叹。《缘督庐》（叶昌炽）在庚子之乱时记颠沛流离之状颇值得一读，只恨太简，不嫌其繁。《书舶庸谈》（董康）记庚子监斩启秀徐崇煜乃是追记，不能算是日记。谭献的《复堂日记》是选刻的，只记学术，不记私生活，又不系月日，这个最糟，可以说把好好的史料毁灭了。《曾文正公日记》摆面孔，看不出什么喜怒哀乐，其生活也不过天天找人"手谈"，究竟那个非常时期中老百姓的生活怎样，还是不易看得出。与此同病的则有《翁文恭公日记》，天天记几起几起，换什么褂，什么袍和帽，皇帝的书读得好不好，来了几位客。研究朝章则可，明了真实生活则不够。《涧于日记》是前年张幼樵家中新印的，恰好是甲申以后甲午以前的一段，把重要的几部分都没有印入，"清流"先生们喜欢一本正经，所以感到道学气特浓，只有记吴柳堂之死的几天还有点感情。把这些日记买全也要相当的人力物力，《曾文正公日记》（影印本）到如今我还没有。还有如曾惠敏公的日记，印本多是扁字，没法卒读。张荫桓的《三州日记》不易买到，薛福成《出使日记》石印劣本多而刻本少，吴挚甫的日记如谭复堂一样，经过改编趣味大减，这些种不但现在没有，将来恐怕也没力量有。吴渔川的《庚子西狩丛谈》虽然不是日记，而出于口述，可是比普通的日记文章还要好上若干倍，这样的文章很难得，去年有人把它重印一回确是好事，我的一本就是重印的，买到时正闹脚气，给我消磨不少苦楚。华学澜的《辛丑日记》对于义和团经过记得并不多，可是从北京到贵阳的路程情形倒很有意思，例如樊城一段云：

自此以南，烛跋皆削竹为之，长数寸，台盘皆有细孔，以跋投之，余所购纱灯等皆置丁，两牡竟不相入。用时或以绳来，或以铁绾，易烛一次，耽搁良久，行此路者，不可不知而预防也。

这是很有用且有味的事，细微的风俗不同可以影响到很大，但平时却少有人注意记录这些事。严范孙先生也有《使黔日记》，我尚未买得，华君乃其同里后辈，且其哲嗣又是我的多年老友，所以我对此书格外亲切，别人也许不见得这样感到的。

地图与碑帖，在"寒"斋亦复据了小小的一隅。中国地图我有申报馆六十年纪念的《中华民国新地图》，乃是一个雨天在一拍卖行买的，仅一百八十元，后来又遇到两本，有一本是孙桐岗所用，好几幅自然图都扯去了，书店只要六十元钱，介绍一位朋友买了，再一本则已索价一千元，只好长叹一声挥之使去。世界地图有一本德国版的 *Schulatlas* 乃 Diercke 本，李长传先生告诉我此图甚好，现在难遇，我是只当做破纸买了来的。对于地理是外行，也不过供读报时检视罢了。碑帖呢，那可是不能考究，什么 × 字不断本，× 字未损本，把校碑随录一个个查对起来，不是我们的力量可以办得到。只是看见可爱的印本就买下来，价钱不怎么吓人，还可以负担就是。我有五十多册艺苑真赏社的影印本，这印得本不好，可是多了也是一种收获。前年买过一册裱本的《龙门零种》，有一百多张，裱工很精，费了好几晚工夫用长广水野二君所编的目录（附在《龙门之研究》后面）校过一回，还是不曾编好题名。有一回，书贾送来有正影印本《六朝墓志精华》，只要了八块钱，可以说是我遇到的得意巧事之一。现在这几册东西和两册裱本的《龙门廿品》，十册装订的《龙门零墨》都放在一起，实亦无暇研究或临摹，如其他的碑志一般，仅仅在雨夕风灯之下，拿出抚摩一回，作为微茫的安慰，也就够了。

家有敝帚，享之千金，对自己的东西，人人皆作此想。即令把碔砆作美玉，也可以原谅，因为这是精神的寄托。老实说，什么是可爱呢？这恐怕还是主观的，难有客观的标准。鱼固不乐西子，而即且可以甘带。为他人忙碌了一天，回家只有这么一点消遣，于是书房虽然简陋，在我似是无穷的天地。一册《三垣笔记》可以消磨整晚，看看《武英殿彝器图录》亦未尝不可替代媚眼乱飞的近代影戏。个人主义是该死的，可是现在摩顶放踵的哲人也不多，我们没有机会与能力去兼爱，还是让自己不去过分沉溺罢，可是，有人说，老去玩骨董也是一种沉溺。

对不起，又写了这样于人于己两无谓的文章。

五月十四日

○ 原载《杂志》，1944 年第 13 卷第 3 期，50—55 页

斗室微吟
1944

——文载道

一

气横西北何人剑，声满东南几处箫。

龚定庵诗

施蛰存先生曾经写过一篇《绕室旅行记》，收在开明版的《灯下集》中，是讲他书斋内的庋藏设备等情形。读了很引起我的兴趣。最近又读了纪果庵先生在《杂志》六月号《书房漫步》一文，取材也近于这一类，不过多侧重书籍的收罗浏览的事，总之皆不外所谓"以自我为中心，以闲适为笔调"，虽有些人对之掉头而去，如纪先生末后所云，"对不起，又写了这样于人于己两无谓的文章"，但对于我似的读者，却不免要"引为同调"。适值《艺文杂志》尤先生频频索稿，一时想不到得体的题材，就拉施、纪二氏之文作一个顺手的引子，胡乱的谈一些我自己书室方面的杂事。题目本为想定为"书房的一角"，后来总觉得迹近剽窃。还有老舍先生好像有过"且说屋里"的题目，我也感到很别致而同样的不敢袭用，那末，还是笼统地题上这四个字罢。渔阳山人诗云："姑妄言之姑听之，豆棚瓜架雨如丝。"近来正当炎夏，雨后昏黄，得少佳趣，挥汗写此，也只希望顾客视作消夏的材料而已。

我是一个极其惰性的人，要写的文，要覆的信，要看的书——统而言，则是要做的事，往往得过且过，苟且拖延，因此对于"住"的一项也是这样。

七八年前跟着一家大小来到上海，那时原并不想长住下来，所以始而寄寓旅馆，继而赁居戚家，终于为了"故乡"未必较"客地"为理想，才正式在沪东租了一幢房子。后来为了战事，一而再的迁移他处，只是始终不出"租界"一步，虽未可说是深尝乱离之苦，也总难免奔走之劳了。这样一直至"八一三"以后，方始从旧法租界搬到现在的所在。——这就是说，假使不是为了故乡的阢陧不安，和沪战的关系，至少在我，决不愿离开斗室一步的。有所旅行，也仅限几小时舟车之劳。记得从前和且同兄至杭州时，说起北火车站应该怎样走法，他就表示非常的惊讶，以为怎么连对这些都如此隔膜。因为我从乡间来到海上，都是乘风破浪而来，所以那一次的游杭还是第一回乘坐火车——这些皆说明了我之为我，实在懒惰因循而又孤陋；而时光荏苒，居留现在的这条 P 里倒又快近十年了。

上海素有"寸金地"之称。区区承袭余荫，总算寝卧而外，还有一间比较宽敞的书室，起初题名"屠嚼斋"，这不但由于我是一个肉食者，而且我觉得生丁斯世，对于一切还是抱着这样态度的为妙。旋于前年除夕读王仲则"一星如月看多时"之诗，乃又改为"星屋"。这本是读书的人玩玩的事，不值得看的如何严重，不过既然有了这样一种惯尚，也未能免俗罢了。至如我们希望有一间书室，虽不必奢求，却也愿意有可以流连可以摩挲的一个意匠舆物资的综合。

人们对于某一件的事物，在最先占有的时候，自然感到非常欣慰。但等到日子一久，这就分出两样感情来：一种是"弃旧恋新"式的憎嫌，一种却反过来是留恋和爱护。我之于书室亦然。有时或贪心不足的嫌它光线不充足，设备太陈旧，然而到了临末，还是被后一种的感情所战胜；未来的且不说，单说自过去到现在，它究竟陪伴我经过这么一段岁月，消磨我大半部的生命，尤其写作的人，对于室内的一灯，一椅，一桌，一几……都不是普通的主客关系，而自有一种特殊的感触，可以看作家人骨肉之亲。郑西谛先生在其所藏《善本戏曲目录》的跋文中说：

余性喜聚书，二十年来，节衣缩食所得尽耗于斯。于宋元以来歌词戏曲小说，搜求尤力，间亦得秘册。唯一书之获，往往历尽苦辛，有得而复失，失而复于他时他地得之者，有失而终不可得者，有始以为终不可得而忽一旦得之者，有初仅获一二残帙，于数月数年后始得全书者，盖往往有可喜之奇遇焉。人声静寂，一灯荧荧，据案披卷，每书几皆若能倾诉其被收藏之故事。尝读黄荛圃藏书题跋，记于其得书之艰，好书之切，深有同感。

这所说的虽是藏书方面，但却为我们织绘了一个意境——一个集甘苦与哀乐之最和谐美妙的意境，径通着一切爱书的人、写作的人在"人声静寂，一灯荧荧"中冷暖自知之心！没有这种经验的人，原不必强作解人，但也希望不要动辄以"有闲"，以"没落"等词眼置人耳。

书斋不一定要怎样典雅堂皇，只求其朴素与恬静。暴发户建造住宅。书斋也是他们的装潢之一。于是东一架红木大橱，西一座紫檀屏风，横一副对联，直一块匾额，将它黑蚍蚍的塞得一无徘徊余地。至于执笔卖文的人，纵有小小的一间，也未必有此闲暇与财力，可以将书室弄得八面威风，然而说不定乱头粗服胜过了浓妆艳抹，有其自然与错落的长处。因为一则刻意营求，弄得不好反而贻画虎之议。一则行所无事，虽然凌乱马虎一点，同样能引人入胜。说到底，这还是系于主人公的胸襟气识。暴发户有钱买一部《百衲本二十四史》，看来不过白底黑字的"死书"，但万一什么地方发现了赵瓯北、顾亭林、王夫之等手校手批的《三国志》或《五代史》，这是假定的说法，那怕是极平庸的本子，其价值就不可同日而语了。听说章太炎先生生前，是合卧室与书室而为一的，四周堆满用功过了的书本，困到深夜里忽然想到什么问题时，就会一个人起床检览。我这一次游苏，事后深悔不曾前去参观，然而我们闭目冥思，这该是何等博大深厚的一种境界！前人诗所谓书如青山乱迭，更令人感到意味深长，虽则"整齐"也合乎美的观念，但乱也好，治也好，总之不要让书籍一年到头静悄悄的躺在红木橱中。有凌乱才始有整齐。

就我自己而论，因为文章中时时要引用古今人的语句，所以一篇既罢，案上便堆满了大群的书，等到第二三天又一卷一卷的将它们敢拾起来，返回原处，这也是文章完成后一点微小的快意。有时在握笔中间，忽然想到某一句古书，只好急急巴巴的从"深文周内"中翻了出来，也许果然寻着了，那真像他乡之遇故知，也许记忆错误，始终找不到，而我又是懒于做札记的人，这时懊丧怅惘之戕诚非拙笔所可言传，但再过一刻，也许"有了！""有了！"发现在某一本书里。从前看见某一篇笔记说，自己要想找的句子，忽然会于无意间被清风吹开书叶，呈现眼前，这又是意外的"殊遇"了。可是一想到"清风不识字，何事乱翻书"的那桩文祸，又不禁毛骨森然，跟上述的这段记载恰成为"惨舒"之两极端。而这些思潮之起迭，甘苦之交流，得失之流奇，都非一朝一夕所能体验的。我们读前人记述藏书、读书、买书等的文章，偶与自己的遭遇感慨不谋而合时，依我看，倒不是手舞足蹈的拍案称快，而是一种微妙的无言的会心。说句笑话，狭隘一点的人或要还要妒忌。因为要说的话都被他之前的人说尽了，说尽了。所以金圣叹以"人人心中所有，笔底所无"为好作品者，正是古今艺术品最高的檩准。然而唱经堂之作此语，尤是人人所有而又所无者也。

二

谈到书室，自然要联想到藏书，而这些庋，也决非如前段所说像暴发户之为华饰一般，却是经过自己的心血、时间、劳力所换来的，纵使是普通的版籍，也蕴伏着主人的曲折艰辛的故事。这里又记起了郑西谛先生在《中国版画史》序中一段话，最能表达一切爱书的人之感慨和遭际：

盖余于兹书（指《版画史》——道注），亦既殚精疲神二十余载矣。其间艰苦困厄之情，焦虑萦心之态，殆非尽人所能告语。凡兹所收图籍，类多得之维艰。或节衣缩食，或更典售他书以得之。有已得之，竟以无力而复失去，有获一见，而力不能收，竟听其他售。一书之得失，每至形之梦寐，数年不能去怀。袁氿公剑啸阁刊《隋史遗文》，附图近百幅，甚精好。平贾持以求售，适值囊空如洗，却之。后为北大图书馆所得，今乃陷于故都矣！明刊《禅真逸史》，附图八十幅，尝一见于遽雅斋。以价昂未及收，而转瞬踌躇间，已失去，不可复得。……（中举例甚多，今略——道注）又每于诸肆残书堆中，搜掘终日。室暗如夜，鼠粪虫溃，遍于书上，检竟而出两手，竟尘涴而如染墨。辛勤一日，或竟一无所得，或亦得一帙半册之残本。偶一发见一二奇书，便大喜欢狂。大类于荒山野谷中寻掘古希王之陆墓。又尝于残书之背，揭下万历版《西游记》图二幅，建安余氏版《西汉志传》一幅，万历版《修真图》一幅，便大觉快意。凡此一页半幅之征，余亦收之。集此千数百种书岂易事乎。往往斥半月粮，具大决心，始获得一二种。岂富商大贾，纨袴子弟辈之以书饰壁壮观者所能知其甘苦，殆如猩猩血，溇溇滴滴而出。何一非呕心镂肺之所得耶？……茕茕一身，处于天荆地棘之中，乃复丛书于室，独肩此史官所阙之业，亦可伤已。

　　这部《版画史》（共六辑每辑四帙）的问世，的确为中国艺苑空前的创举，而编著的人，恐怕也只有具着数十年如一日的热情与雄心的郑先生，才能够完成这个任务。至于这篇序文，洋洋几万言，雄迈而婉曲，尤可称出色当行。——我虽然在从前跟郑先生略有往还，但这几句话，自信凡有识力的人必能同意，而非一己的阿私。同时我又特别感到这里面所描述的收藏图书的情形，没有一句不令人同情太息，没有一句不是爱书买书的人的经验之谈，真是"人同此心，心同此理"，至多，有程度上的分别而已。随手举我自己为例：清初的诗人，吴梅村（伟业）也可算是雄睨一代的大家了。我自从少时读了他《圆圆曲》以后，就一直留心着他的诗文与生平，最初在某书店买了一部木刻的较为平庸的集子，总觉得尚不能满足。后来知道董氏诵芬书室刻的《梅村家藏稿》称为此中的白眉，遂刻意向坊间求购。年前果然获见一部，但一问价值，却贵得可以，而囊中一时又无余力，以致踌躇未决。待过了几天持款前往时却为捷足者所得了。这样到了今年的端午节，又在米熏阁中庄见到四部丛刊的零本，无意中又瞥见了影印诵芬室的《梅村家藏稿》，共八册，标价四百元，顿觉喜出望外，虽不及董氏的原刻，但退而求其次也就不错了。记得商务的《四部丛刊书录》上曾云：

　　康熙中顾湄周缙编刊《梅村集》四十卷，四库据以著录，后来靳严吴诸家诗注与顾师轼所辑年谱，皆据比集，未睹他本。宣统初，武进董氏得旧钞《吴氏家藏稿》六十卷，一至八为诗前集，九至二十二为诗后集，仍各自分体，殿以诗余，二十三至五十九为文集，终以诗话。以较旧刻多诗七十三首，诗余五首，文六十一首及诗话，其刻本有稿本无者，诗文各八首，稿本溢出诸篇，皆世所未见。其他标题字句，亦视刻本为详。董氏厘为五十八卷，旧刻所增诗文录补于后，附以年谱，得此旧刻可废矣。

　　因有这些的优点，所以凡爱读吴诗的终想得到一部。我既交臂失去董刻，现在对影印的自不肯放过了。不过那天因罄所有的都结了书店节账，而跟来熏阁又是素昧平生，一时遂无法携回，其间困于琐事又拖延了四五天，至上月底去决心访书时，也跟前次那部原刻一样的为别人先得，而商务的零本中，不待说早已罄了。

我举此例，固然不是什么宋椠明抄，但也见区区一书之得失，真像冥冥中自有一种因缘存在，而离合之间，洵可谓“形之梦寐，数年不能去怀”者。尤其是我辈笔耕的人，平素挑灯发墨，搜肠运腕之所得，尚不足抵偿几帙较为精善的本子，每值斗室征吟，高楼神游之际，更有“肠一日而九回”之感。至是在物价如虎添翼的年头，更非跟书店有特殊情谊的，连记账都不可能了。何况做了账还是要一五一十的付清呢（自然能够这样已经明光不少，所以对允许我做账的几家书店，很感谢其好意）。因此我屡次踏进三马路（广西路）一带几家书店之门，看见好的或心爱的图书而限力所不逮时，只能默诵几遍“虽不得肉，聊巨快意”的成句，也便是我前述的题名“屠嚼斋”的一个因素。

谈到藏书，我又记得龚定庵有一首赠人的七绝，“曾游五岳东道主，拥书百城南面王。万人丛中一握手，使我衣袖三年香。”我很喜欢这首诗。作者的魄力与才调，对方的风仪和学养，都可以从此中推见他的瑰奇豪放，使今日之我，犹为之遐想与神往。你看“曾游五岳”与“拥书百城”，又是何等倜傥雄伟的一副气概！然而也惟有定公的这杆奔恣的笔才能挟五岳而拥书城，使其文其人互成一绝。后复读李易安《金石录》后序，尤觉得斤斤于书室的装置构筑，而不以自己的学问与涵养为陪衬，那正成为卖柑者这中之“金玉其外败絮其中”的末流而已。反之，只要你学问与涵养恢宏潇洒，则不管是一角危楼或半椽陋室，置身其间，自有一种艺术的气氛——一种不可捉摸或言传的神秘的意蕴，可以傲睨公卿，雄视百代，而使室内的败壁颓垣，残籍破轴跟主人的声音笑貌，一言一动不但皆毫无寒伧之气，而且反显得十分和谐而贴切。换言之，单是物质的装置构造，是任何人都可做得的事，只要你有此财力。惟有这种艺术气氛的酿成，却不是反掌可办。相反的，蛰居在这种环境中的十九但是九月衣裳未剪裁的穷书生，给大风吹去茅屋的穷而后工的大诗人，环堵萧然的高士……按下不表，且先看一看易安的原文吧：

余性偶强记，每饭罢坐归来堂，烹茶指堆积书史，言某事在某书某卷第几页第几行，以中否角胜负，为饮茶失后。中即举杯大笑，至茶倾覆怀中，反不得饮而起，甘心老是乡矣。故虽言忧患穷困，而志不屈。……收藏既富，于是几案罗列，枕席枕藉，意会心谋，日往神授，乐在声色狗马之上。

读书到了这等地步，"故虽处患忧穷困，而志不屈"了。收藏到了这等地步，故能不为形式的良癖所拘，也自有内在的丰富的收获，而不必添箧笥，雇书记，营华屋。——必须这样，才能超越一切的去追求读书的快乐，也必须摒除声色犬马之好而转注于某页某行的角量上面，才能从博大精深之中愈体味到无穷的兴味。同时也见得，这样的人方值得读这样的书，而这样的书正需要这样的人去读，方不至于辱没沦落。

"红袖添香夜读书"，似乎一向被人所羡慕的文士的一种造化。古往今来，凡在书籍的摩击流连之外，还有两性间的推敲沉吟之趣的，那确是人生的最理想的享受了，而这又是可遇不可求的，恕我说句迂腐的话，昔人所谓乐而不淫云者，正好借过来作它的标准。可惜"女子无才便是德"之语，断送了世间一部分女性的生趣，故而翻开文学史，也难得有赵明诚、李易安那样的伉俪。而且我又以为易安之难得，不仅仅在于陪伴赵氏作"添香"的资料，而是其本身的学问也足与须眉抗手，徒是小有聪明的供奔走，勤洒扫的"小红"之流，纵然如何"善解人意"，也终觉得隔膜的很。以版本为譬，则一究是原刻，一至多是翻版影印罢了。而逢所谓质疑辨难，或"中否角胜负"等事，就要大大减色了。——然而在封建礼法的束缚之下，即使有后者那样的人材，也有幸与不幸之分，其不幸者则摧残中伤无所不至，此陆放翁所以有《钗头凤》之吟，而沈三白之与芸娘的结局，又从茹苦含辛而至于凄凉抑塞，郁郁以没。这样说起来，"女子无才便是德"倒又不为无故了。

三

大家知道法国曾有过"文艺沙龙"，也是供一般文士们作游谦聚谈之所的。从前会孟朴氏就向傅彦长、邵洵美等建议过（见他的《病夫日记》）。但我觉得这又太堂皇富丽了，跟中国的传统不相合，况且其间还须有一位女性，则更近乎绅士淑女们的玩意了。曾氏日记中也记及傅彦长先生的语："这事只怕是法国的特长，他国模仿不来，尤其是我们的中国。客厅的主角，总要女性，而且要有魔力的女性，我们现在可以说一个也没有，即使有，照目下我们的环境习尚，也没有人肯来。"这几句话不为无见。后虽然想到王映霞和陆小曼两位女士，而终还是不大合适，至今依然是个画饼，那么也就可以不提。最后还是向我们自己的里面去找几个例罢，第一想到的该是刘禹锡的陋室。《古文观止》卷七中有刘氏之《陋室铭》，中有云：

苔痕上阶绿，草色入帘青，谈笑有鸿儒，往来无白丁，可以调素琴，阅金经，无丝竹之乱耳，无案牍之劳形。

刘氏的立意是在"德"不在"陋"，也正是我所谓重内容不重形式。这本来可以说得通的，但他著末"南阳诸葛庐，西蜀子云亭，孔子云，何陋之有？"云云，却又难免有点缠夹，总感到方巾气太重，望之还有一种岸然的架子。这样披沙检金的结果，似不能不令我举出唱经堂主人来了。他的《古本水浒传序》六七年前会加细读，至今在记忆中仍然印象分明，中所说的宾主往还之间，那种放浪形骸畅言无忌的气象，皆使隔代的人犹为缅想与羡慕。尤其是它的背景，它的情调，完全以萧陈清适的山林空气，田园风味为主，更与中国的读书人传统的志愿相合。这里姑且择要抄上一段来看：

快意之事莫若友，快友之快莫若谈，其谁曰不然？然亦何会多得，有时风寒，有时泥雨，有时卧病，有时不值，如是等时，真住牢狱矣。舍下薄田不多，多种秫米，身不能饮，吾友来需饮也。舍下门临大河，嘉树有荫，为吾友行立蹲坐处也。舍下执炊爨，理盘榼者，仅老婢四人，其余凡蓄童子大小十有余人，便于驰走迎送传接简帖也。舍下童婢稍闲，便课其缚帚织席，缚帚所以扫地，织席供吾友坐也。吾友毕来当得十有六人，然而毕来之日为少，非甚风雨而尽不来之日亦少。大率日以六七人来为常矣。吾友来，亦不使饮酒，欲饮则饮，欲止先止，各随其心，不以酒为乐，以谈为乐也。吾友谈不及朝廷，非但安分，亦以路遥传闻为多，传闻之言无实，无实即唐丧津唾矣。亦不及人过失者，天下之人本无过失，不应吾诋诬之也。所发之言不求惊人，人亦不惊，未尝不欲人解，而人卒亦不能解者，事在性情之际，世人多忙，未曾尝闻也。

吾友既皆萧淡通适之士，其所发明，四方可过，然每日言毕即休，无人记录，有时亦思集成一书，用赠后人，而至今阙如此。名心既尽，其心多懒一；微言求乐，著书心苦二；身死之后，无能读人三；今年所作，明年必悔四也。是《水浒传》则吾友散后灯下戏墨为多，风雨甚无人来之时半之。然而经营于心，久而成习，不必伸纸执笔，然后发挥，盖薄莫篱落之下，五更卧被之中，垂首捻带，睎日观物之际，皆有所遇矣。

（上下略去）

　　这里所说的较诸西洋文艺客厅的情调，依我看来，恐怕要有意思得多。但也难得唱经堂的这枝潇脱而蕴藉的笔，才这样娓娓道来低徊有致。我辈草草劳人，终年伏案构思，与蠹鱼为伍，其间也未尝不想有这样一个脱略形迹之所在，使彼此相视而笑，莫逆于心，没有什么阶级的隔阂，尊卑的鸿沟，"欲饮则饮，欲止则止"，全随各人的自由。装置不求精雅，建筑毋须工巧，而主要还看彼此气味之相投，胸襟之和得，至于嗜好、议论、成见之类，不必舍己从人，强其所难，定公所谓"不拘一格降人才"正是绝好标准。能够这样，则彼此的心地自然宽厚，气魄自然宏大，且不至妨碍各人固有的特色。只是今日之下，救死救穷惟恐不暇，恐也未必有一股劲味耳。所以思来想去，有时也只好寄神往于旧迹，"发思古之幽情"，虽然可笑即也大可怜悯罢。

　　因此复想起了《浮生六记》中的萧爽楼，即二卷《闲情记趣》中沈氏伉俪所寄居之处。主人鲁半舫（璋），字春山，善书画金石。楼共五椽，东向，沈氏居其三，晦明风雨，可以远眺。庭中木樨一株，清香撩人，有廊有厢，地极幽穆。而平素来往者，如杨昌绪、袁沛、王岿等又皆工花卉翎毛，爱楼之幽雅，故携画具而来。三白则从之学画写篆刻印，芸则拔钗沽酒，应对宾客。楼有四忌，"谈官宦升迁，公廨时事，八股时文，看牌掷色，有犯必罚酒五斤；有四取，慷慨豪爽，风流蕴藉，落拓不羁，澄静缄默。"而其特色也是"地无纤尘，且无拘束，不嫌放纵"，与贯华堂的笔下有后先辉映之妙。语云，物以类聚，从这两则记事中正可看到一点消息，而全谢山之不喜欢金圣叹，也就毋怪共然了。

　　近年来故交寥落，沪居又嫌局促，诚不胜寂寞萧然之慨。试看小小一间斗室，要摆上桌椅七八事，书架十余座，披霞娜一具，而书架之上又堆满了成捆的旧杂志，更同"盘马弯弓"似的，在精神与心理上日见其蜷缩扭曲了。时或降落求其一得之胜，也只有永夜孤灯的片刻半晌。尝读东坡居士《答毛维瞻书》之"岁行尽矣，风雨凄然，纸窗竹屋，灯火青荧，时于此间，得少佳趣"，觉得意象之中彷佛有此萧淡的一境，而特别的引起我对于灯的好感，所以在我的枕畔、桌上和室内，故意的多安置几座。我觉得有了这通明的一盏，或荧然的一颗，不论是在初寒盛暑，高楼斗室，能使人的意志随着辐射的光辉而集中起来。所以每当我的文思陷于数漫发弛，无力收拾之际，往往移转目力向着绿色的灯罩游眸半刻，一面又在四厢悄然中加以思索，说不定别有一番明彻的境界在我眼前涌越而出。这话并不曾说的唯心，或者措词不十分妥适，但意思却是有心理学与美学的根据。

有人把先知先觉者的言行操守，比作引路的明灯，到今天虽然显得滥熟一点，原意却是十分贴切。现在正是漆黑的午夜，防空警报刚才解除，市声又开始活动了。于是我从外面返回书室，捻开灯火，果然觉得满室通明，这通明光辉又映照了我四边的书架——里面正蕴寄着不少先知先觉者的言论思想和事迹，他们犹如灯一样的永远指引着我，启发着我。使我温暖，使我清醒。我于是有了两种的灯：一是在外表上照临我的，一是在内心上引领我的。我在他们之间获得无穷的寄托与希望，而益加的对这间斗室有敝帚之珍了。

卅三年七月六日夜，灯下

○ 原载《艺文杂志》，1944 年第 2 卷第 9 期第 9—14 页

名家书单

名家书单

必读书
1928

——傅彦长

必读书不能够从古到今一样，不免有时候要跟着时代而变迁的，从前人的必读书当然同现代人的不会一致。曾国藩在癸卯年（道光二十三年）的孟夏，自己选定八种熟读书，在我们看起来就是他的必读书了，作为课程之一，八种书的名目是：

《易经》《诗经》《史记》《明史》《屈子》《庄子》《杜诗》《韩文》

《易经》《诗经》都在五经之内，以前辈的眼光看出来，四书五经无论如何是必须从小就要熟读的。必读书差不多是四书五经之外的要求，所以我要引曾国藩在咸丰九年四月二十一日写给他儿子纪泽的一节家训：

余于四书五经之外，最好《史记》《汉书》《庄子》《韩文》四种，好之十余年，惜不能熟读精考；又好《通鉴文选》及姚惜抱所选《古文辞类纂》，余所选《十八家诗钞》四种，共不过十余种。

把上面的一段意思再说一遍，就是，曾国藩在四书五经之外所要求的必读书仍旧是八种。连癸卯年孟夏所选的一起算在内，那末是：

《史记》《汉书》《明史》《屈子》《庄子》《杜持》《韩文》《通鉴》《文选》《古文辞类纂》《十八家诗钞》

除了四书五经之外的必读书，在前辈讨论列这个问题的时候，意见虽说不能够一致，但是同曾国藩所推举出来的十一种，大致相去不远。以我的意见，必读书并不是这样的几种，现在不妨先把关于以前的文学作品，推举下面十八种出来，请大家看看以为怎样：

《天雨花》《再生缘》《笔生花》《草木春秋》《水浒》《水浒后传》《征四寇》《儒林外史》《红楼梦》《西游记》《封神榜》《三国演义》《镜花缘》《三侠五义》《小五义》《续小五义》《儿女英雄传》《凤双飞》

前面所推举的十八种文学作品，有几种已经经过了胡适之的考证，我以为这是研究文学的人必须一读的，所以在这里提一提，谓大家注意。

我们生在现代，不是为了以前的人而生存，是为了自己的生命而才生存的。那末，现在生存的著作家所已经出版了的译作、散文、短篇小说、批评、随笔之类，哪几种是现在的必读书呢？谈到这一层，我要老实说，一本书从头到底使人满意的，不必说古也没有，今也没有。只要有一篇特别使人满意的，就可以把这一本书推举出来了。推举还没有论定的书是很不容易的，我的意思不过要人家晓得，我现在所欢喜的是什么，那就算得过去了。现在不妨把我所要推举的写在下面：

曾孟朴：《欧那尼》《吕克兰斯鲍夏》《吕伯兰》

伍光建：《侠隐记》《杜巴利伯夫人外传》

鲁迅：《出了象牙之塔》《呐喊》

周作人：《自己的园地》《谈龙集》

张资平：《苔莉》

郑振铎：《俄国文学史略》

杨丙辰：《军人之福》

郭沫若：《瓶塔》《少年维持之烦恼》《落叶》

陈通伯：《少年歌德之创造》《西滢闲话》

田汉：《珈琲店之一夜》

滕固：《平凡的死》

徐祖正：《兰生弟日记》

叶鼎洛：《男友》

邵洵美：《火与肉》《花一般的罪恶》

赵景深：《悒郁》

徐志摩：《巴黎的麟爪》《自剖》

徐葆炎：《受戒及其他》

沈雁冰：《雪人》

王鲁彦：《犹太小说集》

王独清：《圣母像前》

前面我所推举的，自己晓得其中或者有不甚得当的，不过觉得这个问题现在很值得讨论，所以就把它写下了。

有许多著作家，虽然没有把他们的专集刻出来，却是他们的名字常常可以在各种杂志上面看见，所以我要推举几种必读的杂志在下面：

《小说月报》《新月》《狮吼》《奔流》《当代》《文学周报》《申报附刊》《艺术界》《真美善》

十七，七，五日重作。

○ 原载《狮吼》，1928 年复刊 1928 年第 3 期第 15—17 页

暗中摸索
1931

——赵景深

看过我的《出了中学校以后》（载开明《中学生》第十一号）的，大约已可以知道我十余年来的经历。我不曾进过高中，更不曾进过高中的文科，不用说是大学的文科了，但我现在竟惭愧的在复旦大学中国文学系和中国公学文史系教书。

我想在这一篇短文里，说一说我自己最初所读过的一些书，只能算是"读书"的"经历"，未必有"验"。

我还记得，儿时我最喜欢有图画的书。十岁随着父亲在武昌四川旅鄂中学读书的时候，就爱看所读的《诗经》上的图画。因此父亲给我的钱，我都一串一串的在书摊上买了画（一串大约是一百文或一千文的纸票，已不能记忆），所买的就是各种版本的《绘图诗经》和《点石斋丛画》之类。后来父亲买给我几本《儿童教育画》和《无猫国》《三问答》，我才第一次亲近儿童文学。后来到了芜湖，《儿童教育画》和《童话》便成为我所最爱好的书，出一本，买一本，珍贵的藏着，从来不曾间断过，时时拿来翻阅。我还用一个小红皮匣把《儿童教育画》藏起来，出到七八十期的时候，我的皮匣恰恰装满，《儿童教育画》也停刊了。这红皮匣直到现在我还保存着。

因为爱画的缘故，便连带的爱香烟牌子，重复的我都不要，总计不同的烟牌我共总搜集到三千张。因为每种普通是三十张（为了一大盒内有五十小盒），便装在一个小烟匣里（也恰恰好，只是稍微紧一点），题上这一种类的名字。我还记得，刀牌的古人画前后各出五十张，我能够辨别哪五十张是先出的，哪五十张是后出的。其实烟牌就是我的先生，诸如动物、植物、出产附地图、谚语、议院、国旗、房屋、船号、天文（蓝底，女人首在星中，后幅注星名及其来历）、名家画片（比为三炮台香烟所出）等等，都很有益处。较早的是花中西洋美人和灯笼中的西洋美人，稍迟的是刀牌的戏中人物，我记得周瑜、鲁肃、诸葛亮、黄盖各有一张，是直幅。还有一张横幅是四张合起来的打黄盖。还有前三人的分幅和合幅，颇有趣味。此外便是拿枪的赵云（有须）、捞起衣服作惊慌状的老褚彪、妓女、旗装妓女、黄天霸、朱光祖等三人的合幅和分幅。我的烟牌常识很丰富，这并不是我吹牛。因此，十三四岁的我，便编了一本《烟牌概论》，也有总论、定义、分类等等，像煞有介事的去做。说不定我现在常教《文学概论》与这《烟牌概论》有些因果关系呢。

后来程度稍高，便爱看《少年》，《学生杂志》是看不懂的，为了它有悬赏，也就买了看看，终日苦思竭虑的想答案。与我同癖的还有一位天津的曹锡纶，他的答中次数比我还多。倒也不在乎一本杂志，但我的名字刻在上面，总觉得是了不起的荣幸。《荷花》中的《小著作家》篇便是写我这种心理的。

我又最喜摹仿。《少年》看得多了，便自行出版一种《少年界》，不是铅版，而是肉版，所谓肉版者，手抄也。投稿人就是校中的同学。

直到我在南开中学受了洪北平先生的训诲，我才知道文学与其他科学的分别。

起初我也曾想做纺织家的，后来到了《新民意报》编《文学附刊》，我才决定了文学的路，直到现在，八年间未改初志。

当编辑大约是应该写论文的，天津购书又不易。看见王靖出了一本《英国文学史》，非常羡慕，便向商务买了一本《英美文事要略》，翻译后半的美国文学，连续的在《文学附刊》上刊载。后来又买周越然的《文学片面观》来译。渐渐的知道了有所谓《近代丛书》*Modern Library*，便到德租界伊文思分发行所去买，又到附近的一家德国书店去买 *Tancnitz Eition*，记得当时我所买的是柴霍甫的《陆士甲尔的提琴》（*Chehov's Rothchild's Fiddle*），史特林堡的《结婚集》、莫泊桑的《爱》等等，《芦管》中一部分的稿子便是当时的旧译。

偶然在一家租小说的店里看到一部厨川白村《近代文学十讲》，便借了来。罗迪先的译文虽不十分好，但已足够吸引我，我一口气便看了数十页，不忍释手。其文字的魔力真大！除去在棉专时向友人借来看的小泉八云《文学论》以外，要算此书最使我兴奋了。我就向租小说的店里买了来。他因租论文的人较少，也就乐得卖给了我。

张舍我的短篇小说《作法》也是使我佩服的书，后来才知道他是大半取材于 *Williams* 的那一本。

此后在各校当国文教员，为势所迫，讲台上不能专讲故事，只得多看些论文，勉强的记住，第二天立刻到讲台上去讲。渐渐的我也能够独立己见了。

现在我还是这样，论文看得很多，创作看得很少。

从历年来教书的经验，感到这一点：要想学问踏实，必须对于每一句话找出证据来。

我编辑《中国文学小史》，便用的是这个方法（几时有暇，我想将此书改订一下）。例如，沈约创八病说，我就怀疑："他自己能否遵守呢？"因此细心地找《全汉魏三国六朝诗》，归纳出来，前四病他都曾犯过。以"上尾"为犯得最少。又如建安七子赋多相同，就为他们列一个表，总之，我们应该不怕麻烦，得用傻工夫！

至于读书的时间，自然以清晨为最好，这时头脑清新，精神饱满，正当睡眠充足以后，读书最易了解，最易融化。

以前在天津新民意报馆的时代，我所有的文学书不过是些新出的诗集，诸如《尝试集》《草儿》《冬夜蕙的风》《雪朝》等，都是我的偶像。此外如文学研究会所出的《隔膜》《阿那托尔》《春之循环》等，我也每出必买。

后来到岳云中学教国文，不知怎的，学生们要兼学古文了。但我古文的常识是等于零的，怎么办呢？只好乱买些石印本的线装书来看。最初自然是先看梁任公和胡适的《国学书目》，后来就先看以下的书：《四书》《诸子菁华录》（商务版）、《史记精华》《汉书精华》（中华版）。对于这些，我只略知大意便足，非性之所近。至于集部的书，就买得较多，尤以唐人诗集为甚。渐渐的就买总集《汉魏六朝百三家集》《宋六十名家词》等。因为经济困难，连《全唐诗》《疆邨丛书》《宋诗钞元曲选》也不曾买，更不必说《四部丛刊》和《四部备要》，只是向图书馆借来阅看。像这样刻苦努力了一年，到了长沙第一师范再当国文教员，便毫不惧怕了。所以我所读的书完全是暗中摸索，并且也是经济和地位逼出来的，一方面自然于兴趣也有关系。

现在我为经济所限，自己所购备的书还是很少，但对于书目总很留意，时时挂念在心，心中想买，手中无钱，虽不能过屠门而大嚼，总算是望梅止渴了。

○ 原载《读书月刊》，1931 年第 2 卷第 1 期

我的读书经验
1931

—— 衣萍

　　本刊编者顾仞千先生要我写一篇文章，题目是《我的读书经验》，这个题目是很有意义的，虽然我不会做文章，也不能不勉强把我个人的一点愚见写出来。

　　我幼时的最初的第一个教我读书的先生，是我的祖父。我的祖父是一个前清的贡生，八股文、古文都做得很好。他壮年曾在乡间教书，后来改经商了，在休宁办了一个小学，他做校长。我的祖父是一个很庄重的人，他不苟言笑。乡间妇女看见都怕他，替他起了一个绰号，叫做"钟馗"。我幼时很怕我的祖父。他教我识字读书，第一件要紧的事是读得熟。我起初念《三字经》，后来念《幼学琼林》，再后来念《孝经》《论语》《孟子》《大学》《中庸》等书。这些书小孩子念来，自然是没有趣味，虽然我的祖父也替我讲解。我的祖父每次替我讲一篇书，或二三页，或四五页，总叫我一气先念五十遍。我幼时记性很好。有时每篇书念五十遍就能背诵了。但我的祖父以为就是能背诵了也不够，一定要再念五十遍或一百遍。往往一篇书每日念到四百遍的。有一次我竟念得大哭起来。现在想来，我的祖父的笨法虽然可笑，但我幼时所读的书到如今还有很多能背诵的。可见笨法也有好处。

　　我的第二个教我读书的先生是我的父亲。我的父亲是一个商人，读书当然不多。但他有一个很好的信仰，是"开卷有益"。他因为相信唐太宗这句考语，所以对于我幼时看书并不禁止。我进高等小学已经九岁，那时已读过许多古书，对于那些浮浅的国文教科书颇不满意。那时我寄宿在休宁潜阜店里，旁晚回店，便在店里找着小说来看。起初看的是《三国演义》。《三国演义》总看了至少十次，因为店里的伙计们没事时便要我讲三国故事，所以我不能不下苦功去研究。后来接着看《水浒传》《西游记》《封神传》《说唐》《说岳》《施公集》《彭公案》等书，凡在潜阜找得到、借得到的小说我都看。往往晚上点起蜡烛来看，后来竟把眼睛看坏了。

我的祖父教我读书要读得熟，我的父亲教我读书要读得多。我受了我祖父的影响，所以就是看小说也看得极熟，例如《三国演义》中的孔明祭周瑜的祭文（《三国演义》第五十七回）、孔明的《出师表》（《三国演义》第九十一回），以及曹操在长江中做的诗（《三国演义》第四十八回），貂蝉在凤仪亭对吕布说的话（《三国演义》第八回），我都记得很熟。所以有一次高小里的先生出了一个题目，是《致友书》，我便把"度日如年"（貂蝉对吕布说的）的话用上了。这样不求甚解的熟读书，自然不免有时闹出笑话，因为看小说时只靠着自己的幼稚的理解力，有些不懂的地方也囫囵过去了。这是很危险的。读书读得熟是要紧的，但还有要紧的事是要读得懂。

我受了我的父亲的影响，相信"开卷有益"，所以后来在师范学校的两年，对于功课不十分注意，课外的杂志新书却看得很多。那时徽州师范学校的校长是胡子承先生，他禁止学生做白话文看《新青年》，但他愈禁止，我愈要看。我记得那时《新青年》上发表的胡适之、周作人、刘半农、沈尹默一些人的白话诗，我都背得很熟。我受了《新青年》的影响，所以做白话文、白话诗，简直入了迷，后来竟因此被学校开除。我现在所以有一些文学趣味，全是我的幼时多看书的影响，但这些影响也有不好的地方，就是我个人看书到现在还是没有条理，多读书免不了乱读，乱读书同吃东西一样，是有害的。

我十七岁到南京读书，在南京读了一年书后，胡适之先生到南京讲学，我去看他。我问他读书应该怎样读法，他说"应该克期"。"克期"是一本书拿到手里，定若干期限读完，就该准期读完。胡先生的话是很对的。我后来看书，也有时照着胡先生的话去做，只可惜生活问题时时压迫我，我在南京北京读书全是半读半工，有时一本书拿到手里，想克期读完，竟不可能。在我，这是很痛苦的。现在，生活问题还没有解决，我的学生时代已经过去了，苦痛的病魔又缠绕着我。几时我才能真正"克期"去读书呢？

我的读书经验如上面所说是很简单的：第一，应该读得熟，第二应该读得多，第三应该克期读书。

我是一个不十分赞成现代学校制度的人，我主张自由学习，主张普遍的自由（Universal Liberty），主张完全的自己自修，我曾说：

吾国自清代光绪变政，设立学校，同时年级制也输了进来。年级制是以教员为中心，以教科书为工具，聚智愚不同的学生于一级，不问学生的个性，使他们同时学一样的功课，在一个教室内听讲。聪明的学生嫌教师教得太慢，呆笨的学生嫌教师教得太快。聪明的学生只得坐在课堂上打磕睡，看小说，混时间，等着呆笨的人追赶！呆笨的人却整日整夜的忙着，连吃饭、睡觉、如厕都没有工夫，结果还是追赶聪明人不上。所以有一次胡适之先生同我们一班小朋友说笑话，"你们也想进学校吗？"

我以为学校是为笨人设立的。对呀，现在所谓年级制的学校，的确是为呆笨人而设的。一本陈文编的《算术》，聪明的学生只要两个月就演完了，学校里偏要教上一年半载；一部顾颉刚编的《初中国文》，聪明的学生只要半年就可读完了，学校里偏要教上三年四年。况且在同一时间内，一定要强迫许多学生听同样的干燥无味的功课，所以有时教员正在堂上津津有味的讲"修身而后家齐，家齐而后国治，国治而后天下平"，学生的头脑里，也许竟在想"贾宝玉初试云雨情""景阳冈武松打虎"……

——《古庙集》37—38 页

我那时的话是对现在学校的年级制而发的。这几年我在江南观察教育界的种种怪现状，教我不能不感叹学校教育毫无用处。老实说，学校教育的最低限度的职能在于指导学生读书读得懂。那些流氓中学、野鸡大学的教员教授，究竟自己读书读得懂与否，还是一个问题。我以为，今日中国的青年，只有自己硬着头皮去读书。单读中国书是不够的。

第一，我们应该学会一种外国文，或是日文，或是英文，作为我们读书的工具。

第二，我们应该养成熟读书，多读书，克期读书的习惯。

第三，我们应该细心地读书，要每个字读得懂，要每个句子读得懂。不懂，便查字典，查参考书（到图书馆里去！），问朋友，问亲戚，问真正懂得的人，不论是中国人外国人。

第四，我们读书时应该养成怀疑的习惯，应该"疑而后信"，不要盲从，不要武断。

青年们呵！中国正是一个变动的时代！这时代是伟大的！然而也是悲惨的！我们应该承认中国的教育、政治、道德、哲学、文学、美术，都不如旁的国家，所以造成中国今日的混乱局面。没有学理的根据的革命是危险的！我们应该努力读书，作为改造中国的革命的准备。

我的文章虽然浮浅而且简陋呵，希望对于真的热心读书的青年，有一点微微的用处。

1931，3，4，衣萍。

○ 原载《读书月刊》，1931 年第 2 卷第 1 期第 85—92 页

　　　　　　　　　　　　　　　　　　　　　　　　　　名家书单

读书的经验
1931

—— 谢六逸

　　我幼小时没有进过私塾，完全由我的父亲母亲教我。父亲教我读的书，使我受印象最深的，是一部《史鉴节要》。这书是他手抄的，他善作楷书，很工楷的写在雪白的厚棉纸上，装订得很精致，引起我对于书籍的嗜好。母亲能够暗诵许多诗词，她教给我许多诗，使我印象最深的，是韩愈的《符读书城南》。

　　我对于书籍从小时就有一种爱好癖，总是自动的读书。在家乡时，由高小到中学，从来没有因为读书的事使我的父母生气。我记得在十三岁时，常常跑到我父亲的藏书楼上去翻书，从早晨到天晚只下楼吃两顿饭，成天在楼上。后来被我翻着了一部《绿野仙踪》，便将它慢慢地看起来，觉得其中有几段很有滋味。隔几天又翻到一部《飞驼子传》，书中的谚语很多，弄得莫名其妙。

　　中学毕业的那一年，就考得了官费，到日本留学。在留学时期，有两个地方我永远不能忘记。一是早稻田大学的图书馆，一是东京郊外的吉祥寺。这两处地方帮助我，使我多读几本书，那时的吉祥寺，真是读书好地方，不像现在是时髦男女的幽会场所。

我的记忆力还好，无论书籍或论文，看过一遍之后，留在脑里的印象，总有半年以上不会消失。作品里的警句，我更能记忆得长久些。

我的读书的方法没有一定，有时做 Notes，有时用铅笔在书上乱涂线条，有时从头至尾没有作什么记号。

使我的读书能率增进的季节，是夏天和秋天，春天也还可以，我最憎恶冬天。我最痛恨的就是"围炉读书""躺在沙发上读书""泡一壶佳茗读书"等等调儿。

我看书时不怕喧嚣，孩子在身旁吵闹也可以看下去。有几次我看书时，太太在我的旁边对我说话，我完全没有听见，因此尝受非难云。

我的信条是——多读，深思，慎作。

一九三一，三，四。

○ 原载《读书月刊》，1931 年第 2 卷第 1 期第 113—115 页

读书忏悔录
1931

—— 王礼锡

　　我的读书经验，本来是《读书月刊》限定的题目，但我有什么读书经验可写呢，有的，都是不足为训的，经过松泉先生几次的催促，又不好不写。无已，写《读书忏悔录》。

　　窗外雪花如鹅毛大，纷纷的飘在玻璃窗上，由合不拢的窗缝中，挤入雪花所带来的寒气，中人像针刺一般。六铺席子上，拥火缸蜷坐，异国深宵，孤寒自悯，童年往事，袭上心来。

　　事过去近十年了，一个二十岁左右的青年，曳一件薄棉袍，在黑夜所吞没的东湖边上冒着浓的雪和可以卷人入湖的劲风，精神抖擞地回到与贺其燊共住的五尺宽大的小室里，在深夜工作的疲劳之后，还两人埋着头读书到二三小时，才裹入棉布的铁衾，真想不到才三十岁的人，有火缸可拥，还敌不过寒意。

　　我们的住室，在离东湖（南昌）约三四百步的一个角上，是永新的一个小试馆，共四间房，近天井的两间最小，我们就住左边的一间。雨稍大，飘流满室，几无坐处。室约五尺宽大，当窗安一小书桌，坐凳就是两人同睡的一张卧床，坐床上读书，床与书案之间是不能再放凳子了。饭自己烧，每餐熬豆腐或青菜一大碗下饭，为着菜太少了，只好多着盐和辣椒、姜、蒜之类。买不起炭，也没有可以烧炭的炉子，烧的是大块的湿柴。为稚周介绍其燊的诗中，曾有"钝斧析湿薪，粗粝饱姜蒜"的两句，就是写那时的生活。

生活就是那样的苦，家庭的经济还是供给不来，那只好用自己的劳力去换一点自给的经济。我那时做的是三件事：一个报馆的编辑，两个地方的家庭教师。报馆的工作时间是夜十时至十二时或一时，两个家庭教授的时间就分配在下课后至十时前，早晨上课前和夜深报馆工作后就是自修时间。

那时我们的生活虽然是很苦，但是很紧张的，而且充满了紧张的趣味。月底从工作得着了一点工银，我们并不重视它，我们并不立定一个预算去支配它，哪天很快的了结了报馆的工作，就一同踏上一个小回教馆子的门，一碗红烧牛肉，一壶吉安冬酒，就大论其幼稚的学问和国家大事，不满足时还添一个芙蓉牛肉，不顾到这样是预支了十天的生活必需的费用。到明天仍然是一大碗豆腐或一大碗青菜。去秋回南昌时，很想去那个教门馆——万和楼——尝尝红烧牛肉的味道，可惜竟没有去，并且不知那馆子还是不是存在。

报馆在东湖边，由湖面上吹来的风挡在湖边高层的墙上，分外厉害，尤其是在出口的地方，两面的风交逼着在一起，真可以卷得人走，但那时风越大，心越紧张，像以敌得过这样的寒风为自己的光荣，薄棉衣给劲风卷起，虽然风从衣底下割人肌肤，但飘举的衣角就像是征服自然的旗帜。

所以在这样情形之下乘雪回到卑小的寓所，并算不了一回事。

炉火正红，窗外雪仍大，另一个雪晨又浮起在孤客的记忆中。

窘迫的经济和孤苦的身世，都造成我们的倔强。无论在多大的雨雪中走着，固然没有雨衣，就伞也不用。这个起因是很早了，还是在吉安读书的时候，有一次在雨中回到离吉安百二十里路的家，虽然把着伞，总觉得局促，路旁唱着山歌在田里作苦的农夫是一点御雨的器具也没有，有的只是饱经风日的红铜色的皮肤。雨在他背上流下，比在油布伞上流下还不沾染一星微水点。我愤然地把伞丢了，觉得我们惟其有伞才会变得这样娇嫩。从此以后雨中雪中都是这样赤着手很镇静地走着。仲烈是和我一样的倔强这样干。

有一个雪晨，我们冒着雪去上课，到学校时一振衣，地上雪积成堆，在衣领中的雪为体热所融化，沿着脊背流下，两人相顾一笑，表示快意。

现在住的虽然是旧屋，但有六铺席子，总算宽大，窗缝虽然合不拢，但有火缸可拥，又无须犯东湖的劲风，何蜷缩至此！

也许现在身体的衰弱，就由于那时无常识的倔强，就像这次受了一个整月的苦割去的痔疮，据说和冒雨雪走路受的湿气有关。

但那时不倔强又将怎样？

紧张的精神，由于刻苦的生活，还得维持旧有的倔强，把将来的生命，交付于斗争。

开窗，雪花扑在脸上，爽快无比。

起了这一个头，将来也许可以继续的写，发表在本刊或神州国光社出版的《读书杂志》上。

锡附记

一九三一，二，十三雪夜

○ 原载《读书月刊》，1931 年第 2 卷第 1 期第 125—129 页

两个不同的时期

19 31

—— 贺玉波

我自恨读书太少，而且不曾好好地读过书，一直到现在还十分抱怨我自己。当然更谈不上什么读书经验了。但是既因一时冒昧地允许本刊编者作文，也只好出来献献丑。如果读者们认为这文有多少心得之处，那真是我的意外收获了。

首先谈我在受学校教育时期内的读书经验。但要注意这是指我自动的读书经验而言，凡是受学校或家庭的强迫，然后才去读书这种事情形是不包含在这时期内的。我在十岁的时候便进了高级小学，对于学校的功课感不到浓厚的兴

趣，尤其对于算学极端地憎恶。每当晚饭后家人聚谈的时候，我父亲便重述书中的故事，我非常用心地倾听着，感到特别的趣味。从此便积下零用钱去买《封神榜》《水浒》《三国演义》一类的书，不分日夜地去看，无论有什么重大的事情，我是不轻易抛开书本的。

起初遇到疑难的地方，便问父亲。可怜他是个自学的小商人，对于我的疑问有时不能给以满意的答复，于是只好自己去思索，再有不能自解的地方只得丢在一边，待日后去研究。

名家书单

渐渐的，我读书的能力增大了，即使《聊斋》那样难懂的文字，也大部分看得明了了。

于是我敢断定：读书的第一条件就是自动，无论在家庭或学校内，父兄教师应该设法养成子弟学生自动读书的习惯。他们要考察子弟学生欢喜什么书籍，竭力引导，使他们得到读书的乐趣。

我不是说过憎恶算学吗？但这种习惯在中学时改变了。十四岁进中校时，算学对我仍然是一种神秘的功课。教师讲谈，我不容易听懂，演题也不能动笔，结果总是不及格。十五岁时转到 YY 中学，情形就两样了。学校最注重英文、数学、国文三种基本功课，而且采用最新的道尔顿制教授法。我不得不努力学习数学了，但同时也有种征服困难的决心。其他功课丢在后面去学，尽先在数学作业室内，自动研究。差不多每天十几小时完全消耗在数学上面。渐渐的，我看得懂数学的定理了，四则杂题也能够演出，因子分解也能熟悉，最难的几何题也能证出，从三角一直到立体几何，到数学分析也能完全懂得。于是我征服了数学的困难。我毕竟胜利了！

读书要征服困难是一点不错的。无论哪种书籍或学问起初是不容易明了的，多少总有点学习的困难。如果我们一遇到这种困难。便退避三舍，那永远是不会了解的。我们必须有征服困难的决心，抱着非读懂不止的心情去读书，是不会失望的。

初到北京（因为那时候还不曾故名），我住东城的一个私立法政大学，志愿是在学政治经济，同时对于一切基本功课如论理、伦理、法学通论等还不厌弃。不过在课外总欢喜研究英文以及新文学，为了练习英语，我交过两个美国朋友，从他们学习发音和会话。为了研究新文学，我读过各种报纸的副刊以及文学杂志。渐渐法政学校我觉得讨厌了，只住了一年，又转进了师范大学。我学习美术，开始画那些只尚模仿的中国画以及旧派的西洋画。这完全是为了将来出路的容易才这样做的。但是，我又失败了！仍然在正课之外，选读英文，此外，尽量地阅读文学书籍，尤其欢喜创作。我的个性使我这样，真无法反抗。结果弄得我毕业后仍然不能作一幅成功的绘画。可是，在另一方面，我又踏上了新的途径。我尽力之所能及地来阅读新的文学作品，感到特别浓厚的兴趣。一直到现在，我仍然是这样，也许终身就是这样，没有什么变更了。

由上面这段事实看来，我们便可以知道，所读的书要适合于我们自己的个性。实在的，许多青年每每为了这事而感到痛苦。他们个性所好的书为种种原因而不能读，反之所恶的书却不得不读，以至他们彷徨不定，苦恼万分。结果总会弄得画虎不成反类犬！这是千真万确的，我们要读适合于我们自己的个性的书，以这类书为基本，然后渐渐涉及其他有关系的书。我就是照这般做过了的，这种方法决不致使人失败，我敢相信。

这个黄金的学校教育的时期像疾风般地过去了，使我非常后悔。因为在这种经济有家庭负责的时期，我却不曾努力地读过书。而且那时学校有图书馆，只要我肯多读书，是不会缺乏书籍的。可是，我错过了时期，把宝贵的光阴浪费在无益的游戏上。所以我现在感到十分的空虚，每到动笔之先，总要临时抱佛脚去东翻西翻，预备工夫竟耗费了大半的时间。

现在就谈我出学校后的时期。自从出学校以来已经有了五年，在这五年之中有三年是失业的，为了生活的紧迫，做过种种不愿意的职业，到现在仍然是赋闲于亭子间中。但是心境也还安适，对于职业并不热心追求了。独自闭门来读书。有钱时自己买书读，无钱时去向朋友借书读，或是往图书馆去。因为从前浪费过光阴，现在不能不拼命多读几本书以图补偿了。

说到这里，便想起了普通一般人的恶习。他们一方面懊悔没有多读书，一方面却自己原谅自己，以为生活不安定是不能读书的。这是不可靠的。他们今天说从明天起好好地去读书，或者这月说从下月起好好地去读书，其实只是他们自己谎骗自己罢了，他们永不会认真地读书的。即使生活能够安定了，他们更不会和书本见面了。于是，我们明白这种恶习是非除去不可的。不管生活是否安定，只要有时间和书本，我们立刻便可读书，用不到拖延时日。

再者，他们说待有钱买书时，便去多读几本书，这同样也是靠不住的话。真地等到他们有钱时的时候，他们是不会买书的，即使买来几本书，也不会认真去读。就这样一年一年地，他们和书本隔远了。我们不要仿效他们。在无钱的时候，要尽量节省，拿一部分钱去买书读，在有钱的时候，更要尽量地去买书读。

至于读书的方法，我却不细说了。一方面因为有许多会读书的人能够贡献出来，他方面因为各人有各人的读书的方法，不必假定某种是尽善尽美的，一定要人去采用。凡是真真读书的人总有很好的读书方法，也可以参考人家的，看哪种适用，便采用哪种，不必过于死板。

　　总之，在学校的时期，我们不必过于戏耍，要自动地去读书，要征服学习的困难，要读适合于自己个性的书。在出学校后的时期，我们不必因生活的不安定而中止读书。我们读书，读书，从发蒙时起一直到长眠时止，总要读书！

一九三一，三，一，作于上海。

○ 原载《读书月刊》，1931 年第 2 卷第 1 期第 169—175 页

我的读书经验
1931

——余楠秋

　　讲到读书经验这个题目，当然是极感兴趣，因为一个人把过去的经验记录下来，必定要追忆他自己从前所经过的历史，而这种的追忆，是多么的醰蜜！多么的耐人寻味！况且读书又是至美的事。凡是学生，个个人人，必须经过这段生活，谈起来自能使人格外地感受兴奋，但是各人有各人不同的经验。境遇有时偶或相同，然而这就总是各别。不过谈到读书的方法上，似乎都是大同小异。已经有许多人把他们读书经验的过程和读书的方法写出来，我们对于前者总可以看得出他们的互异点，对于后者，恍惚有一定的路程一样，这种路程，大家都是照着固定的路线走的。我现在随便把我的读书经验写出，助助谈话的资料，绝对地不敢像主笔先生所说的可以作为青年的楷模。本来这种题目，可以写得很长，但是现在因为篇幅所限，又以时间匆促的关系，诸从简略，还祈读者原谅是幸。

　　我从四岁起就认字，起先跟着兄弟姊妹们在家中随便读书。后来我的父亲请了一位先生在家正式教读。当时我读的虽说是古书，然而先生对于讲解很是认真，使我得益匪浅。加以乡居清静，有天地自然助力，而先生复能循循善诱，我自然地感受读书的兴趣。

　　在家塾读了四年，到了九岁我又去长沙城进长沙高等小学。我的父亲那时在省城办理全县的小学校，这个也是其中之一。因为这个缘故，所以学校里的

　　　　　　　　　　　　　　　　　　　　　　　　名家书单

教员对于我特别注意，青眼相看。在教读方面，自然也就较对于其他学生为认真。我在暑假寒假回到家中的时候，我的父亲仍然是请着先生替我补习，从没有把他儿子的可爱的青年光阴消磨于无意识的嬉戏之中。在这个时期，我很欢喜看小说，《水浒》《三国志》《红楼梦》《东周列国志》等类小说，我一拿到手，非把它们看完，决不放手。就是逢着家人亲戚生日喜庆的时候，我也常从热闹场中，一个人独自找着一间空房，静心地阅看小说。我当时觉得小说很可以增长我的智慧，同时觉得世界之大，无奇不有，小说书倒引起我的好奇心不少。我的后来的远游思想，似乎亦基于此。

前清宣统元年，清华学校的成立，清廷令各省选派学生赴北京（仍沿用旧名），由省资送入校，湖南定八名。那时我年纪虽小，然而听了这个消息，也不知道怎的一心想去试试，冒失地与家兄剑秋说服我们的父亲，卒得报名应试。因为名额有限，我们两兄弟中间，只能够取录一名。当然地这种取录，一半靠着个人的资质，一半也无非倚赖势力。吴提学与我的父亲素有交情，不料竟把年幼的我看上了。榜发出来，五百多人投考，仅仅录取八名，而我的名字居然高列，这也总算是我的学运好。

我十二岁去北京入清华学校，读的是中学，"水木清华"原是一个王府的旧邸，园林之胜，在北方是很有名的。空气既好，地方又清静，极适于读书的我怎样的愉快呀！家兄明秋在涛贝勒手下做事，于是在京我又得人照顾。过了一年，清华校长唐介臣和督办周自齐与外交部商定，试派幼年生一班赴美留学。这种梦想不到的机会，我竟然又恰恰碰着。考试的结果，初次选定四十余名，而复选则仅仅取十四名。现在我想起周自齐在工字厅考古文口试的情形恍惚仍在目前，不禁令人犹有余怖。榜贴在高等科的正厅上，我的名字居然又列在十四名的中间了。校长的命令，十四名幼生由校派人护送至沪，即刻出洋赴美。我们到了上海，留美监督黄佐庭为我们做行装，满拟如期出发。不料霹雳一声，武昌起义，清廷的寿命告终。当时上海道台将我们留学的款项拿去，逃避不见。于是我的出国的梦想，暂时只好告一结束。我随着家兄明秋回到长沙。

未几，民国秩序恢复，我就进了长沙雅礼学校。这个著名的教会学校，规则既严，功课逼得更紧，我的英文的基础总算是有点萌芽。在雅礼过了两年，其间除开学生为放假做礼拜的事闹过一次很大的风潮外，尚觉风平浪静，安安稳隐的过去。

到了民国三年清华派遣幼生去美的消息复活，我虽然在雅礼最后一学期得着了全班第一名得学校免费的权利，但是仍于民三春季重返清华。读完半年，即由清华重复派赴美国留学。一个十六岁的青年，正抱着满腔的志愿，远渡重洋，以求深造。那时的我，私怀的欢慰，可想而知。临行前父亲的谆谆教导，慈母的依依惜别，以及兄弟姊妹的劝勉，至今仍不能忘。

到了美国之后，我因为程度尚低，就在东部麻省进了一个高等学校叫做德麦（Dnmmer Academy），读了两年，又转入安渡华（Andover）高等学校。在这两个学校里面，中国学生寥寥无几，我于是得着许多机会与美国学生同在一起。日子渐久，很能了解他们的性情及思想，并且很觉得在美学生生活的有兴味。不过，也就是在这个时候，我受了美国人民对于种族界限分别的刺激，我的脑海中，得到一个不可磨灭的印象，常时感觉到救国的紧急。这种心思，很能激起我的读书的兴奋，使我益发努力。

民国七年我由美国东部至中部，入意利诺大学。在大学里面读书，纯粹靠着自动。这个时期中的我，总是常常坐在图书馆，镇日地忙着看参考书每一点钟的课，差不多要看自五六十页至百余页的书。起初很觉不惯，吃力得厉害，但是久而久之，也渐渐习惯成自然了。一种关乎事实上的书籍，像历史一类，把不同的参考书看过一遍，再参阅我所录下来的教授演讲的笔记，颇能使我牢记不忘。除读正书之外，我还有余空时间，有时也参加各项运动，如打网球、踢足球、游泳等等，俾得身心两益，否则用心过度，或且伤身。远处异邦的学生，应知所以保养之道。

到了大学后来的一二年，因为我读书得法，更觉得多余空时间。在这种余空时间中，我常写文章投入各种报章及杂志。我的文章，无非是为祖国作宣传的工夫，侥幸尚为社会所欢迎。意利诺大学所出的日报，有一个时期，差不多每天有我的通信，而芝加哥、波士顿、旧金山，各处所发行的报纸和杂志，也常有我的文稿。后来我又担任一种英文杂志叫做《少年中国》的主笔，并《留美学生月报》的副主笔。当我做《留美学生月报》的副主笔的时候，我被主笔何杰才指定担任"书报批评与介绍"一栏，这样一来，我倒看了许多中外有关系的书，使我更明了国际情形，增加兴趣不少。因为我要演说，同时我又常往学校附近各城村市镇演讲，礼拜堂里，开会场中，常有我的声浪。

民国九年夏季，美国中部的中国学生开夏令会于安恩阿巴 Ann Arbor 城之密西根大学内，我被举为中美中国学生会会长，这会长的职务，使我益感忙迫。我在意利诺大学读了六学期和四个暑期学校，得着学位，乃于民国十年夏季返国。归国十年，整整地在教育界服务，所谓对于国家的贡献，言之殊觉惭然。所堪自慰的，就是现在正在教书，即教书所以读书。仍在继续地研求，这也是一种难得的机会，这个就是我的读书经验的过程的一个大概。

至于要讲到我的读书方法呢，前面已经说过，大概与他人所写者大同小异。不过据我的个人经验所得，也有些地方很可以供给大家讨论的价值，或者青年们也可得些微的助力。我现在把读书者应有的几个条件先来随便谈谈，然后再述方法。

我认为读书必须要感觉到读书的乐趣，一个人如果是觉得读书是一桩很苦的事情，他根本就不应该读书，他应该去学一门手技，择其性之所近而发展其本能，这才是教育的原旨。所以兴趣这一层，我觉得在读书者是一个先决的条件。有了兴趣，须得要把读书养成习惯，天天如是，差不多与吃饭睡觉一般。古人有言，习惯为第二之天性，凭着天性做事，是非常自然而不吃力，事半功倍，易收效果。学校里面的敲钟上课，按时晨兴晚睡，也无非是要把学生照着有秩序的训练下去，不期而然的成为习惯，这是读书的一种紧要训练。我还觉得我个人方面，因为在国外目击外国人之欺侮外国人，深深地受着刺激，使我益发勤奋。这种刺激，很可以帮助读书者的努力。但是所谓刺激，却也不限定发生于国际的分别，就是朋友间的嘲笑，亲戚的藐视，以及家庭的复杂，都足以激发人的奋心。在我的亲戚朋友当中，我知道有许多人因为受了旁人的刺激，而发愤读书，后来居然能成大名立大业，这就是有刺激的一种好结果。

但是读书除开上述的几层之外，同时须要慎交。近朱者赤，近墨者黑，这是一定不移的道理。如果有许多朋友都是发愤好学的人，那我也就自然会同化，欢喜读书起来。不过我的读书决不可倚赖朋友，须得要靠自己。朋友仅仅可以同我研究，互相切磋而已！自己读书应当专心，董仲舒三年不窥园的故事，是一个很好的榜样。读者切不可坐在自己的书桌旁边，虽说是有书放在面前，而一心却以为有鸿鹄将至，像那种情形的读书，就令坐上几天几月，仍然是毫无用处的。

我们读一本书，最要紧的是应当完全懂解，明了句语的构造，分析作者的用意。打开书本，最好先看目录，懂得全书的大概，然后再阅翻内容。有重要的地方，可以用不同的颜色铅笔划作记号，以便重温及记忆的方便。如果逢着课本，有时也可摘要批注，更觉易醒眉目。若是看参考必须另用练习本将要点摘录下来，并且分别首要的次要处所。我认为笔记是读书者一种很重要的训练，因为笔记可以试测读书者的能否鉴别书中的要点，而且记忆起来，也较容易。至于把教授的演讲作笔记，这种训练为益更大，因为在教授演讲的时候，学生的记录，除用心之外，尚须用耳与手，这几项同时的训练，当然对于将来在社会上做事，是很能帮助本人的。

看参考书与听讲，还有一个方法可以增进并测验自己的能力，这个就是重述。若是我们把已经看过或是听过的东西重行写出，那很可试验我们记忆的能力，和我们摘要的能力。如果是学习语言，我们不妨每日用这种方言作日记或是记录。每天，早晨或晚上费掉十几分钟的时光，来写已经做过的事情，既有材料，又感兴趣。同时再加阅看报纸与杂志，研究文章的构造法，久而久之，自然会有进步。这种进步，当然也是习惯所养成的结果。

以上所书我的读书经验的过程和读书方法，均觉拉杂无比。而于读书方法，更是随笔乱涂，言未尽意。不过暂时我所能够想得到的，就信笔写来，诚不敢谓为青年模范，只聊以供谈助数据而已！

○ 原载《读书月刊》，1931 年第 2 卷第 1 期第 75—84 页

病中读书记
1932

——杨人楩

生病而能够读书，总算是不幸中的大幸。这几年的流年真不利，每每易于生病。今年又病了一个多月，独自一个躺在医院里，惟有读书。我已经写过一篇读书论，我打算在再见识多一点以后，写一篇论生病和死，现在——出院已半月，身体渐复元——只来谈谈生病时所读的书。

读这几本书，本用不着记什么，但是写了出来，至少不致于读者有害罢，我以为。正想在这一点加以说明，恰好接到沈炼之兄寄来一篇托我转寄给《青年界》的关于读书艺术的文章《文学批评家和文学史家》，我看了之后，觉得不用再往下说明了。我想《青年界》的编者能允许我的要求，把它和本文在一期发表，那么，请读者在读本文之前先读读它。里边有几句话，我要重抄在这里："读书人总是喜欢读书人，喜欢和他谈读书的人""你同他讨论，……你把他没有看到的细节添进去，他把被你疏忽了的特点指示出来。"这都是实在的话。不过我这里所谈的不只是文学，更谈不到文学批评家或文学史家的态度，我的目的却偏重在把我喜欢的几本书介绍给读者，虽然读者不一定会去读，或者是已经读过。

虽然病着，却能"听天由命"地读过这几本书，这使我感觉着稀有的喜悦。自脱离学生生活，为着吃饭——还没有为老婆——而去奔走以后，就不曾有过可以以接连读几本书的心情与闲暇，这是一再使我烦恼过的。在医院里每天除医生来诊察以外，什么也不来缠绕我。凭着几个朋友的赐予，常常替我送书来，倒使我能够在害病时得安闲地和书本作伴。每天除了看报及两次短时间的昼寝而外，便非书不可。虽然体温到了三九度六，脉搏在一二〇次的时候，据说是可以"停止办公，拒见来客"的关头，可是我仍要读书，仍然盼望有人来看我。但是我现在想，假如再病一月，就要陷于失业与贫困，却又"毛骨悚然"，同时又想到"贫病交加"的情况，但我在病中能写意地读书而得到喜悦，便好像犯了掠夺的大罪，"阿们！"

在这里，我想提醒正在求学的读者，不要放弃你目下所有的优越地位，该趁时利用，充分享受，不然，将来也会如我一般地以病中读书为幸福了。

病人读书不能如好人一般地可以立定主意去读哪一类的书，他是受了两重限制：书的性质与书的来源。在性质上要富于趣味，要没有催眠力的道学气，而且须不必十分聚精会神便可对付。这样性质的书，来源自然成问题，须得朋辈已经备有才行。因此，我在病中所读的书，是很杂乱而且并不会含有了不得的"微言大义"。为方便的缘故，可粗疏地分为四类：

一、旧的小说一类：

《绿野仙踪》《玉娇梨》《三国志平话》《照世杯》《梨园外史》《孽海花》

二、论文集：

周作人：《谈龙集》《谈虎集》《永日集》《雨天的书》

鲁迅：《华盖集》

三、翻译：

巴金：《我的自传》

鲁迅：《思想·山水·人物》

伍光建：《饭后哲学》

四、原文：

U. Sinclair : *The Book of life*

Robert H. Lowie : *Arewe Civilized ?*

感谢胡赞平兄，第一第二两类的书籍，几乎全是他借给我的，他惯于喜欢搜买这一类的书。曾经为着想看《品花宝鉴》走遍了四马路的旧书店，只看见一部铅印版，因为索价太昂没有成交，后来也是他借给我看的。

这部《绿野仙踪》是道光十年（一八三〇）青文堂的木刻版，分装二十本，错字很多。上面有乾隆二十九年（一七六四）的序，在乾隆三十六年的序中有"余于甲申岁二月得见吾友百川绿野仙踪八十回"之语，按乾隆二十九年正是甲申。书上作者没有署名，也没有自叙，所谓百川，不晓得是怎样的人。

这部书的真本，本不易买到，据说这部书是淫书，例在禁止之列。在周作人先生的《山中杂信》里一再提及冷于冰、《馍馍赋》及"哥罐"——大概他当时在读着《绿野仙踪》吧——令我莫名其妙，人家告诉我是出自这一部书，因此，我更想读它。冷于冰是全书的主人公，八十回中全以他为骨干，从他的幼年、举业、入幕、出家、成道、功德，一直叙到他成仙为止，所以称为"仙踪"。在大体上看来，是以道教为中心思想，书中颇着重于运气炼丹一类，大概属于丹鼎一派。因为观念荒诞的缘故，所以结构也就不严密，事实也就无稽，有类于《圣经》里的神人耶稣，《西游记》里的孙行者。但拆开来看，却是一些很精致的短篇小说。没看此书时，心想它是和《金瓶梅》一类的，其实关于性欲描写不过是书中的点缀，有如《水浒》之写潘金莲，全书只有两段——温如玉嫖妓，周琏与蕙娘和奸。平心而论，这两段是两篇最好的短篇小说，前者不弱于《老残游记》之写山东土娼，后者可比《水浒》中之王婆说风情。此外，冷于冰在严嵩府中充幕友，夜中遇腐儒评诗赋——即"哥罐"与《馍馍赋》之类，还有更发松的《屁赋》，盗劫泰安州，朱文魁之破产失娇妻，温如玉之打抽丰失意，妓女金钟儿之死，严氏父子及赵文华之祸国，老腐儒之论文，都是绝好的短篇，至今仍不失其时代性。书中写政治方面，也使我们从当时——明嘉靖年间（一五二二至一五六六）的时代背景，联想到今日的社会：政府的黑暗，乱民的倡乱，倭寇的蹂躏，都是当时的荦荦大者。我希望想认识当时情况的读者，尤其是类似冬烘的国文教师，总可把它来读一读，至少不会有害处，倘然读过以后，也要想如冷于冰一般地要出家，那么，"此亦妄人也"，介绍人恕不负责。

《玉娇梨》是一部四卷装二十回的传奇小说，署荻岸散人编次，不晓得是什么时代的东西，所记为明正统（英宗年号）年间（一四三六——一四四九）的事。这部书是普通附会为"第三才子"的，无非是才子佳人那一套，如题诗、辞婚、窥郎、落难、赠金、成名，经过了好些曲折和磨难，最后毕竟是异姓姊妹同嫁一个如意郎君。这样用公式套出来的小说，我素来不大喜欢，不过其中写"土木之变"的一节，倒使我们测度到明初的外交情况。

《三国志平话》三卷，未题作者姓名，年代亦不可考，但至迟是《三国志演义》以前之作，或者就是宋人说话的抄本。书中借汉高祖杀戮功臣为引，功臣转生而造三国之乱，叙事简朴，可作故事节本读，难乎其为小说。

《照世杯》是我这回读的书中所最喜欢的一本，我觉得比《游仙窟》《何典》《宋人话本》都要好，因此，我想在最近把它标点出来，不过自己写不出东西，而要标点古人的东西，我怕并不是很出色的事。书中题明是酌元亭主人编次，究为何人，一时也没去考它，所记大概也是明代的事。作者能够别开生面，不落人家的窠臼，而着重去描写当时的社会情况。作者虽然带有教训的观念，喜欢滔滔地说教，固然不足取，但说来不俗，而文格别致，还不使人讨厌。书凡四卷，是四篇短篇小说，结构和描写，都不弱于时下的文学家。四篇之中，我最喜末了一篇《掘新坑悭鬼成财主》，写财奴的悭吝，村学究的懵懂，赌场的伎俩，暴徒在乡里的横蛮，使我们觉得和今日内地的农村情况，没有很大的差别。写马吊馆（马吊或者是今日所流行的麻雀牌之前身），马吊先生讲牌经，更使我们知道这社会上是无奇不有。这篇的结局"赌徒竟能发奋成名"，一反历来劝善小说的局格，更使我大吃一惊。此外，《走安南玉马换猩绒》一篇，使我们附带地了然于当日边界的贸易情形；《百和坊将无作有》一篇，写老童生弃业打秋风，以至于遇着"放白鸽"，结果人财两空，把科举下士大夫阶级的丑态、寒酸，以至于人格气节，完全揭开了。第一篇《七松园弄假成真》虽不脱才子佳人的公式，但写来并不俗，并且还隐约地讥刺了佳人和才子。在技术上讲，这四篇东西，虽有许多"浪漫的"地方，大部分却是"写实的"，就

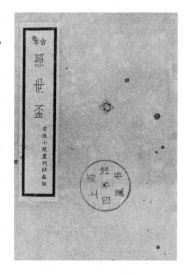

内容看来，作者不特是一个通人，而且对于社会观察是很透澈，凭这部书使我们对于三四百年前的社会的情况，多少看到一点。

《梨园外史》和《孽海花》都是今人做的小说，前者是陈墨香、潘镜芙合著，后者是署名"东亚病夫"的曾孟朴所著，大概都还没有出全，我都只看到第一第二两本。前书因为作者是有宗教信仰的，所以有些神鬼色彩；后书的作者是见识很足的，所以有些卖弄。两书都是我所喜欢读的。两者的描写技术，各有所长，而两者结构都是很严紧的，要将许多不相关涉的事实，连贯得这样紧凑，都是难能可贵的手段。两者都是值得一读的小说，但我比较喜欢前者，这许是因为我对于国剧已有偏好，而后者的假名姓究不如前书之用真名姓，看起来较为痛快。

周氏兄弟的论文集，除开《谈龙集》是在开明书店出版以外，其余多半是在北新书局出版，这都是很容易买到的书，或者多半是读者已经读过的书，所以我不再谈内容。这些论文，多半也是我曾经读过的，现在重读时，又感到重读时的愉快，甚至觉得有再读的需要。

周作人先生在短短的一篇一篇里面，用恬淡的笔调，充分表现着他那宽容的精神，中庸的态度，以及奋勇向前的见解，使我感觉着他是无限的崇高。在文字间，显露着修养工夫的深刻，常使我想起他那可亲近的面庞，虽然我只见过他一面——大概是八年前在北京和亡友冯星初君到西城他家里的书斋里坐过半小时。假如定要我开点"青年必读书"的话，我首先要推举他的小品集。我认为国文教员多选一点他的小品来教学生，是很贴切的。第一，他那一贯的精神，能告诉我们如何做人；第二，篇幅虽短而内容异常充实，使我们知道有些什么东西是我们应当知道的；至于文章之可以做模范文，更不待说。可是话又说回来啦，选这些东西做教材，是否为冬烘先生所能胜任，却成问题，他不懂得"哥罐"的妙处，他便看不透《山中杂记》；说句老实话，我就有许多地方看不懂，只能"囫囵吞枣"地浏览过去。

对于鲁迅先生的论文——小说除外——我觉得有点不大易学。

巴金译的《我的自传》，是克鲁泡特金著的，原名《一个革命者的回忆》。前年从友人处借得此书的英文本看过一点，后来便中断了。前月巴金兄来，多谢他送了我一部，使我趁病中读完了它。读完了后，我觉得有将此书介绍给青年朋友的责任。朋友，我希望你花一块多钱到启明书店去买这两本厚书来读读，我包你满意。

我是一个不大长进而好奇的人，对于一个大思想家的重要著作，往往不曾读，而只读他的自传，或是人家替他写的传记。大概写自传的人，往往带有神秘的色彩，觉得自己不是一个平常的人。他纵不敢自命是神，他却要把自己说来像是"特别机关布景，与众不同"。克翁的自传却不如此，他只把他自己当作一个极平凡的人，他不夸耀他的天赋与成功，也不暗示他的崇高与伟大。写自传的人，总免不了是专以自己为中心，甚至连他当时所处的环境也忽略过去。但是克翁不如此，他有时写来几乎忘却了自己，讨老婆总算是人家一件大事，他不特没有谈及他的恋爱故事，连结婚的年代也没有，却忽然现出了一位老婆。其实，他的自传就是一部"俄国近世小史"，也就是一部"十九世纪末期欧洲社会运动史"，俄国的政治与农民，全欧洲的社会运动，是他书中的主要骨干。

我之要推举这一本书，并非只因克翁为最近代的一个大思想家——自然，他在各方的成就是值得推崇的。我只觉得在时代中感着苦闷的青年，惟有读这样的一部传记，才能恢复他的勇气。我相信读过这部书的，一定会赞同我的话。我们正是在一个转变的时代，这转变是不大容易应付的，有时使人滑稽得可笑，有时使人堕落得可怜。曾经参加革命而毫无所获的人，不在诅咒吗？不在后悔当时没有做贪官污吏吗？这种人请他读读克翁的自传。现在不是有许多学者也变过来谈着时髦的唯物论吗？不是有许多人在谈民权吗？不是有许多有闲阶级在读普罗文学吗？时代的欺骗者呀，请你们读读克翁的自传。总之，我们读了他，会使我们自己觉得惭愧，觉得自己在欺骗，会使我们的烦闷失去，而再有勇气做人，会使我们感觉着应该"不怨天，不尤人"！苦闷中的朋友，请你去读读它罢。

我还可不断地把这本书读下去，但是带住吧，我却不能忘却克翁在自传里说有一句话："一个年轻的人坐过牢狱，这一辈子多半不会有再做好人的希望，仍要再回到牢狱中来的（大意是如此）。"这在有相当牢狱经验的我看起来，特

别引起共鸣。贤明的法官呀，你有什么方法否认它呢？

《思想·山水·人物》是日本鹤见佑辅写的，这也是本值得一看的书，里边虽然没有什么"微言大义"，但是看过之后，多少总可得到一点东西。

《饭后哲学》是多么一个动人的名字，但是我很勉强地读完两章，便不想再看下去。这真是饭后谈给太太小姐们听的哲学，大概中国的太太小姐们似乎还不需要它，而在男子的我读起来，只想起北京杂要场中的对口相声，可是不能像对口相声那样来得发松。

写 The Book of Life 的 U. Sinclair 据说就是普罗文学的那位尊师辛克莱，"有眼不识泰山"，一向是没有闲工夫去理会他的大作。前回旅行怕火车上难过，想找点玩意儿的书读，吕叔湘兄把这部书介绍我，这本书真合于在火车上读的要求。当时只读过四分之一，病中想起它也合于病人的胃口，趁病中把他读完了。

这一本四百多页的书，共分四部：一、The Book of The Mind，谈人的心理状态和发展，以及关于信心、道德、理性及自然的意义；二、The Book of The Body，谈人身体的组织、疾病、卫生及治病的方法；三、The Book of Love，谈恋爱、结婚以及卖淫等；四、The Book of Society，谈资本制度的组织，罪恶及其崩溃和社会革命的趋势。书，确乎是一本宜于旅行或病中看的书，流利的文笔，短短的篇章，都不大使人感觉疲倦，然而也不过是一本宜于旅行或病中看的书而已。看完了之后，闭着眼睛一想，使我有些彷徨，许是因为这位普罗文学的师尊之名声太大了，使我抱着太过的希望，因此使我颇为失望。第一部谈心理的，使我觉得"不知所云"，细玩他的理论，也并不是完全从唯物论出发。第二部谈身体的，却有些新奇的见解，不过他自己也承认他所告诉人的养生之法，在近代社会中，不免也是可望而不可即的酸葡萄之类。第三部谈恋爱的，颇使我满意，里边抓着了卖淫的中心，从经济方面去分析恋爱，我希望现代的所谓电影明星及摩登女之类可以去读读它，虽然你读了之后一定要骂他蔑视女子的人格。第四部谈社会的，不过是些近代主张社会革命各派的一些老生常谈，既不曾有特殊的创见，也不曾把深刻的理论拿来普遍化。总之，作者充其量不过是一位美国式的 Radical thinker 而已，他的究竟的主张，始终不曾表现出来。听说本书的前半部，已有传东华先生译出，名为《人生鉴》。我认为第三部也可以译出来，题上一个《辛克莱之恋爱观》的书名，包管有销路，比做金子交易的投机来得可靠。

我觉得辛氏的书读读固然无妨，不读也没有什么，倘然不是在旅行或病中，实在可以不读；但是洛威（Lowie）的 Are We Civilized？我倒认为非读不可，尤其是富有偏见而妄自夸大的人，更有读它之必要。

《我们文明了吗？》（Are We Civilized？）也是吕叔湘兄借给我的，他近来很致力于人类学这一方面。他在去年译完了一本马勒著的《人类学》（R. R. Marett, Anthropology），由商务印书馆出版，现在在译洛威著的《初民社会》（Primitive Society），大概月内就可脱稿。我希望他在脱稿之后，接着把这本《我们文明了吗？》也译出来。著者是美国的人类学家，他这一本书是写给普通人看的，我们的学术界对于人类学似乎还不曾十分注意，这样一本虽然是为普通人预备的书，在我们看来或者还不能是很普通的。

全书分二十三章，开首四章是谈文明及文明的发生，如地理及遗传之类，作者在这里解释文明之形成，并不全靠地理的环境，更没有种族的高下。以下各章，从饮食起居一直谈到教育、艺术与科学等。一章谈一项，把野蛮人和自称为文明人的事实，互相列举出来，而不大谈理论，所以在本质上，这就是一本很有趣味的书。他告诉我们，所谓文明人者，并不一定比野蛮人文明，正如周作人先生说："西洋人也有臭虫。"所谓文明，并不是某一种天赋特厚的民族，凭着他所特有的能力而创造出来的，乃是由各民族——无论是野蛮的与文明的——互相假助而利用了某一特殊情境发生的。说得彻底一点，我们仍是野蛮人，甚至比我们所称为野蛮的野蛮人还要野蛮。这就指示给我们一个明确的历史观念，使我们不要有不宽容的偏见。因此，我觉得我们中国人尤其要读这一本书。

现代中国的智识阶级，仍是有极端相反的两派：一派是醉心西洋物质文明的，他们认为凡属是西洋的东西都是好的；一派是高唱东方精神文明的，以为我们是文物之邦，世界先进国，一切都是好的。这两派人是互相敌视，毫不宽容，其数量的总和，恐怕占了中国智识阶级的半数。这两派为偏见所支配的人，请你们读读洛威这一本书罢。倘然我们不愿为这种偏见所袭击，我们也该趁早读读这一本书。老实说，"脚鱼不要笑乌龟黑"，大家都差不多，大家都不是什么"天之骄子"。拿教育来说，西洋的教育学说固然很发达，"体罚"已经是为教育家所反对，但在不久以前，他们还把小孩子打得死去活来。自称为礼教之邦的中国，至今仍有"不打不成人"的谚语。可是，在野蛮人中却有很多是不打小孩的，可是他们的小孩并不一定是顽童。

现在是中医与西医争辩得很厉害的时候，西医拿着"科学"的招牌，把中医几乎攻击得体无完肤。但是，我觉得大可不必，中医如果不行，自然会落伍；西医与其花工夫来攻击中医，无宁自己多多努力去研究。剃头匠兼理医生的职务，巫蛊治病，在中国固然很盛行，在西洋却也是不久以前才消灭的事，说不定现在还有。中医治病治死人，西医治病却也不能写包票，在医学没有进步到极度以前，枉死鬼是免不了的。以近代西医的进步，据我这外行所知，所谓特效药者，还只有三种——金鸡纳霜治疟疾，六〇六治梅毒及白喉血清。而金鸡纳霜就是西班牙人从秘鲁的南美印第安人得来的，在十七世纪以前的西洋医学家还很怀疑。所以我说，与其来攻击中医，倒无宁花点工夫用科学方法去考究中医，也许能得到金鸡纳霜那样的东西。请读者勿要误会我是推崇中医，我不过是藉此说明偏见和不宽容之可怕。

此外，病中还读了些零碎的东西，我不想再写下去了，本来我就没有想到会写这么多的，我不过想借文字来寄托我在病中读书的喜悦，同时想将这喜悦献给健康的读者而已。

一九三一，七，一，病后于苏州

〇 原载《青年界》，1932 年第 2 卷第 5 期

爱读书十种
1935

—— 钱君匋

（一）《赵悲盦手刻印存》

（二）《十钟山房印举》

（三）《吴昌硕手刻印存》

（四）《徐三庚手刻印存》

对于刻印，在我的青年时代最为努力。当时常在手头的书，即为上列的四种。我的刻印的作风受它们的影响是很深的。

（五）《白香词谱》

（六）《绝妙好词笺》

（七）《花间集》

（八）《郑板桥集》

对于旧诗词，在我的青年时代是同刻印一样喜欢，当时因为家中有了上列的木刻版本的书，遂成为我青年时代爱读的书。近来我常把词应用到新的乐曲中。把郑板桥的题画诗常常移题在我的画上。

（九）《小说月报》（第十二卷起）

（十）《创造季刊》（第一卷起）

当时提倡新文学的杂志，似乎只有上列二种。这也是我所爱读的书。《创造季刊》是零买的，《小说月报》是预定的，十二卷起由沈雁冰主编，是革新的第一卷。

此外如伊木忠爱的《图案集》，杉浦非水的《图案集》及木刻本的《点石斋画谱》等等，都是我所爱读的书。

○ 原载《青年界》，1935 年第 8 卷第 1 期

七种使我满意的书

1935

——黎锦明

　　说到青年人读什么书的好，凡是知识界的人，说来总不会外行。但我们在青年时代所读的是什么书，这倒不是严重的问题，也不是理想，而只出自一种普通的事实。

　　当我住在家庭里，与社会全未曾接触时，第一个使我倦厌的是经典。因为父老们叫我读这种书，只是替他们自身装门面罢了，而于我，不但不能了解，而且受了很重的桎梏。于是我热狂的读起小说来了。虽然小说——尤其是中国的旧小说——于青年是没有益处的，但未尝不可以稍稍安慰一下青年的苦闷。

　　那时我还只有十四五岁。我对于《聊斋》《虞初新志》《水浒》，感到极大的兴趣。《聊斋》的叙述之美，内容之动人，虽然荒诞，但中国的短篇，尚未有出其右者。其次是林译的欧美小说。如雨果的《银瓶怨》《哀史》，大仲马的《侠隐记》等。在这些章回体中，我最不喜的是《红楼梦》言情著作，大约因为对于什么恋爱心理，还不大感到兴趣吧。

　　十七八岁时，五四运动刚起，我无形中受了暗示。但我那时所觉悟的倒不是文言白话的问题，却是对于社会思想的爱慕。因为爱好社会思想，我热心于俄法的小说。如莫泊桑、托尔斯泰、胡适、鲁迅等都是很使我注意的。

　　二十岁时，我有一个时期完全来了一个转变。我热狂的读历史书，社会科学、自然科学这些基本知识，却多半是从杂志中得来的。那时候我的大兄锦熙处藏了一架完全的《东方杂志》，我差不多全拿来读了。

二十二岁以后，直到现在，因为职业上的需要，我不能不重新的读文学书。整整的读了七八年，至今笼统的一想，使我满意的，有下面的几部：

（一）托尔斯泰的短篇小说；

（二）屠格涅甫的长篇小说；

（三）《胡适文存》（选读，有的不宜读）；

（四）《科学大纲》《历史大纲》；

（五）《史记》；

（六）《东周列国志》；

（七）英译《伊索寓言》。

○ 原载《青年界》，1935 年第 8 卷第 1 期第 29—30 页

名人传记和《饮冰室全集》

1935

——孔赐安

我在青年时代所爱读的书是名人传记和《饮冰室文集》。

那是在前清光绪宣统年间，那时候和现在大大不同，上"学堂"算是随了"洋鬼子"，办"学堂"的人们算是"闹新政"。科举还没有完全废止。进私塾的学生，先从《三字经》入手。也有人先读《百家姓》的，可是我没有读过，看倒看过几遍。《三字经》读完之后，便是四书五经，按步就班，依次读去。这些，差不多都是咿呀咿呀的高声唱读，知其然而不知其所以然的小孩子玩意，实际上没有什么意义的。等到后来年龄稍长，才肯开讲。这时候才能晓得书里的字句是什么意思。

我生在乡下，是从我的先父读书。我的开讲算是十分之早。在不满十岁的年纪。我已读到书经，而且随读随讲。此外课外作业便是《三国志》《东周列国》及《纲鉴易知录》等书。不消说，《三国志》是最富兴趣，《东周列国》是极智量智囊之能事。以上这两部书几乎完全出于自动的要读，并且越读越有兴趣。《纲鉴易知录》则在每日读完经书之后，由先父开讲。那时候我同我的堂兄一同读书。先父教我们不拘形式，而课外读物更是随便的很。冬日则团团围着火炉，春夏秋三季则多在院中。《纲鉴易知录》略微干燥一点，而且也部头太多，不易读完。

《饮冰室文集》是梁启超著的。那时候他在日本办《新民丛报》鼓吹新政。

到他三十岁的时候，他把他历年来所发表的文章，凑在一起，就叫做《饮冰室文集》。

那部文集不用古文调头，也不是白话文，是一种通俗文字，浅而易懂。我对于那个时代的新智识，完全是从那部文集里得来的。

我开始读名人传记是在我进了高等小学以后。如哥伦布、华盛顿及威尔逊等《少年史地丛书》，不碰到手边便罢，一经看到，没有不是一气看完的。我有坚决不拔的志向就是在那时候立的基础。这里我要表白一句。我的志向是在读书，我能够读书，由高小而中学而专门，甚而到美国大学里去，都是在那时候看名人传记所得的一点勇气。因为照我家庭的环境和经济力量，不消说外国是不能够去，就连专门学校都是勉强得很。

假如青年读者希望从我这里讨一点劝告的话，我便劝他们选几本名人传记看看，一方面他们可以找出他们所理想的人物典型，一方面可以引导他们到他们所希望的目标。

○ 原载《青年界》，1935 年第 8 卷第 1 期

八本《说文解字》伴着我到了北京

1935

—— 杨东莼

  我在小学的时候，国文教师是一位前清的举人，他懂得一点文字学，常常拏着《文字蒙求》说给我们听。从这时起，我就对字书发生了兴趣。民国三年进了中学。这所中学，是长沙城里数一数二的学校，教国文的，是一位前清的解元汪先生，他最喜欢把《文选》来做教材。教文字学的，是一位自称为汉学大师的易先生。这两位先生时时在斗争着，汪先生有时对我们说："易某连一封信也写不通，还够得上讲说文。"易先生有时对我们说："汪某连字都认不得，还配讲《文选》。"那时的易先生，在我们无知的人看来，是一位博通今古的先生，尤其是因为他能够拏严复译的《群学肄言》《社会通诠》这一类的书来解释字的起源，所以以无形中我们对他就生了崇仰之心。这样一来，汪先生在讲堂里讲书，虽然讲得头头是道，有声有色，我们也就只当他是一位小丑，有时我们还鄙薄其为人。就是从这时起，八本《说文解字》便和我结了不解之缘。并且也附和易先生的说法，对于字的起源，好作新解，譬如说"然"字，本来作"肰"，从肉从犬，我们就跟着易先生一样，认为古代吃狗肉是一件通常的事情。像这样的附会，现在想来，固属可笑，但在当时我们却以为这是一种发明，是一种研究学问的新态度。有时写文章，还故意和汪先生开玩笑，把许多僻字和古字写上去，像这样的心理，现在想来，更是可笑。

  民国七年，中学毕业，决计投考北京大学。同伴北上的，有我的好友谢君。他本来长于中国文字，并且一部《诗经》和《左传》还读得烂熟，可是他要投考天津北洋大学，研究土木工程。动身时我们准备行装，他箱里带的是英文本、理化、数学的教科书，我箱里除了几件破旧的换洗衣服，就只有八本《说文解字》。这样一来，"八本《说文解字》从此就伴着我到了北京"。不久，我们俩都如愿以偿，各人进了各人愿意进的学校。他到天津，临别时我们讨论今后的治学问题，他竟对我下了一个预测，说我不久便要和这八本《说文解字》离婚。

果然，新文化运动起来了，《青年杂志》出版了。那时，我虽然是北大保守派所主办的古香古色的《国故杂志》的读者，但不久终于符合了谢君的推测，逐渐地对新文化运动生了兴趣，并且是《青年杂志》的读者。再过些时日，我不但把八本《说文解字》"束之高阁"，不但不写僻字和古字，而且我用了"采岩"这笔名，挈语体文从德文本译了托尔斯泰的 *Kreutz Sonate* 和 Buechner 的《达尔文的学说》在报上发表。就从这时起，我的思想起了变动，对于我们的汉学大师易先生也就逐渐地忘记了。

现在，文化运动已走向一个新的阶段，文字符号这工具，要由贵族的变为大众的，所以我不仅不写僻字和古字，并且我还希望手头字的普及和完成。

○ 原载《青年界》，1935 年第 8 卷第 1 期

我青年时代读书的略述
1935

—— 陈柱尊

　　我平生读书，皆本于好奇的心理。这并没有甚么奇怪，不过好与俗人不同便是了。当我十三四岁的时候，正值八股既废，改用经义策论来取士的时代。那时，初学经义和论文的最重要的书籍，要算是《东莱博议》和《古文观止》两部书。这两部书是所谓士子者家弦户诵的。那个时候的塾师当然也要把这两部书来教我。我虽然是没有反对他的理由，但我却因人人读它，便极厌弃它，总以为是俗得很。于是在父亲书架上，翻他的书来看，发见有《昭明文选》这一部书，因为在别的地方不曾见过，以它为奇，便拿它来读。这部书内有不少的古字，于是就喜欢识古字，写古字。因好古字之故，又在父亲书架上取了《尔雅》《广雅》《骈雅》等书来看，更喜欢其中的古字古义，后来竟将《尔雅注疏》全部抄起来。那时有一位名孝廉，来到我家，看见我这些工作，他惊起来，叹道："这些书我们从没有读过，这孩子竟尔读了。"那时候执笔作文章，写书信，都极好写古字，却惊动了侪辈，惹起了许多的言论，大抵都是反对我的。及到现在想想，专好写古字，固可不必，但此事却极值得记忆。由这个好古字的原因，却种下了我后来研究文字学的种子，到如今我研究文字学，将近三十年，未尝间断过，都是根源于此。又因为我读了《文选》《尔雅》等书，识字颇多，后来读什么书，都觉得极容易了。后来我说给一位博学的先生听，他说："你这个法子，真可谓擒贼先擒王的法子。"

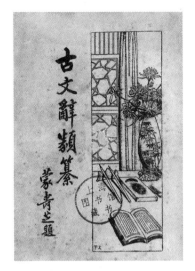

不久我又喜欢了姚姬传的《古文辞类纂》和王先谦《续古文辞类纂》。于是又略识了古文义法。不久科举废，学校兴，我的父亲与族兄某建设本乡学堂。那时广西正是初办学堂的时候，我乡的学校恐怕总不出第三名的了。这时许多的新书逐渐进来，如章太炎的《訄书》、邹容的《革命军》、梁启超的《新民丛报》《中国魂》、谭嗣同的《仁学》，以及严译的书，都运到了，于是读之大悦，思想为之大解放。

越一年，赴日本肄业于成城中学。那时中国的同学，除了功课之外，都是看《红楼梦》《水浒传》和《今古奇观》等书来作消遣，却极少有在国外读经史子集的。我因为好与人不同之故，偏不阅此等小说，而嘱家中取《史记》《汉书》寄到日本来看读。后来到日本书店，购得几部评注的《中国诗集》，如王右丞、李太白、杜工部、韩退之、白乐天、陆放翁等的集子，版本都极精。因此就喜欢吟诗。那时章太炎、邓秋枚、黄宾虹等所办的《国粹学报》也传到日本，尤喜读它。因此我对于国学就识了一些门径。回国之后，甚喜读经子，尤好《老子》《墨子》《庄子》这三部书。

考进了南洋公学（就是现在的交通大学）后，校长唐蔚芝先生，甚奖赏我的文章，因劝我读孟子、王阳明的书。他说读了这两部书，可以提高志向，提高人格，读后心志果为之一变，即从前读书，是人读亦读，不过是求胜于人罢了。自读了这两个人的书后，便觉得我们读书，是有一个极大的使命在心头，处此浊世，便不敢同流合污了。但因此与世遂多龃龉，也吃苦不少，不过却也自甘。

王阳明之学，近于顿悟。我虽然读了他的书，但因自小读了《尔雅》等书之故，有了研究文字的嗜好，因此便好治考订训故之学。如《皇清经解》《续皇清经解》等书都喜欢选择研究，于近儒俞樾、孙诒让、王先谦的著作，如《群经平议》《诸子平议》《墨子间诂》《荀子集解》《庄子集解》等，好之尤笃。

○ 原载《青年界》，1935 年第 8 卷第 1 期第 33—35 页

名家书单

爱读书四种

1935

—— 卢冀野

《诗经》《孟子》《巢经巢诗集》《杨氏二选》

我在四岁那一年，在家塾里开始发蒙。因为曾祖母爱怜的缘故，没有好好的读书。塾师予我印象最深的，一位是兰老先生，那时已八十多岁，在兰先生之后，是李凤麟先生。我的父亲所订的读书程序，颇有些特别，第一部《论语》读完以后，便接着教《尔雅》，诘屈聱牙的"初哉首基"，把我读得天昏地暗，受罪般的好容易挨延完了，兰先生开始教《诗经》了，那时虽不能理解，但读得非常写意。未几，李先生来接着教下去，不独背诵顺利，便于记忆，而且摇头摆尾，读起来仿佛口中有味似的。这一部书是我幼时莫明所以的最爱的书。我之好诗歌，或者就因为这一段早年的因缘。

《孟子》，是父亲每晚亲自讲授的，我于散文，受影响最深的便是这一部书。父亲说自己最得力于此，散文上一切的技术，孟子差不多都备了。即如第一章《见梁惠王》，正题是"仁义"，反题是"利"。孟子主正，便先破反："王何必曰利，亦有仁义而已矣。"最后，王服孟子之说，于是先正后反："王亦曰，仁义而已矣，何必曰利。"可以看出"谋篇"的法则来。"王，大夫，士庶人"的叠举，与"万乘，千乘，百乘"的假设，王以及"必"字的决定，两句"未有"的轻捷，造句的法门，差不多罗列已尽。轻重、奇偶，处处足供学文的人用作轨范。我记得当时，父亲靠在枕上，我在灯下一句一句的咀嚼，那光景如在目前，可是父亲早已离我们去了。我后来读任何大家的文集，都觉得不如《孟子》意味之深。

我自动去读的书，要算郑珍的《巢经巢诗集》是最爱读的了。读此书时，我已有十四五岁，还没有离开中学。因缘是这样的：有一位国文教师洪北平先生案头有一部望山堂初刻皮纸本的《巢经巢诗集》。那时我乱读些诗集，见这一部书很奇怪，行间多古字，从题目上看又像是没有多久时候的人。于是借来细心一读，愈读愈觉得可爱。大概因为我从小家庭观念极深，而从来的诗人歌咏家庭琐事的不多，子尹（郑氏的字）在这一点上是很伟大的。假使"伦常"一日不灭，读他的诗，最足以敦人的性情。此集至今还是我所爱读的，我终觉得子尹便丢开他的经学来讲，这一部集子在诗史上已足占第一流的宝座无疑。在我们眼中多少诗料，都被向来的诗人忽略过了。亡友刘鉴泉先生云"家常本色自然妍"，真是确切的论断。

我在十八岁上，无意中见到《杨氏二选》（《阳春白雪》与《太平乐府》），发见多少从来没听到、看到、读到的东西，这些皆是最挚朴的诗歌。从此便着迷了，一直迷到现在。这两部书实际上不算选集，而是总集。我这些年用尽心力去找别集，但启发我的兴趣，仍是这两部总集。可惜字迹漫漶，不能完全读个痛快。目前正打算合若干不同的本子，把两部书细心校好，使读者便利，那么，此后我们的同志将愈过愈多了。这样才可以对得起二选，也才可以对得起杨朝英先生呢。

○ 原载《青年界》，1935 年第 8 卷第 1 期

五部爱读的小说和戏曲
1935

一、《水浒传》

描写在黑暗的政治势力下的一班失意者，暂以强盗为职业，以梁山泊为安身之地，做出那些很平凡而又极不平凡的事，引起我在青年时期极大的冲动。特别其所写人物的生动，一种跃然纸上的姿态，令人神往。

二、《西厢记》

引起我对戏曲感到趣味的，是《西厢记》，《西厢》的词藻，好像有一种魔力似的，几乎给我读得烂熟，我记得有一次作文时用到一句，刚巧那一位道学的国文教员，他也是极赞成这部书的，便特别叫我到他的房里去，细细为我讲解，更说些作者的历史，说作者生当异族统治中国的元代，耻食异族之禄，便寄情歌曲自娱。他这段话印入我的脑筋中很深。

三、托尔斯泰的《复活》

从这书中所显示出的俄皇时代政治的黑暗，贵族的罪恶与人民颠沛流离的生活，使我打破了"外国是天堂"的迷梦，而感受到人类命运的普遍性。

四、《呐喊》与《彷徨》

读到这两部小说，使我忆起童年时所接触过的许多人物，没落的封建社会所给予我的许多印象，正和这书中所写的相吻合，而《孔乙己》与《祝福》两篇，更好像我亲眼看见过的。

○ 原载《青年界》，1935 年第 8 卷第 1 期

诗和史
1935

—— 郭步陶

　　我的生性，喜欢研究的是诗和史两类书。在十五岁以前，是请先生教读经史，课余还教些对子书，《龙文鞭影》《唐诗三百首》《古诗十九首》等。那时对于《书经》《易经》等，读着很难上口，一些也不明白他的意义，只有《左传》和《诗经》，倒还有些趣味。

　　在《左传》的开头，便看见郑伯和他的母亲闹意见，后来弄得把兄弟杀了，发誓不和他母亲相见。心里暗暗想道，这是中国大家庭制度的罪恶，也是专制君主制度下所万不能逃的公例。不信，你看一部《二十四史》的皇王贵族中，父子兄弟叔侄母妻等的互相残杀，以争夺一个君主的位子的，哪一个还有一些骨肉天亲的情分？过了一些时候，又读到《郑伯射王中肩》一段和《天王狩于河阳》一段，心里又大大疑惑起来，郑伯是个诸侯，怎样竟敢射起皇朝的天子？明明是晋国的君主，把周王请到晋国去号召当时的诸侯的，怎样说是皇朝的天王到河阳去巡狩？那时我的祖父和父亲，都在清朝做官，这宗根本不相信大家庭制度，不相信皇帝老子的思想，他们要是知道了，一定要重重责罚的，哪敢提出来去问先生？只是自己怀疑道，书上的话，恐怕靠不住，还是专门看看他的文章吧。这个念头一起，便又另在《左传》的文章上留心了。如齐晋秦楚几次大战，和那时各国卿士大夫在外交上的言词，我都觉得是值得细读的。所以季札的《观礼说诗》，吕相的《绝秦书》等类，至今虽已四十多年没有读了，但是偶一回想，还觉得有很深的印象。又《左传》中的歌谣，往往为他书所不曾见，可惜那时只知道音韵铿锵，读着好玩，没有把它汇集起来，作一个有系统的研究。

在全部《诗经》中，我最喜欢读《十五国风》，《雅》《颂》便就和我缘分少了。一来有些太长，不大耐烦去读；一来有些死气，不大感到兴味。至于《风》诗，却不是这样。一国有一国的政况民情，一时有一时的风物写生。读到"桃之夭夭，灼灼其花，之子于归，宜其室家"便觉得国泰民安，春意满前。自然而然地发生羡慕之情，使人憧憬不已。读到"彼黍离离，彼稷之苗。行迈靡靡，中心摇摇。知我者，谓我心忧，不知我者，谓我何求？悠悠苍天，此何人哉？"便觉河山依旧，人物已非。盛衰之感，自然充满了胸怀。至于《硕鼠硕鼠》《何草不黄》等篇，把人民痛恨当时政府的情况，赤裸裸地尽情说出，读了之后，更觉得诗人胆量之大，也可说是诗的艺术，有特别独到之处，迥非他种文字，所能及得。此外还有许多关于民族性的表现，如郑卫的淫靡，唐魏的苟简，秦俗的强悍，齐俗的夸大，都各肖其情，一一活跃纸上，不知道开启了后人作诗词的多少门径。所以要拿兴趣去读经，据我个人的经验，也未始没有一些好处。

那时放了学，自己常喜欢偷看小说书，如《东周列国志》《儿女英雄传》《聊斋》《红楼梦》《夜雨秋灯录》等，都是在睡觉时，悄悄地在帐子里，瞒着大人看的。可是读的兴趣非常浓厚，比课堂里先生督促着读还要认真。记得那时的我，对于能仁寺里的安公子，不知道担了多少心事，对于潇湘馆里的林姑娘，不知道淌了多少眼泪。尤其可笑的，是把借来的《夜雨秋灯录》加了许多旁批顶批，后来还书时，朋友大说其闲话。这些都是我偷看小说书的成绩。从这里研究，我们可以知道自动的读书和被强迫的读书，其功效是迥不相同的。

十五岁以后，家境中落，请不起先生了。只好自己东涂西抹，做做文章，家有藏书，随意翻翻。不料无意中遇着两部书，我很喜欢读，一是《文选》，一是《史记》。前辈先生看见了，以为《文选》是词章之学，很嘉勉我去读；《史记》和科举没有关系，不大赞成我多下功夫。但是后来结果，恰得其反。我对《文选》，只喜欢读《两都赋》《离骚经》《难蜀父老》《恨赋》《别赋》等篇，其余都只随便涉猎而已。《史记》全书，那时还没有看见，所读的只是坊间所刻的《史记菁华录》，但是很觉津津有味。记得有一回读到项羽在垓下的慷慨悲歌和他突围斩将，向部下痛论"天亡我非战之罪"的一篇雄辩，不禁为他流泪不止。过了几天，又读到《游侠列传》《滑稽列传》，有些很是痛快，有些很是好笑。如易水的高歌，秦庭的击筑，都使人肃然起敬，心焉神往。又如楚王的葬马，优孟的扮演孙叔敖，几于嬉笑怒骂，都成妙文，读的时候，更感觉着有意想不到的奇趣。因此，迫得我不能不天天读，且不能不天天抛了别的书，专门来读这一部心爱的《史记》。读了之后，便试试学着用。到我二十岁的时候，书院里已做经义和策论，有时把《史记》的词语和笔调，用上一些，居然大得其法，复得奖品不少，于是读得越是高兴。又过二三年，回家应考，在路上，把《史记》散失了一本，心里十分烦恼，毕竟在友人处，借了一本，自己恭恭敬敬地用楷书抄来补完，才算心满意足。可是考试的结果，进学的文章，还是经古场取上了一篇赋和一篇论铜圆的文，心里又渐渐觉得词章也是有用的。刚刚要重读《文选》，细细研究骈体文字，适逢其会，家乡办了洋学堂，英文、算学等新名词，攒入耳鼓，我便不由自主地抛弃一切，去另读科学书籍了。

综上所述，我在青年时代的读书，是常常受着环境的影响。不过自己不甘暴弃，处处肯研究，肯从自己应用上去研究，所以总还能够得着一些相当的好处。现代的青年们，读书环境比我好得多，只要多多研究，好好运用，将来的效果，岂仅像我这一点？

○ 原载《青年界》，1935 年第 8 卷第 1 期

十年中印象较深的书

1935

—— 刘宇

我现在的年纪虽未到中年，爱读的而又读过的书也不算少，可是书是随读随忘记的，至多只能在心里留下一个模糊的影子。现在想要一部一部地重新翻印出来，一一给它们一个估价，终是做不到的。然而《青年界》杂志社诸位先生底盛情又不可拂，不得已，今就记忆所及，提供几本出来，作为读者底参考。因为我是爱好文学的，所以我爱读的书也就偏重这一方面。

现在就来说我在这十年中（从十七岁到现在）所读过后的印象较深的书吧！

一、理论方面的有：

（一）刘勰《文心雕龙》，这是一部中国的较早的有系统的文学批评的书（最早的曹丕底《典论》还是前三年才读到）。

（二）钟嵘《诗品》，这也是一部与上书同一时代的文学批评的书。它对于汉、魏、两晋的诗人有较公正的批评。

（三）托尔斯泰《艺术论》，这对于我初期的生活有很大的影响。

（四）卢那卡尔斯基《艺术之社会的基础》，这书是解释艺术的。

（五）厨川白村《苦闷的象征》，我现在教学生时，还时常引用他的意见。

（六）居友《从社会学的见地来看艺术》，虽然有些意见太牵强，但也不无见地。

（七）朱光潜《谈美》是最有趣的，最浅近的，最有系统的美学常识。

（八）克洛契《美学原理》，他解释美详尽无余。我现在常根据他底和佛洛特底意见来研究文艺。

（九）李安宅《意义学》，这是一本最有意义的解释语言底意义的书。他还有一本《美学》，我也爱读。

（十）尼采《查拉突司屈拉》，这书多深刻的见解。

二、创作方面的有：

（一）鲁迅《彷徨》与《呐喊》，这两本是引起我爱好文艺的动机底书。

（二）周作人《雨天的书》和《自己的园地》，这两本是指导我怎样写作的良师，周先生文学的简洁隽永是常人不可及的。

（三）郭沫若《三个叛逆的女性》，我读了它，我也想写诗。其实真正开始写诗还是胡适之、徐志摩、沈从文诸先生鼓励起来的。

（四）姚鼐《古文辞类纂》。

（五）《李太白集》。

（六）《两当轩集》。

（七）《杜工部集》。

上面四部书底第一部是为了读文科才大略读过，我现在能写点文言文，全是它底赐予，后三部是平时在无聊中读完的。

（八）臧晋叔《元曲选》，这是因为要作一篇关于宋、金、元、明时代的民俗学方面的论文才读的。

（九）《西厢记》，我最爱它那描写的技巧。

（十）《水浒》《红楼梦》《三国演义》等，这些书都是在幼时读过，然而从文学方面去了解它们还是近五六年来底事。

我有一个爱读译品的脾气。也许是因为国货还欠佳吧，我也知道近几年来，国货在技巧方面已进步得多了，甚而可说已不亚于舶来品了，但气魄方面，总嫌欠雄浑、庄严与伟大。所以我虽然读一般中国作家的创作，但我更爱读翻译过来的外国作品。

为了要向《青年界》杂志社诸位先生交卷，恭录书目并略附说明如上。

○ 原载《青年界》，1935 年第 8 卷第 1 期

《三国演义》与我的幼年

—— 陈清晨

1935

书堆报纸堆里过了半生，自然常逢到许多很爱读的书。但是如过眼烟云，爱情常随得随消逝。惟有幼年时代最爱好的几部书，却在脑子里留下不可磨灭的趣味。因为时间的驰流，年龄与爱好的变迁，幼时爱读的这几部书现在是久受鄙弃了，并且过去的爱情也像过去的梦境一样，已很轻淡飘渺；但现在却没有对于新书的爱情能比这旧爱情之飘渺而悠久，好似永远在心头。幼年时代对我最有影响的书，无有过于《三国演义》的了。

跟着父亲读罢《论语》以后，接着再读《孟子》。读书处是在别人的房子里，那里的桌子上发现有《三国演义》。被莫名其妙的古书压抑了的童年的心情，曾偶尔转注到这演义的"绣像"上，于是又涉及了书的文字，而故事的趣味便吸引了我。那时根本还不识几个字，对这部书的文字自然不能有完全的了解，但浏览地读下去，故事的大意已使我爱慕它不能释手。于是我每天读《孟子》的时间，几乎大半都费在看《三国》上，为要避免父亲的干涉，常是把《孟子》认会了以后，即到读书处（常是我一人在那里）展开《三国》看，而把《孟子》放在一边，一听到父亲来时，即刻把《孟子》压在它上边，小声读起。后来弄到晚上睡觉前也是《三国》，早晨在床上睁开眼后也是《三国》，有一点空暇儿无不是《三国》。但所看的都是残缺的本子，得不到有系统的整部。于是到处留意的结果，以几文钱一本在旧书摊子上补充了不少，都是偷着干的，怕父亲知道。后来大约已集成了三四种版本的一部。看起来时的心情是紧张的，每逢打仗，唯恐刘玄德这方面不胜，惟恐曹操那方面不败，而对于关公等人更深致其敬仰之情。记得"困麦城"的那一两回曾屡次避去不看，因不忍看关公的死难情形。后来当然是硬着心肠看了。

从《三国演义》开始，童年的趣味心领导我一直向旧小说中追求，《施公案》《彭公案》《东周列国演义》《七侠五义》《水浒》等，常是一天一本，食眠都可以牺牲，非至头昏眼花不能再看下去不止。那时曾发下一个心愿，即要把天下小说都看完。但因那时所看的本子，都是油光纸的小字石印本，并且所住的地方还都点的是菜油灯，似乎不知有煤油灯，更别提电灯了，所以眼力受了很大的伤害。后来的近视，这样看旧小说是大原因之一。

生为那时的中国人，不得不接触那时的中国环境。《三国演义》与我童年的这种关系，大概是"理有固然"的吧？这部旧小说可以说完完全全代表中国的封建社会意识。崇尚阴谋诡计的社会倾向、道教化的社会倾向、英雄主义的倾向，凡此一切都是现代中国青年所当深恶而痛绝的。所以我之叙述这部书与我幼年的关系，并非向现代青年提出这部书是可读的；恰恰相反，我劝告青年不要读这部书。现代中国青年比二十年前的青年幸福多了，他们已有大批世界的伟大著作可以读，有大字标点的文学书可以读，有谈宇宙星体、史前人类、地球前途、动植物进化情况的有趣味书可以读，已不必再向中国旧小说里去追求。因为这是建立新中国与修养伟大的世界性的人格所当舍弃的。固然，中国旧小说中有的是很好的，但带着浓厚的恶劣意识的实在太多了。至于《三国演义》对我的思想有什么影响，现在我已找不到一点痕迹，这或许因我自己找不到，但在别的方面，它却使我因贪看它而习识了中国的"之乎也者"的文字。这一点影响是使我到现在还不能忘记的。

○ 原载《青年界》，1935 年第 8 卷第 1 期第 48—50 页

爱读切合身心和生活的书

—— 任白涛

1935

　　《青年界》编者要我写在青年时代所爱读的书。所谓青年时代，大概是指二十岁前后说的吧。这在我，已经是二十多年前的事情了。

　　我的读书生活在十五六岁以前，完全是处于被动的状态，自从进了学堂之后，便稍稍得到自动的自由。及至十七岁那年到上海医治眼病兼求学以后，我的读书生活才算随着我的生活环境而完全解放了。

　　解放后的我的读书生活究竟是拿什么做中心呢？一句话说完，我爱读切合身心和生活的书。换言之，我的读书生活完全与我的身心状态和生活环境密切地关联着。我的身心状态和生活环境一经改变，我的读书生活也就要跟着改变。在那时代的我的读书生活，概括地说，可以分为两个时期：

　　第一期：以医学常识、游记、体育、修养等书为中心。

　　第二期：以活的书物——报纸——为中心。

　　第一期大体是在二十岁以前的数年间。在这个时期，我所以爱读医学常识书，是想改造病弱的身体；所以爱读游记，是因为想出外游学并且已经明白旅行对于身心的益处；所以爱读体育书，是因为我以改造身体为目的而进入上海的某体育学校。

　　那时我爱读的医学常识书，是以丁福保、华文祺两先生的译著为主。这些书的生命，如今还多存在着（上海医学书局出版），也是丁先生们不肯马虎从事

和始终一贯的精神之所致，尤其是如无药疗病法之类，正是今后的必需品。至于我那时爱读的游记，古人的，是《徐霞客游记》和《鸿雪因缘》等；近人的，是康氏的《欧洲十一国游记》、梁氏的《新大陆游记》，以及黄氏的《考察教育日记》之类。对于体育书，我爱读我们的体校——中国的体校——的开山祖徐传霖先生的译著；后来从体校转入精武体育会（第一期），我又爱读国技书如《易筋经》之类。对于青年修养书，我特别爱读格言一类。

要之，我那时不知道什么叫读书法，而且着实也用不着什么读书法。我只知道要读于当时自己的身心上有益的书，就是适应于我的身心的书，对我算是好书。我想着，一个人求学问，究竟为着什么？不是第一步应图自己身心的美满的发达吗？我的身心两方在幼小时都受了厉害的打击，不是应该在发育还未完成以前企图身心——特别是身体——的改造吗？所以我那时候既上体育学校，又入精武会，纵然受了家长的反对和朋友的轻视，我仍然不变更改造身体的宗旨。病弱得至于被老西医宣告了应该永远休学的我的身体，所以不久竟能连住做了一年多的长篇新闻通信的工作，不久竟能给学术界做了相当的贡献者，完全是我那时的改造身体的决心的恩惠啊！

到第二期就是所谓"逾冠"的时期。这时期我的求知欲当然是很旺盛的，只是受了家长的严重的压迫，我不能继续求学了。后来以偶然的机会，我竟做了上海某报的特约通信员，过了一年，又经那个报馆替我介绍了三家报馆，担任同样的通信，我差不多算是做了通信社长了。这个通信员时期，虽然不过一年多，但无论在我的生活史上，在我的读书生活史上，都算是个最重要的时期。在这里，为了题目的限制和篇幅的关系，只能把这个通信员职务和我的读书生活的关系略写几行。

就是我做这个通信员，当然是在时事的报告上特别致力，想做一个完全的新闻记者，但也是为了中途失学，要藉此博取关于人生的活的知识。再加上报馆的薪金微薄，有的且竟不付，只寄报看，所以我也买不起什么书，就拿各种报纸当读物了。前边已经说过，我的读书生活是随着身心状态和生活环境而改变的，所以我这时候最需要一本新闻学书。但是我这个愿望终于失望，幸亏我在开始做通信员的时候，便着手练习剪报的工作，我觉得远生的《北京通信》[①]，实在可以取法，于是把它一一剪下黏贴到自己订的贴报簿上。另外还剪贴关于学艺特别是论述报纸的东西。那时我想，抄录在读书生活上已经算是陈旧的方法，如今应拿剪贴报纸替代抄录。所以我在剪报和黏报上着实用过一番的苦功，并且着实得到很大的益处。

在另一方面，我在通信员时代所受的文笔上的锻炼，更非一般学校可比。因为学校每星期至多作一次国文，一次至多写千把字，而我这个通信员生活，平均每月发出十七八封长信，约有两万字之多，差不多抵得上学校一年间的作文。何况我的所有的通信，不但没有被抛弃过一封，却都登在"国内要闻"栏，而在某报上并且常被列为"国内要闻"第一条，所以我那时为了这种兴奋，失学的痛苦就完全忘记了。但因为家庭环境的转变，同时我感觉着知识——尤其是新闻学的知识——的饥荒，终于不得不东渡三岛去研究新闻学，终于使中国的新闻学界产生第一本的理论和方法兼备的完全的《新闻学》（上海亚东图书馆出版），这些不在本题范围之内，所以无须多说了。

○ 原载《青年界》，1935 年第 8 卷第 1 期

---

① 作者注：这种通信在远生被暗杀后，经他的朋友搜集编了一本远生遗著在商务出版，虽然被删去好多篇，但仍不失为关于新闻通信的好书，修习新闻学者和新闻记者，都应一读。

看到饭都不想吃的书

1935

——华汝成

在青年时代的我，天天在那里研究自然科学，可是我最喜欢看的书籍，却非自然科学一类的书。就这种情形看来，似乎所学的一科，与自己的个性不甚相合。我为何不去研究和个性相合的学科呢？这里面有许多原因，一时也说不尽，况且并非本文所应讨论的，所以我就把这一层搁起不谈，单把我所喜欢读的书来讲一讲。

大凡一个人会自己去找某一种书籍阅读，并且读得好似和有瘾头那样的手不释卷，那末这本书就可说是他爱读的一种了。我回想到少年时代，每天看到饭都不想吃的书，就是许多小说。在那时因为十分的顽皮，所以尤其喜欢看全武行的义侠小说，或谈神说怪的神怪小说。无论哪一个人，在年轻的时候倒都能恪守知行合一的主义，看了什么书，就会照了书中的话去实行的。所以我在少年时代，看了小说中所记的，不管可否实做得，就会抽了空，和许多少年同志去实做了。亏我在少年时代，手无缚鸡之力，并且囊空半文，否则不是路见不平拔刀相助，就要招贤纳士克日兴师，或竟遁迹峨嵋，去找那些呼风唤雨、腾云驾雾的神仙了。至今想来，少年时代，知识未开，对于读物不知选择，任意阅读，其结果虽不能说一定恶劣，然而也难免隐伏着许多危机和劣根在里面，所以为父母及师长的，对于少年的读物，不可全不过问。

自从进了中学校后，我已懂得一些事情，对于所读的书也晓得去选择了。不过俗语说的好，"江山好改，本性难移"，在中学时代的我，虽已由少年而入青年时代，但是觉得百读不厌的，还是小说。在那时所喜读的小说，已由全武行转变为半武行，或完全为文绉绉的种类了。例如《水浒》《红楼梦》《儒林外史》《聊斋志异》等，都是我最爱读的小说，还有《福尔摩斯侦探集》，也是我喜欢读的一种。原来在少年时代读小说时，往往把自己去比拟书中的某一主角，就是书本与自己已化为一体，那末对于书中所述的情节是否有道理，文章做得是否出色，都不去问了。像这种读法，至今看来，可说是痴读或瞎读，就算读烂了许多小说，也不会得到一些好处的。到了青年时代的我，因为常听见国文教师批评旧小说的内容，又看见新文化的杂志上评论小说，于是才知道，小说也是一种文艺作品。自从有了这种印象，才慢慢的用客观的态度去读小说，用文艺的眼光去读小说了。读小说的着眼点既迥然与少年时代不同，那末在阅读后的感想自然也和以前两样了。我在改变阅读心理后，最爱读的小说还是《水浒》《红楼梦》《儒林外史》那几种，不过爱读的原因，已不在书中所述的事实，而在行文方面。我自己觉得，在学校里做文章稍有长进，并非靠了熟读古文，倒还是得着小说的力量呢！到新文化运动风行国内后，素不登大雅之堂的旧小说，捧的人逐渐多了起来，我虽没有实际的去捧，可是心中也很赞成捧的人所说的话，从此我对于小说的兴趣，更加浓厚起来了。

我在学校生活时代的后期，年龄渐大，虽未入世做事，但对于人群中各种现象，也有些懂得，因此又喜欢看描写人群中各界情形，带些讽刺的小说，例如《官场现形记》《儒林外史》等等小说，我都读得津津有味。在新出的许多小说中，关于这一类的我也都爱读。我这种心理至今还是如此，恐怕年纪再老些，或许要改变亦未可知。

我自幼至今，最喜欢读的书是小说，上

面已经讲过。不过我始终对于缠绵悱恻的爱情小说，不十分爱读，如《红楼梦》《西厢记》等讲爱情的小说，我虽也一时着迷过，不过我是喜欢它的情节热闹或文章优美，并非重在爱情方面，我想象我这种心理，并不一定是好，或许因为我的个性太粗俗了罢！

○ 原载《青年界》, 1935 年第 8 卷第 1 期第 1—2 页

三部爱读的书

1935

—— 清心

　　我是青年，我所爱读的书，也就是现在我所爱读的。

　　我是一向爱读小说的。这也许是遗传性吧？因为我的父亲也是常看小说的，所以我家里什么《三国演义》《水浒》《红楼》《西厢》，甚至《列国志》《全唐》等都有。那时我却爱读《三国演义》。

　　我上学的是私塾，读的是《孟子》，同一块儿有二十多个同学。一个五十多岁的老先生，每天都监督着学生"啦！啦！啦！"的高声朗读，声音低一点儿就用板拍书桌，书桌一拍声音也就骤然会高起来，但我却不大念，总是在《孟子》书底下放一本《三国演义》，眼睛凝视着看书，把《孟子》稍微侧转点儿，于是津津有味的看。放学时候一到，我连忙拿着书回去，到家把书包一丢，拿着《三国》再看。我爱看关云长的义勇，张飞的戆直，孔明的神秘，每一次总要看到天快黑暗，姐姐来夺书时为止。第二天老是背不出书，先生说我没出息，不用功。家里却说我不走正路，看闲书，但并不阻止我。不过我那时《西厢》《红楼》却不爱看，那一股扭劲儿就感不到兴趣。

　　年岁一天一天的大了，不久我就进了中学，但我那小说癖仍旧没有改掉，每上到数学、理化等科，就偷偷的拿出小说来看，所以我考的数理分数，一个蛋的也很多。不过我那时不再看《三国》了，改看新文学的创作和林琴南翻译的西洋小说。

五四运动来一个激烈的打倒文言思潮以后，白话文到了全盛时期，报纸副刊和许多刊物上新小说很多，接着就有很多的单行本的创作和翻译小说，那时我几乎看不胜看，什么古典、浪漫、自然、写实等的作品，没有系统的乱看，但没有觉到有过深切的意味的。直到后来我问朋友借到了一本鲁迅的《呐喊》，读第一篇《狂人日记》就很感兴趣，那笔调的尖刻，描写能钻入世态人心的深处，实使人佩服。读完了《阿Q正传》，我的趣味更浓厚了。我把这书一口气看了三遍。后来朋友硬要还，才因此放手。

　　人问我为什么爱读《呐喊》，我立刻可以回答说，因为我小时候看见像《呐喊》里描写的人物和故事很多，看到某一段故事，每一个人物，我立刻会忆起我的童年，就像在我的童年时代打下一个烙印，所以我爱读它。

　　此后，我译本看得很多，其中也有我所爱读的，那就是高尔基的小说，因为它给我们知道人类不同阶级生活的真实的情形，使我们知道世界上还有不是人的人类，所以我也爱读它。

　　我就爱读这三种书现在也还时常读，我想与其看那些花呀、月呀、爱人呀的书还不如看这三种书有趣而有价值。就是这三种书的作者技巧的纯熟，也值得我们深切的研究的。

○ 原载《青年界》，1935 年第 8 卷第 1 期

从抒情作品到写实小说

1935

—— 孙席珍

　　十四五岁时开始与文学接近，便爱读唐人的绝句和宋人的词。读着那些诗句，对于其中的涵义，其实是在可解不可解之间，但我偏喜欢那种似难捉摸的情趣。还喜欢读《茵梦湖》的译本（我至今还不懂德文，没有读原本的福气），因为读着那书，有如在薄月依云的黄昏，坐在掩映着烟柳的楼廊上，听远远地从江上吹来的箫声。唐诗宋词是中国抒情诗的极致，《茵梦湖》是我所见过的抒情小说之最高者——那时凡是抒情的作品，都是我所喜欢的。

　　后来年纪稍稍大了点，大约二十岁左右罢，我不再以一个单纯的欣赏态度去读文学作品了，我要在书中找到点什么，于是我发见了莎士比亚的《哈姆雷特》（*Hamlet*），西万提斯的《吉诃德先生》（*Don Quixote*）和龚察洛夫的《奥布罗摩夫》（*Oblomov*）。怀着原始观念而立基于现实上的青年理想家哈姆雷特，为了复仇而彻底地陷入于近代人所想象的复杂的怀疑和苦闷之中，最后不能不以死做结束。爱好真理与和平，勇敢到无所顾忌的中年热心家吉诃德先生，为了追求一个荒唐而美丽的传奇梦，处处遭遇着失败，但他相信失败正是更大的胜利，最后也不能不以死做结束。只有过渡时代的不完全情状之化身的奥布罗摩夫却没有死，因为像他这种人是不会轻易死的，但他做无论什么事情都归于幻灭。《哈姆雷特》令人悲，《吉诃德先生》令人笑，《奥布罗摩夫》却令人啼笑皆非——但他们都是多么地富于深刻的人间味呵！

由《奥布罗摩夫》起头，我继续读了不少十九世纪的写实小说，其中我特别喜欢写了"第一帝政时代某一家族之自然社会史"的佐拉，写了六大著作的屠格涅甫和连极端的古典派人物也不得不说一句 Here is a man 而对他表示若干崇敬的高尔基。不错，还应该加上那位写了第一帝政时代之全部社会机构的《人间喜剧》的巴尔萨克，但我不喜欢他那陈腐的情节和夸张的口吻。此外自然还有好些作家的作品我也喜欢，但我不打算一一写出它们的名称。总之，这时年纪又大了些，经验也加多了，所以爱好就随之而不同。但也仍然读些诗，特别要指出的是拜仑和雪莱，这两位青年诗人是我难以忘却的想象中的好朋友。

我自己写过几部战争小说，但在写作以前并没有读过别人描写战争的作品，后来才读了几部。一读别人的作品以后，自己却写不出了。巴比塞的 *Lefeu* 我有一本 Fitzwater Wray 的英译 *Undr Fire*；拉兹古的《战中人》，我有 Bluhm 的英译、千叶龟雄的日译和屠介如的中译——这是说我并没有读过两位的原作，但我喜欢他们，第一因为他们写得好，第二因为他们看得透彻。至于《西线无战事》，虽曾轰动一时，我也看过它的译文和映画，可是我不能对它表示满意。

○ 原载《青年界》，1935 年第 8 卷第 1 期第 10—11 页

亭厢殿扇
1935

—— 胡山源

《青年界》这个题目，出得很有意思。当然，不论是谁，总有他所爱读的书的，假使大家都写出来，集在一处，便可以成为洋洋大观。现在它要人家写出在青年时代所爱读的书，那尤其是精取的方法，因为人生只有青年时代是可宝贵的，青年时代的一切，自然也尤其值得注意。

不过在我个人，看了这题目，却又有些怕起来了。因为我并非先知先觉，对于正在歧路上徘徊着的青年，我一无贡献，至多也只能把我的经验亲切地告诉给他们，至于他们看了之后，有无益处，我非但不敢担保，甚至还怕他们要受到坏影响，误入歧途更深。原来我在青年时代所爱读的书，说出来是很惭愧的！

我自小便没出息，学校里的功课，完全不放在心上，只一天到晚看着各种小说。入了中学，范围当然大些，所有一切诗词歌赋，只要是文学的东西，我都喜欢看。可是看过就丢去，走马看花地，糊糊涂涂地，也不知究竟看着了些什么。我记得，到了旧制中学四年级时，我才清清楚楚地踏入了看书的另一阶段。那时，我的案头，枕边，甚至"马上"，所常有的书便只剩了四本，那便是《亭》《厢》《殿》《扇》。

大家都知道的，《亭》是《牡丹亭》，《厢》是《西厢记》，《殿》是《长生殿》，《扇》是《桃花扇》。当然其中《西厢记》的时代为最早，理应放在前面，可是

为了我个人的嗜好，以《牡丹亭》为第一，所以就排成了这个次序。

我本来没钱买书，以前所看的书，都是各处借来的。而且因为大概看过一遍之后，不想再看第二遍，所以不买也不要紧。甚至我还常常自己譬解说，与其我将一书看第二遍，不如另外看一种新的。这话当然不很对，但也可以见出我当时看书心理之一斑。可是等到我看上了《亭》《厢》《殿》《扇》，我的办法便变了，而且事实上也不能不使我变了。因为我现在已不是看，的确是读，是爱读了。为了这样，我不很常借他人的书，我只好自己竭力省下钱来去买这些《亭》《厢》《殿》《扇》。

什么好的版本，都与我无缘，因此，我的《亭》《厢》《殿》《扇》，都不过是有光纸的石印本，一共不到几毛钱。我先是看，后是读。先是每句加以圈断（那时还没有新式标点符号），后是自己读得得意之句，加上密圈。这四本书，印订既不精美，也不牢固，所以若干时之后，便字迹模糊，变成了断简残篇。

我为什么喜欢看文学书，读曲，而更喜欢读这四种，我也不知其所以然。我并没有想做剧曲作家的野心，因为那时我对于曲之为曲，真是莫测高深，哪里有此非份之想。此外，谁也没有和我谈过曲之一道，更说不到谁来鼓励我或指导我。我是盲目的在文艺的园中瞎摸，偶然摸到它们罢了。一摸到它们，我便有如喜欢躺躺的人，摸到了芙蓉膏，开灯一吸便上了瘾，悠悠然与之终古，再也割舍不下了。

那时我先是住在一座枯庙里，后来又搬到了一所没有别人住的乡间小屋里。"梵王宫殿月轮高"，我是看见过了。"挑灯夜读"，我是实行着了。每天学校里吃了晚饭回来，一卷在手，总要吟哦到十二点以后，读四书五经时，哪有如此勤奋！有些地方读不懂，也无人可问，囫囵吞枣般的吞了下去。幸而枣的色香味，却不问其囫囵与否，总已领略到。

在大学时代，我所爱读的书，可以说是一贯地继承着中学时代的。大学的图书馆里，以及私人方面，所能供给我需要的范围，当然更大些。这时代我所爱读的书，便是《元人百种》，以及明清人的四种、五种、九种、十种之类。什么小令套数，当然也在兼收并蓄之列。此外，连带的除了整本的传奇剧曲，所有曲话、剧谈的书本，也看了若干，但是总看不起兴趣来。也许我更没有要做一个曲学研究者或评剧者的愿望，所以关于考据等话头，总成了过眼烟云罢，端的不如"袅晴丝吹来闲庭院"之类还永永印在脑中，无聊的时候，甚至忙得不可开交的时候，还会哼几句出来。

我再说，我是很惭愧的！我在青年时代所爱读的书，原来就是这些书，颇有些不可见人之概。当今是"文学不死，大祸不止"的时代，嗜好文学而至于不死的传奇剧曲，明明走入了牛角尖，吃了一帖死药。而且又不会贩贩假古董，卖卖野人头，以便厕身"曲家""曲师"之列。自己嗜好就罢了，更没有告诉别人的必要。或者要对人有所陈述时，至少开一些合乎"先王之道"的经史子集、国学必读书目那才对。《亭》《厢》《殿》《扇》，虽不丢入毛厕里，尽可束之高阁。

不过，我想，一则青年界不耻下问，我总应该予以答复；二则既答复了，我总应该说老实话；三则山珍海错之间，也许需要一些山肴野簌点缀点缀；四则世上尽多明眼人，一定能知我的非是的。若然青年们能以我为"他山之石"，不读我所爱读的书，而爱读我所不读之书，也就减轻我的惭愧于万一了。

○ 原载《青年界》，1935 年第 8 卷第 1 期第 16—18 页

《左传》和《水浒》

1935

—— 余园

　　我青年时代是在私塾里面读书，虽然八股已废，所读仍不外乎四书五经以外读点义论，以及唐诗之类，小说是不大许亲近的。经书中我所最爱读的，只有《左传》。我不管它是传《春秋》或不传《春秋》，而且也不管它是经是史，只把它当作故事看。看的次数多，似乎便有点心得。比方《左传》里面描写得最卖力的，就是五霸，而五霸又以齐桓晋文为盛。它对齐桓晋文，表面是竭力颂扬，而字里行间，却充满了讽刺。齐桓公伐楚，被楚王问得他强词夺理，又想借诸侯之威恐吓楚王，反被楚王奚落一阵。我每看一次，必定叫绝一次。晋文公城濮之战，一种想打仗又怕打不赢的心理，从他君臣计议之中，写得活灵活现，远不如楚子玉的磊磊落落。偏偏他又假君子之口，赞美晋文公"能以德攻"，而我们试看"蒙马以虎皮""曳柴而伪遁"，所谓"德"者，又在那里？单就晋文公"梦与楚子搏"，醒来便觉怀疑；楚子玉梦河神要他的"琼弁玉缨"，醒来置之不理，两人的优劣就可以立见。叙事的书，作到这步田地，后世司马迁、班固之流，哪个赶得上他。

　　后来离开私塾，自己买了许多小说来看，我便最爱《水浒传》。施耐庵写宋江，正是用左氏写齐桓晋文的手段，表面越是赞美，骨子里越是讥讽，看的人要是欠点聪明，定会被他瞒过，比《儒林外史》幽默多了。

　　与《左传》并称，而且相传是一个人作的，还有一部《国语》，在我的眼中，两书竟有天渊之别。不但叙事叙言，繁简各异，简直《左传》的精华，国语没有一点。今文学家说只有一个左丘作《国语》，刘歆根据《国语》，加以补缀，成为《左传》，勉强附于《春秋》，希望在汉朝得一个博士头衔。我不是经学家，并无今古文成见。但总觉得这两部书，决不是一人所作。如果《左传》真的是刘歆伪造，那刘歆的学问，真是可爱极了！

所以近年以来，有人主张学校读经，学生也很愿意读经，常有人来问我"读什么经好？"我便劝他读《左传》。如果再问我："课外看什么书好？"我便劝他看《水浒传》。也有人说我所介绍的两部书，一是贤传，一是稗史，未免不伦不类，我却说这两部书又伦又类。尤其是在目前的社会里面，要想读点书能作几句文章，非学他们这种手段不可。读者诸君也许和我相视而笑莫逆于心吧？

○ 原载《青年界》，1935 年第 8 卷第 1 期第 18—19 页

《新青年》和《新潮》

1935

—— 许钦文

我在私塾的时代，不爱读书，因为了解不到书中的意义。身子虽然坐在书房里，心向老是在放风筝、钓鱼和捉蟋蟀。要背诵的时候，临时硬记几段，很快的混过去。

在小学的时代，我仍然不爱读书，却喜欢做手工，因为觉得做手工比读书有趣。

到了中等学校的时代，我依然不爱读书，仍然喜欢做手工。

在寒假、暑假中，日间于钓鱼玩弄冰雪以外，也是做手工的时候多。晚上，才看点《三国演义》《列国志》和《聊斋志异》一类的书，并非爱读，藉以消磨光阴罢了。

在中等学校的时候，书中的意义是了解得到的了，但觉得关系疏远，也不够刺激。历史、地理、植物、动物和化学等教科书，只够于两三天中满足好奇心，因为字数不多，虽然要用一个学期。几何、三角和英文文法比较有趣一点，也非爱读，不讨厌就是。

我曾经有过一个时间，拚命的读英文，当现在一般青年正在早操的时候。但非由于爱好，无非为着要用。

在中等学校毕业以后，这才爱读起书来。这样忽然改变的原因，是忽然得到了《新青年》和《新潮》。是哪一卷哪一期，已经忘却，凡是这两种杂志，读得到的都爱读。以后就爱读《学灯》。于是丢开手工，也不再钓鱼，很爱读书了，并不限于哪一种，凡是新出版的同《新青年》和《新潮》相类的都爱读。

在中等学校里，我虽然不爱读书，却爱听讲；自然只是讲解得透彻的。在记序的笔法上，对于我的影响最大的是严伯亮先生，如今做小说，我还是常常想到这位头皮圆圆两眼小小的老师。他所讲的古文笔法，很多得用的地方。他实在讲得不错，但我并不因此重视古文而爱读。如果时代变换了，由他讲起新文学来，一定是更加好的，我相信！

○ 原载《青年界》，1935 年第 8 卷第 1 期第 19—20 页

有几本是至今不能忘记的

—— 顾凤城

1935

　　自己还未满三十岁，应该还未脱离青年时代吧？但和我现在所教的许多学生比较，显然他们是更年青，而我是比较的老大了。我在这篇文章中所指的"青年时代"，就是指我在十七八岁至二十左右的那个时期，即中学时代。

　　我在中学时代的求知欲可说盛极了，那时见了什么书差不多就想把它一口吞下去，可惜因为没有人好好地指导，所以没有系统没有计划，但在自己乱摸乱撞中，有几本书是至今不能忘记的，现在我且写在下面：

　　《修学指导》（商务版）、《修学效能增进法》（商务版）。

　　这两本书指示了我许多读书的方法，增加了我不少读书的兴趣。我以后读书知道作札记或读后感，都是这两本书所指示我的方法。现在关于读书法一类的书已经出版了很多，也许有比这两本更好的，但我在从前确是受这二本书的影响不少。

　　《胡适文存》一二集（亚东版）、《科学与人生观》（亚东版）。

　　我在中学时代受胡适之的影响最大，记得在我初读《胡适文存》初集时，好像发现了一个新世界一样。我开始知道了一些西洋文化，培养了我不少科学思想，在他浅晓明白的语体文中，我也学习到不少作文的方法。

　　《科学与人生观》这本书对于我后来的认识世界，理解人生，发生巨大的影响。记得那时我最爱读的是吴稚晖的《一个新信仰的人生观与宇宙观》，其次是丁文江、陈仲甫等人的文章。十余年前的那番玄学与科学的论战，在中国的思想界上确是引起了巨大的波动而给予当时的青年以不小的影响。

《学生杂志》（商务出版）、《小说月报》（商务出版）。

我在中学时代那时的《学生杂志》是由杨贤江编辑的，《小说月报》先由沈雁冰编，后由郑振铎编。那时我爱读这二个刊物差不多到了白热的程度，他们给与我的影响也很大。《学生杂志》使我的生活合理化，指导我许多读书法，使我认识社会，了解人生；《小说月报》培养我高尚的文艺趣味，使我领略到文艺与人生的关系。我初时也曾一度爱看"礼拜六派"的小说及《玉梨魂》一类的文章，看了小说月报后就把那种低级的趣味改正了。

此外关于文艺方面，那时我爱读鲁迅、郭沫若、郁达夫、叶绍钧、冰心、茅盾等人的小说，并略略涉览一些外国作家的作品如屠格涅夫、托尔斯泰、司各脱、狄更司等；哲学方面那时我爱读胡适之的《中国哲学史大纲》，梁漱溟的《东西文化及其哲学》等。

我现在得到一种经验，读书是要有方法和计划的，读的书和时代有关系，在从前所值得读的书，在现在未必有价值，这点我觉得现在的青年应当注意。

二四，四，一四。

○ 原载《青年界》，1935 年第 8 卷 1 期第 21—22 页

诗与修养

——陈醉云

1935

    书的大别可以分为两种，一为实用类，一为欣赏类。从实用的书上，可以得到技能、知识；从欣赏的书上，则可以获得陶冶修养为最高原则。

    关于实用的书，青年人除读教科书之外，可就性之所近，选择较为专门的书籍来阅览研究。如研究农业技术，则选农林畜牧等书；研究农村问题，则选农村社会、农村经济、农村教育等书；研究其他自然科学或社会科学，则选关于自然科学及社会科学的书。只要认定自己的重心所在，有条理、有系统的来阅读研究，自最有效。

    关于欣赏的书，最有兴味的，自然要算小说。我从十岁左右起，就很爱看小说。但现在回想起来，也甚觉无谓，除从小说学了一些文字之外，得不到什么好处。读旧小说，则使人的思想陷于荒谬；读新小说，也使人的意志趋于散漫。现在我对于报章杂志上的小说，以及单行本的小说，已不愿再去理睬了。"觉今是而昨非，知来者之可追"，所以我也不敢奉劝青年人阅览小说。我觉得小说是封建社会及准封建社会的有闲读物，即使要想从那里去求得最新最进步的思想，也是颇不经济的。

    不过，一个人如果一天到晚专作理智上的活动，而缺少情感上的调剂，则对于身心的健全也有妨碍。倘若我们能够在休息的时候，阅览短诗，随意吟味，倒也是陶养精神的一种颇好的方法。记得童年时候，我在家里的旧书架上检得一本《唐诗三百首》，开卷阅览，颇觉爱好，以后遇有兴会时，也常捧起它来曼声吟唱，每觉意境悠远，情趣盎然，好似扫去了若干心头上的尘俗。所以我对于这本书的印象是很深的。以后对于诗的爱好，以及自己也曾写过一些诗，可说是这本书开其端倪。

这书所选的都是唐人作品，共有三百多首，但不是首首都好，因为在思想上已和现代人发生扞格。可是好的，文情并茂的，却依然可以深受我们后代人的赞叹。举例来说，如孟郊的《游子吟》：

> 慈母手中线，游子身上衣。
>
> 临行密密缝，意恐迟迟归。
>
> 谁言寸草心，报得三春晖！

王之涣的《登鹳雀楼》：

> 白日依山尽，黄河入海流。
>
> 欲穷千里目，更上一层楼。

像这样的诗，无论在意境方面或韵律方面，恐怕后代人很少比拟得上罢？至于其他诗的总集和专集，我所爱看的还有许多，这里因被篇幅所限，不及一一举述，只好从略了。

我觉得我们不一定要作诗，但偶然也得读读诗，因为这于我们精神的修养上不无益处。

一九三五，四，一六，于杭州安溪。

○ 原载《青年界》，1935 年第 8 卷第 1 期第 22—23 页

读经与讲求新学

1935

—— 郑师许

　　大约十二岁到十八九岁，总算是青年吧！我在这时期分作两截，前半是逊清末年，生活在读经的氛围中；后半是民国初元，则讲求新学。所以我在高小的时候，每日有三小时与经书为缘，早晨第一时讲经，下午第一时读经，第三时便是默经了。如是者四年，《诗经》《书经》《周易》《仪礼》四部大书，是在这时读完的。《四书》和《礼记》则在未入高小以前读完。校中教师是用程朱蔡沈的注解，父亲则交下一部《十三经注疏》并《阮氏校勘记》嘱令参考，而我自己又高兴那部《御纂七经》。于是这一位小孩子便日日与经书为伴。那时我最爱读的是《诗经》，其次则为《尚书》。《周易》是极不爱读的。暇时便喜欢做一两条考证。譬如读了"于嗟乎不承权舆"，便做一则《权舆解》，说甚么"醴酒不设，楚王戊之意怠"。读到"媒氏掌万民之判"，便又做一则《媒氏解》，说甚么"若无故而不用令者罚之"的故字不应该作普通"故"字解，当为三年之丧的大故。教师看见了，有时奖励了一番，有时并向我母亲说："您的两个小孩子有些经学天才，如果科举不废，便早已成为秀才了。"可怜呀！这样的生活，混过四年。

　　到高小末年，清朝反了。民国初元，学校云起，居然有一间小学来聘请为国文教师了。我不肯去。先生又怂恿我投考广东法政，我又不肯。眼见同学们有入法政的，有入警官的，但我自己决定入中学，专心英文、代数、博物、理化。那时候英文书最爱读《纳氏文法》，王蕴章编的《英文云谓字通诠》《翻译金针》《英语作文初步》《英文杂志》。代数几何则陈文、何崇礼、温德华的书籍无不买。理化因为是叔父在学校教的，硬要将公式背熟。博物则喜欢其所附的《英文原字》。《纳氏文法》第四书读完三遍，是教师课外教的，在中学第二年级，我便担任讲授《纳氏文法》第二书，同时并在《英文杂志》作征文投稿了。现时我家的英文文学书，尽是投稿换来的。到了中学三、四年级时，连自己的日记和朋友往来的信件，都全是用英文写的。《美国伟人轶事》全部译出来了。中国文方面最高兴读《史记》，全圈点了一遍。可是今日再看，真的点错不少呀！有一次竟然试译了《伯夷叔齐列传》，但是"木主"二字便无法找得到。后来又试译《聊斋志异》数篇。教师便拿我作广告，说"这是能译《聊斋志异》的学生。"这一段生活，可说全活在英文书中了。《翻译金针》全部练习做完，《纳氏文法》第四书的习题作过三遍。真冤哉枉也！

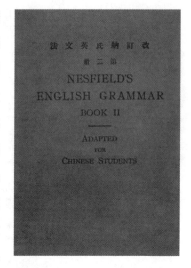

不过这时小说书渐渐刊布，我已看过的，有《恨海》《不如归》等等。使我最爱看的，尤其是林纾译的小说。

二十岁那年我便在一间高小里当国文教员，和几位秀才举人分担功课。可是从前熟读的《东莱博议》《三苏策论》几部书，从未讲给学生听过，从未介绍过学生去读。

民国廿四年四月十七日写于沪上四部书斋

○ 原载《青年界》，1935 年第 8 卷第 1 期第 23—25 页

　　　　　　　　　　　　　　　　　　　名家书单

读什么书
1935

—— 朱通九

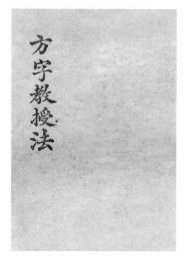

我生长在农村，三岁的时候，我的父亲，即已去世。五岁的时候，才进了私塾。先读《方字》，后读《三字经》《千字文》，然后再读《大学》《中庸》《论语》和《孟子》一类的书。在无人指导之下，随便瞎读，莫明其土地堂。读了四五年，毫无头绪。最后家里才请了江苏优级师范毕业的一位张先生，改读商务印书馆第一次出版的国民教科书，同时选读初级古文，学习写文章。张先生国文很有根底，教书不但很热心，而且很得法，所以不到一年以后，竟能做五百字以上的短文章。这是我最初读书的阶段，也是我最初所读的书籍。

离开了私塾，进了新式的（当时的名称）学校，情形就大不相同了。算学啊，英文啊，地理历史啊，手工图画啊，体操啊，一概都要学习了。但是我对于手工图画一类的东西，不十分欢喜，而对于英文、算术、国文三项，觉得比较有兴趣。这个期间，我年龄已较大，自己觉得有用功的必要，所以对于各种教科书，都读得很熟，而对于各种小说，则完全抛弃，因为当时有一种风气，如能学期考试的时间，考得到第一，就是无上的荣耀。为考试的关系，专读教科书，这是我在高等小学的读书情形。

高小毕业，进了中学，情形又不同了。那时最喜读英文，所以英文教科书，固然读得很熟，此外，商务印书馆当时有《英语周刊》与《英文杂志》二种刊物出版，我先买《英语周刊》读，后买《英文杂志》读。讲到时期的先后，大概读完了《英语周刊》第一百期后，一则《英语周刊》觉得太浅，二则第一百期后改为大的本子，我不十分欢喜它，因而改读《英文杂志》。我在这两种刊物上，得力不少，所以现在讲到"英文"二字，就要回想到这两种英文的刊物。读到中文杂志，也有二种。我最初喜读商务印书馆的《学生杂志》，以后改读《东方杂志》，这大概随着年龄的长大，我的口胃，渐渐的改变了。

中学以后读书的方向稍变。因为与同学通迅的关系，时常觉得无事可借，并且觉得词句缺乏，很以为苦。后由朋友的介绍，欢喜《秋水轩尺牍》《曾文正公家书》等一类的书籍。《秋水轩尺牍》的词藻美丽，《曾文正公家书》的清晰，均百读不厌。此外喜读《古文观止》上三苏与韩愈的文章，因为当时还没有提倡白话文的缘故。

总之我在青年时代，最喜读文言文的古文，其次读杂志。就是在现在的时候，我喜欢文言的程度，还比白话的程度来得高一点。问到为什么道理是这样的，那末，天晓得，我回答不出来。

○ 原载《青年界》，1935 年第 8 卷第 1 期第 25—26 页

青年时代读书生活的回顾

1935

—— 梁乙真

　　提起我在青年时代的读书生活，是最平凡不过的，实在没有什么可以告人的地方。《青年界》的编者定要我写一些关于青年时代的读书经验来补充篇幅，这真是使我汗颜的一件事！谨就我过去的十数年间片断生活的陈迹重演一点儿出来，作为《青年界》宝贵篇幅的补白可也。

　　生在半耕半读的家庭，记得初入私塾，先生就授以《三字经》《百家姓》一类的功课。半年之后接着就是教以《论语》《孟子》《大学》《中庸》等机械式地背诵。像这种字句艰涩含义深奥的东西，八九岁的小学生怎样能够感受到兴趣呢！那时的我简直视学校如地狱，见先生如魔王，一味地想方法逃出这个鬼门关。但是在一年的夏天，偶从父亲的书架上翻到一部木刻的《绣像三国演义》，一见便高兴的了不得。加以儿时好看戏，对于刘关张桃园三结义的故事已有了很深的印象，便将这部书暗暗地藏起来，晚上点着灯一页一页、一回一回地看下去，看完了一遍，更从头再来一遍复习。这时我觉着《三国演义》是我有生以来所读书中最感到趣味的一部奇书。虽然先生看见，有时斥骂一顿。但我被这部小说所诱引的程度，并不因之稍减。

　　十四岁那年入了高小，地理、历史、算学、理科一类的科学，我压根儿不愿去看，王毅之先生介绍我读《曾文正公集》《资治通鉴》《群学肄言》《天演论》诸书，这虽然是几部中西的名著，但我当时并不感觉这些书富有怎样的兴趣；

倒是那几本《水浒传》《西游记》《镜花缘》《儿女英雄传》《红楼梦》《聊斋志异》反成为我平日寝馈不离的好伴。

十七岁那年，考上保定第二师范。那时正是五四运动的狂潮刚刚过去，社会上一切旧的文化，渐渐发生动摇崩溃走向它的坟墓，新兴的白话文学代替了古典式的文章而为时代中心。社会上一切都现着欣欣向荣的气象。然而我那时读书的学校，却还是一个反新文化的营垒。校长是一位惯用高压手段的专制魔王，同时又是一位旧骸骨的迷恋者。他对于文学的主张，是拥护古文反对白话的，他所聘请的国文先生，不是善作骈俪的选学派，便是受过桐城洗礼的古文作家。学生们整天只是拿着《昭明文选》《古文辞类纂》《桐城吴氏古文读本》《经史百家杂钞》拚命地念。那时我们同学的脑海中，只知道要成功一位古文大家，惟有从选学或者桐城古文下手。他们以为陈胡诸人所倡导的"选学妖孽"跟"桐城谬种"的口号，简直是大逆不道，桀犬吠尧。我处在这样的一个环境之下自然逃不了环境的支配，所以我在入学前三年之中，读了将近千篇的古文。归有光的《震川文集》，储欣的《唐宋八家文钞》，姚鼐的《古文辞类纂》，是我那时寝馈不忘的几部书。师范毕业的那年，我的读书兴趣大为转变，同时学校也不像以前的保守，允许学生们看新书报了。我那时的思想好像是竹笼里才被放出的小鸟一样，非常的自由。在学校所购进的新书报中，报纸方面，我最爱读《北京晨报》副刊，像鲁迅、周作人、蒲伯英、冰心、陈大悲、石评梅、甘蛰仙、徐志摩、林语堂、陈西滢诸氏的文字我都爱读。曾记得有一次赵景深兄和周作人先生讨论童话的书信，也曾引起我很深的注意。在上海一方面的报纸，像《时事新报》上的副刊《学灯》，《民国日报》上的副刊《觉悟》，也是我所最爱读的两种。至于杂志，像北京大学的《新青年》中陈独秀、胡适、刘半农、吴虞、江绍原、孙伏园、王星拱、杨振声、钱玄同诸氏的文字；《新潮》上康白情、郭绍虞、叶绍钧、俞平伯诸氏的文字，也都对于我发生良好的印象，对于我后来思想的启发上占着很重要的一页。新兴的小说，我那时最喜欢看鲁迅的《呐喊》，谢冰心的《超人》《往事》，落华生的《空山灵雨》《缀网劳蛛》等。此外还有几种国故的整理。如胡适的《中国哲学史大纲》《白话文学史》（北大讲义）、鲁迅的《中国小说史略》，都对我后来研究中国文学上有很大

的帮助。

拉杂地说了一大套，既不切题怕又要过了千字的限制，就此停止罢！总之，我过去的读书生活，处处以年龄和环境为转移。像我这样平凡的没有一定计划的读书生活，实在没有可以告人的地方。更谈不到作为现代正在歧路上徘徊着的青年们读书的借镜。现在我已由青年过渡到壮年时期了，读书的兴趣将又为年龄和环境的驱使另改换一个方向，奇书异籍的搜求，古典文艺的探讨，将成为我最近将来的数年中怪僻的嗜好了。

○ 原载《青年界》，1935 年第 8 卷第 1 期第 26—28 页

六种爱读的书
1935

—— 袁嘉华

（一）《现代日本小说集》，周作人译，商务

（二）《现代小说译丛》，周作人译，商务

（三）Chekhov, *Roths child's Fddle and other Stories*（Modrn Lbrary）

（四）Emily Bronte, *Wuthering Heights*（Worlds Classics）

（五）Walter Pater, *The Renaissance*（macmillan）

（六）Milton, *Paradise Lost. ed. by Vrity*（Cambridge）

前三种是我在中学时代，后三种是我在大学时代，所爱的几种文学书。我单举这几种，因为不但我从前爱读，现在依然还是爱读，虽则一年间难得翻几回。

第一第二种引起了我对于外国文学的兴趣，手头无书，不能多说。但我相信，两本集子里的每一篇都值得你细心地读三四遍而决不致感得乏味的。

第三种是柴霍甫的《短篇小说选集》，在未能读柴霍甫全集的人，我愿意推荐这本《选集》。英译文简洁浅易，所选各篇也久称杰作，你能愈读愈感新鲜，例如那篇《一吻》，简直使你感得意味无穷的神秘和亲切。

第四种是英国十九世纪一个女小说家的奇伟之作，书名是书中一所住宅的名字，我曾拟译作《乌飕冷高宅》，可谓穿凿。中文有伍光建译为《狭路冤家》，我也读过，很诧异于译笔之自由而无拘束。未读原文之先，这译本是读不

得的。这是一部描奇癖性格几近疯狂心理的小说。

第五种《文艺复兴》，不但是沛德所倡导的 Poetic Prose 的杰构，风格之优美无一字不值得玩味，且能引起读者对于绘画、雕刻、音乐的兴趣。我曾作过关于这书内容的考据和注释，惜原稿至今未能整理付印。

第六种密尔敦的《失乐园》，是英国文学中最伟大的史诗，想象之丰富，音节之铿锵，全部结构之雄伟奇丽，非三言两语所能道尽万一。我虽也爱读荷马的 Iliad 与 Odyssey，但丁的《神曲》和哥德的《浮士德》，惜我不能直接读原文，谈不到欣赏原作音乐的美。读《失乐园》可用 Cambridge 出版的 Verity 的注释本，文字虽艰难，但并无晦涩。

西谚有云，当你听得一本新书出版时，还是找本古书读罢！但在我们这年头，这话未必是对症的药方。譬如读经，结果往往难免自误误人，经未尝不好，往往读不好为憾耳。所以我对于青年读者，尤其是爱好文艺的青年读者，只敢告诉我自己由经验得来的教训：兴趣的驱使固无可避免，但不可执于先入的偏见，要勇猛，也要谦逊，作一种虚心的冒险！

○ 原载《青年界》，1935 年第 8 卷第 1 期第 28—29 页

随便写一点
1935

—— 金公亮

由李老板领衔的四人通牒到了已经有一个月了，文章还是一个字没有，怎么办？

打开原信重读一遍，信内写着："您是青年们的先知先觉，对于这些正在歧路上徘徊着的青年，一定肯把你的经验告诉给他们的。"先知先觉？先觉吓了一跳！小生哪里当得起！曾经对那些"高足"们再三的声明过，"我是不足为训"的。我的经验对他们讲有什么用！而且向来是"柴箅跌落怕头打开"的，外事一概不闻不问，青年们到底在何处徘徊着，如何徘徊法，我又耳无闻，目无见，亦属无从指导，无能指导。这篇文章决计不写了。再读下去。"您对于我们个人以及《青年界》一定也愿意给以友谊上的帮助"的。不写罢？仿佛又有点那个。这倒为难了！再读下去。"随便写一点"，还是这个合口胃。好！就随便写一点。

看题目，是《我在青年时代所爱读的书》。立刻查心理学，青年时代到底始于何时终于何时？苦哉，苦哉！公说公有理，婆说婆有理，竟是没有准岁数儿，你说怎么办？那么拘泥，文章是一定写不出了，还是"随便"罢。譬如说：从我会读书的时候起，直到现在为止，算是青年时代，也不见得一定有人会来驳我。而且自己到底还不算不年青，虽然久矣夫有了胡髭了。我就是这个主意！

闲话少说，事归正传。

爱读的书太多了，列举起来，可以编成一本书目。一本书目，有何趣味？还是随便谈谈罢。大体说，除了那些称为纯粹科学的东西，诸如理工科所读的什么工程等以外，其余社会科学、文学、哲学一类的书我都喜欢。从小学到中学一年级这一段时期是喜欢读小说。这些小说大多是用油光纸石印，同袖珍日记本差不多大小，卖几个铜子一部的，内容千篇一律，私订终身后花园，落难公子中状元。《封神》《西游》《岳传》《水浒》，都依次读过；《红楼》和《聊斋》是进了中学后才读的。书的来源，起初是搜罗家中的书箱，其次是向别人借，最后是自己买。读的时候几乎是废寝忘餐的，在中学时，甚至在课堂里还偷看小说。中学二年级以后，虽然还是喜欢读小说，但对从前那类小说已经不发生兴趣了，于是读《玉梨魂》那一类的鸳鸯蝴蝶派小说，林译的外国小说，前人的笔记小说。这时读小说，一半是看故事，一半是欣赏文字。这些小说都是用文言写的，内容亦各不相同，装订的形式也要比以前讲究，这都是与前期不同的地方。买了两部大套的书，一部是商务出版的《旧小说》，一部是文明出版的《笔记小说大观》。这两部书和商务出版的《英华大字典》，是我那时自己买来的仅有的"煌煌巨著"。爱读小说的结果，是国文有了显著的进步，同时也妨碍了练习数学的时间。英文小说亦喜欢看，但不大看得懂，只是囫囵吞枣的读去。

出了中学以后，读书的兴趣愈厚，读书的范围也愈广。不但读小说，也爱读诗词戏曲；不但文学作品，也读文学理论；不但读文学书，也读哲学书，乃至社会科学的书也读。只要那书是新出的或旧有而有价值的，我都读。慢慢的、慢慢的，读书的兴趣集中于文学、美学、心理、逻辑这几方面了，有时翻翻这个，有时弄弄那个，没有准儿，其中尤以逻辑吸引住了我。这兴趣一直维持到现在，还是如此。

话说到这里，已是离题很远了，再说下去，放风筝放断了线，成何事体。打住！

○ 原载《青年界》，1935 年第 8 卷第 1 期第 37—38 页

读书不能拿兴趣做大前提

1935

—— 马仲殊

我想，每个青年，每个打从学校大门通过的青年，都曾有这种心理，就是：越是先生看作了不起而鞭策得严紧的功课，越是不理它，至多也不过被压迫得去敷衍而不生什么兴趣。我敢武断，我这话和真理很逼近的。

即使不然，不问旁的人如何，我的的确确这样感受着的。记得初进师范时，单说英文的训练吧，每天要默生字，要背诵课文，真烦死了。国文也是如此。算术的四则杂题自己做好了到课堂上黑板。那时虽没有什么苦干硬干的口号，而我们实在是具有干的精神的。可是，结果呢，那番训练对于我没有什么影响，虽然我各样功课也及格，而那各种教科书倒反变成了我的仇敌似的。

那时候学校又没有如现在可以公开阅览的图书馆，教科书既然勉强的灌到脑筋里去，所谓自己爱读的书一本也没有。直到第三年，从扬州转来一位同学，他是小说迷的，从他那里我们得看到当时流行的《玉梨魂》《雪鸿泪史》，这一来，我们看小说的风气大开了。好多人凑了一块八角寄到上海购大批小说来。有几个真能把《玉梨魂》背出来，我也曾看了两遍，不大喜欢，这并不是《玉梨魂》不能引起我的爱好，而是那辞句的古典我什九不能了解。

快近毕业的两年，我于小说几乎手不释卷。流行的，古旧的，以至下流的草版的，看了不知多少，有些名字也忘记了，现在追记起来，觉得再没有比看《红楼梦》更热心了。那时期正值学校严厉的取缔小说，而我们还是看，夜里点起蜡烛或是到路灯下面看，这成绩，就是现在的一双近视眼了。

当同学们谈起《红楼梦》如何如何的好看，我也好容易补了一缺。但是看不到二三回，我就厌烦了，抛弃权利，到我第二次再要看，可就挤不上了。因为那时只有一部，多少人依次轮流传换，一个机会蹉过，再也难得了。耐着心守下去，耐着再读，但是到了第五回，还是中途而废了。直到有一次在舍监室里，翻开中华的索隐本，大概被好奇心所推动，重行去看。这一次就冲过难关了。

对于《红楼梦》的爱好，我想谁都同情的。这里我不去谈《红楼梦》的艺术如何如何，却联想到读书的问题。

也不只是看小说，我想，我们读书，最容易犯的毛病就是不能忍耐。开头感觉不到兴趣，便改变了宗旨，我以为这是很大的损失。我们读书不能拿兴趣做大前提，而是要完成我们的志愿，虽然志愿里面多少也有兴趣的分子。从另一方面看来，完全用勉强的方法将书灌进脑子里去，也同样的失败，虽然从勉强里面也会生出些兴趣来。

《红楼梦》的确使我感到兴趣，可是，看到后半部却使我淌眼泪呢。

现在，总没有机会能把《红楼梦》再看一遍。不过，我不想再看，因为我没有打算也做了一部如同《红楼梦》的愿望。

○ 原载《青年界》，1935 年第 8 卷第 1 期第 41—42 页

我涉猎的范围很杂

1935

——阿英

要我具体的说出在青年时代所爱读的书，是一件很为难的事，因为在那一时期，我涉猎的范围很杂，而自己的趣向也是多方面的。

我学的是土木工程，自然希望后来能有机会做一个工程师。但我的兴趣，又并不能集中于所学的课程上。总是把大部分时间，甚至于受课的时间，都用去读其他的书。

我是在教会学校完成中等教育的，因课本的关系，使我接近了兰姆、迭更司、欧文，把我引上文学的路。到青年时代，正是五四浪潮的开始，我的爱好，却渐渐的由英美作家，移转到俄法和北欧方面。我最欢喜的，是哥郭尔的《疯人日记》《外套》、易卜生的《娜拉》《国民公敌》和托尔斯泰的《艺术论》。

受了《新青年》《觉悟》《学灯》的影响，我又欢喜读社会科学书。新青年社出版的社会主义史以下的书，我都读过，但我那时对社会科学家的爱好，却比较侧重于克鲁泡特金，直到青年期终结止。因克氏的《互助论》，又使我的研究发展到生物学方面。

记得那时所读的生物学书，给我影响最大的，除《互助论》外，有达尔文的《物种原始》，瓦勒斯的《生物之世界》，后来，我又欢喜善种学一类的书。

开始于黎朋的群众心理，我接近了心理学，由此而读他的《革命心理》《意见及信仰》，发展到《儿童心理》《青年心理》《性教育》，有一个时期，对于这

一方面，差不多是很热狂的。但现在再翻黎朋的书，不但兴味索然，反而感到那种理论的可笑了。

胡适的《中国哲学史大纲》把我引上哲学的路。杜威罗素自然是必经的路，后来就是笛卡儿、柏拉图、尼采、叔本华。我最欢喜《近代思想》这一部书，我特别爱好尼采。在中国，由胡适、梁启超、吴虞的影响，我欢喜《墨子》，在这一方面，我花去的时间颇不少。

我在青年期读书的广泛复杂，于此可见。

综结我从少年到青年时代，在教育方面，我学过文学，学过商，学过工，学过农。在自己读书方面，也是一样，什么都要看看，什么都要研究一回，经过差不多十年的复杂的路。

这当然是由于少年心理，有多方面欲求的关系。也是因为没有良好导师，仿佛是一个瞎子，自己在四面八方的乱摸路。这样的方法，是不足为法的，而景深学兄一定要我写，只得实供如上。

还得附加说明，就是在中国文学方面，当时我所欢喜的，是鲁迅、周作人、叶绍钧、谢冰心、郭沫若、郁达夫诸家的作品。于古代文学的接近与了解，严格的说，是在离开学较，走上讲台以后。

○ 原载《青年界》，1935 年第 8 卷第 1 期第 42—43 页

我曾经爱读的书

——周岑鹿

1935

说来奇怪，我在十一岁上就爱读《列国志》，也就是我第一次自动读的书。我家虽然是贫寒，但是书倒有好几架，在每年的大伏天，父亲照例要把那些书搬到院子里来晒几天。在父亲和哥哥们忙着搬书晒书的时候，我却钻来钻去忙着乱翻书角，想翻图画看，翻着了《列国志》上美丽的图画，竟喜爱得不忍释手。那时我已在高小读书，总算已认识不少的字，因为图画的好看，要探究图画里的意思，就细细的读起《列国志》来了。从此就引起了读书的兴趣。书架上除了经、史、子、集等等幼年难懂的书籍以外，在两年以内，把《三国志》《水浒》《聊斋》《今古奇观》等许多旧小说和笔记，统统读完。

旧小说读完，接着是读林译小说，那是在高小毕业的时候，林译小说的种类很多，有侦探和冒险，有言情，有社会和历史，我起先最爱读的是侦探和冒险小说，最后喜读的是社会小说，《块肉余生述》这一部书在我脑中印象算最深。

中学时代，因为功课严紧，小说不大读，受了国文教师的暗示，最爱读梁任公先生的文

章，天天在自修室里，摊开《饮冰室文集》，高声朗诵，大读而特读，读的时候，真的好像胸怀开展，舒畅非凡。

不多几时，在学校图书馆里发现了《新青年》杂志，思想一变，爱读的书却是杂志了。但是以后为了参加学生运动——演讲、演剧和其他开会等等——似乎反而不曾读什么书。

后来离了中学到 T 埠求学，虽然也常常到省立图书馆里去看书，竟想不出那时爱读的是什么书。一直到八年前，却因了《桃色的衣裳》的牵线，读着了《呐喊》和《彷徨》，才又引起读书的兴趣。

○ 原载《青年界》，1935 年第 8 卷第 1 期

灵魂上的财产
1935

—— 徐嘉瑞

《青年界》编辑先生，要我做这篇文章，因为是在旅行中，一本书都没有，只好拉杂的写一点，并且引用的文字，错误恐怕不免，还请原谅。

我在十二岁时候，一般孩童所爱的书，我都喜欢读，如《水浒》《封神》《精忠说岳》《三国演义》之类，我是偷偷的点一盏小煤油灯，躲在被褥里读，把被褥烧了一个角，被父亲痛责了一顿。这一些书是人人爱读的，我也不细说了。

到了十四岁，我进工矿学堂，理科和英文，追得很紧，但是我却喜欢文学。我印象最深的书，共有五部，《板桥词抄》《桃花扇》《牡丹亭》《饮冰室文集》《静安文集》。

《板桥词抄》是在家庭里面，围着炉子，父亲教我读的，所以几乎全都背得出。这一部书，是父亲手抄的，现在还是我心灵上最宝贵的东西。他给我的印象，是一种种族意识。怎么说呢？他中间有两篇，我写下来，现在都还使我感动：

《宏光》

宏光建国，是金莲玉树，后来狂客，草木山川何限痛？只解征歌选色！燕子衔笺，春灯说谜，夜短嫌天窄。海云吩咐，五更拦住红日。更兼马阮当朝，高刘作镇，犬豕包巾帻。卖尽江山犹恨少，只得东南半壁。国事兴亡，人家成败，运数谁逃得？大平隆万，此曹久已生出。

在辛亥以前的人，读了这一首词，会引起一些什么感想呢？

第二篇是《吊史阁部（可法）墓》：

孤冢狐穿罅，对西风招魂剪纸。浇羹列鲊，野老为言当日事。战火连天相射，夜未半层城欲下。十万横磨刀似雪，尽孤臣一死他何怕！气堪作，长虹挂。难禁恨泪如铅泻，人道是衣冠葬所，音容难画。欹仄路旁松与柏，日日行人系马，且一任樵苏尽打。只有残碑留汉字，细摩挲不识谁题者。一半是，荒苔藉。

沉壮悲凉，若果再读《明史》本传，那真会落泪的。

第二部书是《桃花扇》，这一部书，在当时是禁书，说是会引起种族革命的思想，我是从一个同学手里得着，看了又看，最精采的几出，如《左良玉哭主》：

高皇帝，在九京，不管亡家破鼎。那知他圣子神孙，反不如飘蓬断梗。十七年忧国如病，呼不应天灵祖灵，调不来亲兵救兵。白练无情，送君王一命。伤心煞煤山私幸，独殉了社稷苍生，独殉了社稷苍生。长城坦，王气昏，破碎中原费整。养文臣帏幄无谋，蓁武夫疆场不猛。到今日山残水剩，对大江月明浪明，满楼头呼声哭声。这恨怎平？有皇天作证，从今后戮力奔命，报国仇早复神京，报国仇早复神京。

这真是一篇血泪的文字，末尾的哀江南尤为千古绝唱；不过太伤感颓唐，真是"亡国之音哀以思"呵！

《牡丹亭》和《西厢》，是南北曲的代表作品。不过《牡丹亭》更能直接感动人的灵魂，它的力量，不只是文字优美，而是诗的音乐的，直感的，所以我对于《牡丹亭》，反复看过许多的次数，每一次都能使你的神经颤动。它的文字，经传史集，南北俚语，什么都有。虽然难懂，但是就看不懂，念了起来，自成旋律，好像听了一调名曲似的，正如人家批评象征派的诗歌说："没有了解的必要，只要神经感觉到颤动就可以。"无怪当时的女子，读了

《牡丹亭》后，死死的迷恋着他（汤若士），不过这一部戏曲，比《诗经》《楚辞》更难注释。

因为读了《桃花扇》，更喜欢读《饮冰室文集》，使当时的我有很大的变化。这是人人知道的书，用不着再细说。

《静安文集》，出的很早，我最先就得着。他的文字比梁任公更科学更合于逻辑。是一种科学化的理论文字，不使气矜才，不夸博炫富。很冷静的，明显的，有条理的，说明一件事情，使你不感觉枯燥，看了还想再看。尤其是用叔本华的哲学批评《红楼梦》，在当时真是见所未见的了。因此过了六七年后，我还买了一部日译本的《宇宙与人生》来参看，它支配我的时间，太久长了。

以上五种，是我少年时代的灵魂上的财产，它占据我的心的殿堂，成为我祈祷赞歌的对象。

不过时代经过许多次的转变，适合于老青年的书，决不适合于现代的新青年，我希望现代青年，与其去读《桃花扇》和《牡丹亭》，不如读《二城故事》和《琪珈康陶》，或《春曙梦》。前者是法国革命的小说，后两种也是音乐的象征的诗剧。

至于梁任公的文章，现代青年，还值得选些来读，因为有许多还没有失去他的时代性，可以增加许多方面的知识与修养，并且可以提高读书的能力，我现在教女高中，也选用了很多。

只是他的文章，成语和典故太多了，若是中国书看得少，南洋历史知识有限，看时很感困难。我希望北新书局从梁先生的书中，选一些切合青年需要的文章，如《尚武》《论公德与私德》《禁早婚议》等等，加以注释，对青年人一定有很大帮助的。

○ 原载《青年界》，1935 年第 8 卷第 1 期第 6—8 页

名家书单

兼爱主义
1935

—— 章渊若

年来困于文字，神经衰弱，久拟暂时搁笔，稍稍休养，乃各方新旧文债，相迫而来，性负责，欲罢未能。迩又承本刊编者，以《我在青年时代所爱读的书》一题征及愚稿，两承函催，情不自禁，只得略述一二，以供今日青年的参考。

提到我在青年时代所爱读的书，一方面觉得浩如渊海，不知从何说起。一方面又觉得毫无系统，实在愧以告人。

我是一个富于情感的人，特别在青年时代，环境的刺激，使我求知的欲望，似狂般的奔流起来。同时，因为没有良师益友的指导，又因为时代思想的庞杂，更使我那时幼稚的心灵，不知何所适从。所以，讲到我在青年时代的读书生活，实在只是在暗中摸索，不知浪费了多少心力，枉费了多少时间，我那时所读的书，不仅是五花八门，而且，如果要从性质上加以汇类，也可说是矛盾百出。

在初期求知欲奔放的时候，我是最爱读英文。非但教科书喜欢所谓原本，就是看参考书、报纸、杂志，也是英文，甚至讲话，也喜欢用英文。但是这一次的英文迷，到了十九岁以后，便发生了一个有力的反应，便是从英文迷一变而为国故迷。在十九岁以后，有一个阶段，我对于国故发生了浓厚的兴趣，举凡经史百家，以及许多专家关于整理及研究国故的专著或论文，我都很关心。

对于文学，我也曾一度发生兴趣，不论是西洋文学、中国文学，不论是新文学或旧文学，不论是诗词歌赋、散文、杂记、小说，我都爱看，并且曾一度学写，但是没有什么成就。

关于科学方面，我最初想学工科，后来转为商科，最后又专攻法科。所以我在青年时期所看的书，实在非常复杂。举凡哲学、宗教、佛学、历史、地理、论理、伦理、社会、经济、政治、财政、货币、商业，甚至一部分自然科学的原理，都喜欢多方面的浏览。其中尤感兴趣者，且均加以红笔标点，或分别做札记。至今我偶然翻阅从前所做的各种各样的札记（约有数十册之多）实在觉得有些枉费心力！

在二十岁左右，我的思想，非常左倾。所以关于思想较新的讨论社会问题，以及革命问题的书，尤为爱读，但是到了廿二岁以后，特别到了欧洲去以后，便有所转变。

这篇文字的目的，并不是在开书目，也不是具体描写我的读书生活。至于我在上开的各类学问中，到底最爱读何书，我便无从切实作答，因为，我青年时代的读书态度，是取"兼爱主义"的！凡所爱的书，我恨不得一一购而读之，所以时时感觉着学如不及，疲于应付之苦。但是，凡我所不爱读的书，即使明天要大考，我还是采取冷淡态度，所以我在青年时代，最厌恨讲堂生活。可是我从不无故缺课，从未对先生有所不敬，凡遇我所不喜欢而又不必修的课，只是坐在讲堂的最后一排低头看我所爱看的书而已！

但是我以前那种不加选择的"兼爱主义"的读书态度，实在使我吃了大亏，虽然有人恭维我"博学多才"。其实学问之道，非专精是不能大成的。所以我从廿四岁起，便渐知专攻，并且注意研究书目，以纠正从前滥读的缺点。

青年，是一生的黄金时期，青年时代的浪费，是一生无可补偿的损失。因此，我在百忙中，要把我青年时代滥读书的缺点诚诚恳恳的写出来，以供青年的参考！

○ 原载《青年界》，1935 年第 8 卷第 1 期第 43—45 页

《红楼梦》送我出青年时代

1935

—— 姜亮夫

　　要问我在青年时代所爱读的书，这真是难事。因为我自小就是一个贪多的人，到现在还未能改过。大概除了关于博物一类的东西外，什么书我都爱读。然而细细的推想起来，有一部分是为了想与人争胜而引起的，如数理化一类的书。真真是自发的爱读的书，还是只有几十百篇古文，与一些小说。爱读的几十百篇古文，自己工工楷楷的抄成本子，题了一个"古文快读"的书签。其中也不过是《赤壁赋》《祭十二郎文》《进学解》一类的唐宋文，较特别的只有《左传》《国语》《国策》上的几篇而已。

　　至于爱读的小说，可就多了。最初同我见面的，是《三国演义》，接着是一些英雄派的小说、历史派小说，差不多都看过，然而还不曾真的"入魔"。后来不知怎的，偶然间在书架上发现一部《红楼梦》，偶然的翻了几页，不料竟成了整个中学生时代的好伴侣。差不多一个中学时代，不曾离过它。我曾为贾府绘了顶顶详细的世系图，为大观园里的公子小姐们画过像，又费了若干力去想象一个大观园的图样。这时我最赏识的是宝钗、探春、史湘云三人，其次才是黛玉、宝玉，为钗、探、湘、黛四人画了四张特别大的像，题了些歪诗，作了些详论。四人的文章，《葬花词》不必说是读得滥熟，就是零零散散的诗词，也记得不少，也陪过黛玉落泪，也陪过宝玉相思，无所不为，只要想得到。

后来是凡关于《红楼梦》的书，都搜了来看。第一步是看续红楼梦的书，如《红楼复梦》《红楼再梦》《红楼圆梦》《续红楼梦》《后红楼梦》等等，天天睡在《红楼梦》中。后来不知到什么时候，又在家里书架上翻到一本王静安先生的《静安文集》——这是我后来学问兴趣转变的一个大关键——读到《红楼梦评论》，才觉得自己所作过的评论文字太幼稚，同时也觉得这里边还有如许大的哲理。等到看了《红楼梦索隐》一类的书，更知道这里边还有如许多的曲折事实，这时似乎是明白些世事了！已不再从兴趣方面的爱好去探索了！我突然觉得知道了一些人生，突然觉得已离去了黄金时代的青年期！

〇 原载《青年界》，1935 年第 8 卷第 1 期第 58—59 页

名家书单

一连几个通宵读《水浒》

1935

—— 傅东华

　　叫我指出哪一部书或哪几部书，我可指不出。我只记的十三岁时我父亲去世，留下了两个大箱子两个小箱子的书，我作为最宝贵的遗产将它们检查一下，现在想起来实在可怜得很。重要的是一部石印的宋本《十三经注疏》，一部局版的《古文渊鉴》。《廿四史》没有是不待说，就连《古文辞类纂》也找不出。两只小书箱都给《赋海大观》《试帖三万选》及《时务通考》占去了，大书箱里除上述那几部稍大的书外，其余都是什么"山房"的《制艺》之类。你就想吧，这份遗产叫我一个十三岁的孩童怎么能够消受！

　　我最初自己读书是在七岁的时候，那时我哥哥还在。

　　不知怎么的，一部《东周列国演义》落到我手里了。我仿佛读得很有味的样子。哥哥看见了，像是发见了奇迹，连忙指给父母说，"你看，他看书了！"有一次看到幽王宠褒姒的故事，说是"鱼得水"一般，我问父亲这三个字怎么解，父亲横了我一眼，说"小孩子不懂的。"

　　后来我自己爱读的书，都是我自己偶然借到或买到的，都不在我父亲遗产之内。我只记得读《水浒》曾经一连读过几个通宵（当然白天是睡觉的）。有一个晚上煤油灯里的煤油干了一半，灯带短了碰不着，而油壶里已无余油，半夜时分又无处可买，我就将水冲在里边，使浮在水面的煤油继续照我的《水浒》到天亮。

〇 原载《青年界》，1935 年第 8 卷第 1 期第 52 页

爱读才子书
1935

——倪锡英

我十三岁下半年便进了前期师范二年级，第一部爱读的书便是《水浒传》。

《水浒传》在我这幼稚的青年期中，曾给我许多英雄的幻想。先后我把这部书看了三遍，可是每次都是不同的版本。第一次是看的石印的节本《水浒传》，情节较原本简单些，而且把人事描写过火的地方全都删去了。第二次是看的泰东版的新式标点本，我在小学时代便受过了新式标点的训练，因此阅读起来，格外有味道。第三次受了一位国文教师的指导，便开始看金圣叹评注本的《水浒传》，这一次，我更深刻的认识了水浒传中各个人的个性，和当时的社会背景。

那时，我们的生活，差不多是被小说迷了的，把上课看作是替教师做的事，看小说却比作自己一天间的要事。常常，遇到一位教授法不高明而和善的教师，大家照例把小说书摊在膝头上秘密地阅读。但是，这个权利，在我是享不到的，因为我在全班中最年幼，坐在教室的最前线，教师目光所及，我们首当其冲，所以坐在后方的同学尽管看小说和打瞌睡，我们最前线的几位小同学，就是在暑天热得发昏时，也得强睁着眼皮硬挺，打不得瞌睡，偷看不得小说。

因此，我那时看小说的时间，大半在课余，或是入睡以后的"开火车"的时候。看过了《水浒传》，接着便看《西厢记》《镜花缘》这些书，可是因为学校生活的束缚，心上虽是爱读，白天没有空，总是晚上偷偷摸摸的看的。

我开始阅读《红楼梦》，是在一个暑假期内，那时记得是看的一部绣像大字用连史纸精印的版本，全部有二十册，我在半个暑期中便精细的看完了。这部书的描写是以细腻见称，却与《水浒传》成个反比，在《水浒传》中我领略到的是"英雄气短"，在《红楼梦》中却感受着"儿女情深"的情怀。这"英雄"与"美人"的两部才子书，便成为我青年初期最爱好的食粮。

○ 原载《青年界》，1935 年第 8 卷第 1 期第 51—52 页

二十五岁以前所爱读的书

—— 钱歌川

《青年界》杂志社征文，题目是《我在青年时代所爱读的书》。我看了这个题目就使我迟疑起来，不敢应征。第一点"青年时代"四个字，对于我就有点不明不白。别人也许觉得我很老大了，有些朋友写信把我，居然自称为"晚"，为"后学"（这些字眼我看了就难过），而我自己实在觉得我还是青年的一分子。因为论年龄，论学识，论心境，甚至无论论什么，我都与一般青年人无多差异。他们可以做的事情，我都可以做。如果照匹特金博士的说法，人生是从四十开始的，那末，我还没有达到人生的初期。如果照英文 adolescence 一字的解释，是男子从十四岁到二十五岁，女子从十二岁到二十一岁这个时期之称，那我当然不能算是青年了。我离开学校的那年，正是二十五岁，照上面这个英国字的解释，所谓青年时代，正是我的学生时代。现在姑且这样划定罢，不然永远不得入题呢。

那末，我在学生时代所爱读的书是些什么呢？那当然不是教室里读的课本，也当然不是现在时髦读的经书，而是一些文学作品。小学时代很爱读的书是《三国演义》《封神榜》一类东西，中学时代便是《鲁滨孙漂流记》一类的冒险谈，和描写性爱一类的色情文学。《红楼梦》是在进了专门学校以后才开始读的，以前一页都没有翻过，这是我自己都觉得奇怪的。以后因为是在外国念书，所以接触的都是外国文学。当时学校里学的是英国文学，而自己却高兴读点海涅的诗、波特莱尔的散文诗和爱伦坡的短篇小说。我顶爱 Poe's tales，我第一次执笔翻译出来的东西，便是亚伦坡的小说集。那本东西至今没有刊行，我只从中共选出了三篇施以详注用原文对照印了出来，这便是中华书局出版的《黑猫》。

我在青年时代，决不是一个好学的人，所以没有什么特别爱读的书。现在真有点后悔，说到这里，我只好承认我是老大了，虽然我年纪并不大。大好的青年时代，白白地断送，真未免可惜。现在想多读点书，都因为时间的限制（白日的时间大半为生活卖掉了），不能如愿。我只希望后来者，不要浪费了他们宝贵的青春啊。

○ 原载《青年界》，1935 年第 8 卷第 1 期第 52—53 页

名家书单

二十四年我的爱读书

1936

——毕树棠　商鸿逵　黄嘉音

《中国新文学大系》，书里选集的文章，大半从前已经读过。这会子所爱的是每位选者在卷首所作的长序，是近几年不易得的新文学述论之作。

Maunel de Chinois Parle，这是 Leonweer S. J. 博士编的《中国官话集》，附以法文翻译，一九一二年出版，是一部旧书了。所谓官话，就是北京土话，采集得丰富而精美极了。

The Little Critic，这是林语堂先生作的《英文小品》甲集，是些美妙的闲话，有 Humor 与 Wit，风格极可爱。

——毕树堂

《子夜》，茅盾著。

——顾颉刚

《鲒埼亭集》，这书稿子，在著者殁后，被杭董浦藏匿了多年才拿出来刻，以故颇有闲言。今书作三十八卷，还有外集五十卷，诗集十卷，经史问答十卷。

著者全谢山，为有清浙东史学一大师，上继梨洲、季野，下开实斋，史学地位极高。集中文字亦多属历史掌故方面，我最爱读它的碑铭、行状、传类。其中对清初学者如黄梨洲、顾亭林、陆桴亭、李二曲、刘继庄、万季野诸人都有所记述，都记得好，曲折描绘，能尽其人。至对于那品格有可议者，也不客气，集中有篇《毛西河别传》，把毛氏平生丑像全盘托出。

《樊山批判》，这也是我今年常翻翻的一部书。每当就寝，总看上它几段，然后才睡。樊山人本风流，笔下亦饶有风趣，所指论亦入情入理。叫人读来是不致生腻。尤可称处，在能脱去一般公事文字的刻板气。

——商鸿逵

《世界文库》，郑振铎编，生活书店出版。此书的编辑方法如同杂志，巨大的著作，可以按月分读，读时不感厌倦。我甚喜爱。

《现代随笔全集》，日本金星堂出版。散文的领域必须扩充，我希望医生、植物学者、天文学者、工程师、宗教家……都能提笔写散文（Essays）。这部书共二十卷，现在只出到第九卷。每卷收集诸家的散文，每一卷的作者都是职业相同或是所研究的学问近似的。所以包罗丰富，实是散文的总汇。

《特写文怎样写作》（*How to Write Special Feature Articles. By W. G. Bleyer. Houghton Mifflin Co.*）这本书的第二篇（Prt Ⅱ）甚有意义。作者收集许多报章文字，如果译为中文，实是今日的新文体。

——谢六逸

《尺牍新钞》，周亮工编，上海什志公司版本。普通的尺牍大都是些书信的陈套烂调，外表文绉绉地，冠冕堂皇，内容空洞无物，虚伪矫饰，说来说去，没有一句真心话，殊失书信本旨。此本辑录明末清初诸大家的书翰，文句清新，笔致闲逸，全无一点俗气。编者专要好东西，有时仅录出信中最精采的几句，选辑之精严，可见一斑。读此书如与知友谈天说地，了无拘束，亲切有味。

《离婚》，老舍著，良友公司版本。这部长篇小说以北平为背景，叙述一群当科员的小官僚的生活、环境和思想。书中有专做媒人的实际主义者，有随遇而安的老实人，有招摇撞骗的坏蛋，有趋炎附势的投机分子，有打抱不平的侠客，更有各式各样的科员太太。性格的描写极为细腻生动，讽刺深刻，幽默又甚自然。书名《离婚》，却没有人离婚，虽则有几对夫妻常常提起这两个字。

Confessions of a Young Man（《一个青年的自白》），英国 George Moore 著。美国《现代丛书》Modern Library 版本。此书出版于一八八八年，不但是乔治·摩亚的代表作，而且也是英国文学反抗十九世纪维多利亚传统最重要的一部划时代文献。作者受法国戈替耶（Gautier）、蒲特雷（Badelir）诸文艺家的影响，毅然打破一切的观念，使英国文学面着现实，重新发见人性。书中谈艺术、文学、恋爱、人生，见解卓越，不落凡套。格调潇洒，文笔优美，犹其余事。

——黄嘉德

My Discovery of England. Stephen Leacock 著，纽约 Dodd Mead 书局出版（一九二二年六月初版，一九二四年十月八版），系一部极有趣味的英游印象记。作者以其固有之亲切幽默的态度，深刻犀利的眼光，对英国社会、人民、政治、经济、学术作最精微的解剖。坦然直叙，毫无掩饰。其中《我所见的牛津》及《英国人可懂幽默？》两篇，别有见地，我尤爱读。

The Woman of Andros. Thornton Wilder 著，纽约 Albert and Charles Boni 书局出版（一九三○年二月初版，同年三月四版）。作者以流利简练优美的文笔，叙述古代希腊一个可歌可悲的三角恋爱故事。著者的作风及笔调特有一种说不出的高贵魅力，富有古典诗及哲学的意味。此书读来动人情感，令人掉泪叹息而不失生之勇气，有好恋爱故事的美丽而无时下恋爱悲剧所给人的幻灭。

Cover the Water front. Max Miller 著，纽约 E. P. Dutton 书局出版（一九三二年三月初版，一九三三年四月九版）。作者以清畅自然新鲜而幽默的个人笔调，把日常所遇琐碎的经验，描成篇篇可诵趣味浓厚的特写文章。作者是美国一位青年新闻记者，在此特写文集中处处流露其丰富的理想，超特的观点，热烈的情感与天才。

——黄嘉音

Social Change. Ogburn 著。书中每段每章，均可名之为社会科学小品。

Les Miserables. Victor Hugo 著。此书虽为小说，却可当哲学书读，可当心理学书读，可当历史读，可当社会学书读，即当圣经读亦无不可。

Malthus and His Work. James Bonar 著。茫茫大地上的芸芸众生本来是颇奇妙的，读了此书后，觉得此奇愈奇。著者评述 Malthus，颇类郭象注《庄子》。

——净□

《知堂文集》，我读知堂先生文，始领会文章原来没有文言与白话的分别，知堂先生的笔下，"之、乎、者、也"和"的、了、吗、呢"并不曾分家。

《大荒集》中论教育诸篇，虽是作者的理想，但受过现代大中学痛苦的人，读了总可有些安慰。

《游山日记》，舒白香的《游山日记》，写来很随便，而讥讽却是深刻，和翁同龢、李莼客不同，是另一种日记文学的代表者。

——周劭

（一）永井荷风《冬天的蝇》。

（二）谷崎润一郎《摄阳随笔》。

（三）罗素《闲散礼赞》(*In Praise of Idleness*)。

以上三种均系散文集，一九三五年出版。

——周作人

《随笔二十篇》，丰子恺，天马书店。

《冰心游记》，冰心，北新书局。

《冬儿姑娘》，冰心，北新书局。

《家》，巴金，开明书店。

《沙丁》，巴金，开明书店。

《光明》，巴金，新中国书局。

《将军》，巴金，生活书店。

——赵景深

（一）A. Canel 的 *Recherches Sur Les Fous*（一八七三年刊于巴黎）。欧洲封建时代的 Fou 相当于中国古代的倡优，此书叙述其起源及历代掌故颇详，可补普通西洋中古史及西洋戏剧史的缺陷。

（二）R. Millant 的 *Les Eunuques*（一九〇八年刊于巴黎）。此书述西洋宦官史很详尽。近来很有人把太监认为中国独有的坏制度，其实这却是古今中外所共有的，不能单怪中国。

（三）Y. Guyot 的 *La Prostitution*（一九二〇年刊于巴黎）。关于西洋妓女制度史的书很多，但都不如此书叙述之正确而有风趣。不过作者是法国人，故对于别国的情形稍嫌简略些。

——侃如

（一）R. Grousset 的 *L'inde*（一九三〇），作者是著名的研究亚洲文化的学者。这部书是他的《东方文化史》的第二册，专讲印度的神话、诗歌、建筑、雕刻、绘画等。插图既多且精。

（二）F. Strowski 的 *Tableau de La Litterature Francaise Au xix' etau xx' Siecle*（一九二四），作者在巴黎大学讲现代文学。这部书讲法国近百年来的文学颇称周详，论断也很公允。所以在同类的书中，它最流行。

（三）E. Pottet 的 *La Conciergerie*（一九二〇），作者虽不甚知名，但这部书却极有趣味。自从 Conciergerie 变成监狱后，其中住过不知道多少历史上有名的人物。他们的轶闻都聚汇在这部书中。

——沅君

（一）《懈怠的兵士们》，原名 *Idle Warriors*，著者 Betram Ratcliffe，出版者 Faber，价目七先令六便士。

本书著者在一九一四年大战时被俘，而且受伤很重，直到战争终了之前才脱逃出来。内容方面，可以说都是著者本人的回忆。在本书书面纸上也称它是一册战争与俘虏的小说。假使把这本书与另外一本专讲一个参与大战的匈牙利青年在法国军队内的生活的《黑寺》（*Black Monastery*）来比较，情节是大致相同的，而且关于社会的以及精神的启发都异常的类似。然而《黑寺》是一幅描写肉体灵魂以及精神的逐渐崩解的悲惨的图画，而本书完全明白表演一种坚强而平均的人格，发扬一种极度不同的力量。

战争的痛苦随时可以感觉到。在暴戾、愚蠢，渐渐的心灰意懒，性欲需要时的压制，这种种军队里的困难问题，都被那勇敢从军的意志完全克服了，这是何等实际而又忠实的供状。书末叙述最后的脱逃，真是异常生动的结尾。

（二）《朋友之间》，原名 *Cat Across the Path*，著者 Ruth Feiner，出版者 Harrap，价目七先令六便士。

这是一本译文，德文原书我未看过，据说不失原意，堪称信达之作。本书描写两个柏林青年，一个是有财有势，一个是适得其反，但彼此都因爱好音乐而结成莫逆。他们有同样的天才，但是个性方面，一个是快乐的，大度的，交游广阔的而幸运的；另一个是诚恳的，贫苦的，胆小的，朴实的而运厄的，是一个受命运支配的可怜者。这一对朋友因环境之不同而分离了，但是后来又因同样的爱好而又相遇了，可是这次的爱好并不是音乐，却因为彼此同时都爱上了同一个女人，所以好友竟变了情敌。著者 Feiner 女士将这册值得阅读的故事归纳到一个戏剧化的结尾。

本书对于那个迷信命运支配着人生而对于幸福感到消极而失败的青年，痛下针贬，而且充满了高度的讥讽。作者暗示我们，那个青年抱着内在的悲观主义而咒咀着命运的恶毒的观念，便是造成他蒙受凄惨的不幸之事的原因。

（三）《中华民国民法论》，原名 *Commentaries on the Chinese Civil Code*，著者朱宝贤。出版者上海法学编译社，价目法币六元。

本书是著者计划写作的第一集，仅及中国民法的总则部分。我在《人言周刊》第二卷第二十三期曾写书评一篇，介绍本书，可以参阅。

法律是一种专门的智识，尤其这是枯燥无味的东西，所以决不是普遍的大众读物。但是著者在本书里将逐条民法条文，加以详尽的批注，参以中外的学说，可以使不研究法律的也得明了。我国法律向在孩提时代，但在立法院成立以后，成文法励行修订，已臻聊可完备之地步。本书用简练的英文写成，亦可介绍给外人阅读而了然于我国现下之法律状况。

法律著作是著作界最冷静的，比较上每年在出版界占着最小的数额。本书在沉闷的法律出版界，特故一道美丽的异彩，未始不是一个良好的消息。

——顾苍生

（一）《新旧五代史》。

五代是我国最紊乱黑暗的时代，亦系外力侵入最烈的时代，而且民生之困苦民德之堕落亦到了极端。这其间很有许多因果的关系可以供研究与参考的。我近年拟辑一部《五代文汇》，已有了十余卷。当然系先从《新旧五代史》入手去找材料，故此这部书，看得较多而且感觉兴味。

（二）《郁冈斋笔尘》，（明）金坛王肯堂著。

二十四年我所爱读的书，明朝人的著述虽很有长处，但往往犯了空疏浮诞的通病，把理解和事实通通弄错。王肯堂这一部书，不但见地高超，而且名物、象数、医工等等都由实地研究而发生很新颖坚确的论断，且其态度极为忠实。王肯堂生当明末，好与利玛窦等交游，故他的治学方法，大有科学家的意味。这是同徐光启、李之藻、金声等都是应该推为先觉的，所以我亦很欢喜看这部书。

（三）《癸巳存稿》《癸巳类稿》。

俞理初在道光朝，其学识实出程春海、何愿船、魏默深各人之上，与龚定庵可以伯仲。不过定庵不免浮夸做作，理初却无此病。可惜他的著作多半散失，但这两部稿已很足以代表了。四十年前文道希先生廷式教我看此书，所以我至今仍旧常看。

（四）《箧中词》。

谭仲修献所选清人的词，极具手眼。惜续补一部分稍为杂乱。我因清人的词，仲修遗漏尚多，近年辑为《广箧中词》，已有七八卷，时常须与原选本参证，所以看的最多。

——叶恭绰

《海上花列传》（六十四回），云间花也怜侬著。

这是一部用上海方言写的最成功的章回小说。书的内容、全局似无预定的布置，结构也很散漫，作者大概是以当时社会上新发生的故事为题材，书中没有一定的主人翁。但情节则叙写得很逼真动人，非出于灵腕不能有此佳作。若看了这书，再去看其它什么姻缘，什么花，什么传，简直都是一些从人脚跟，千篇一律的臭玩意儿。

《大荒集》（上下两册），林语堂著。我对于这本集子，只说一句：只怪作者不该用那飘逸而又狂放的笔调，写出这许多人家不屑写而又不敢写的活跃的文章，令人读去简直不敢放松一刻，又生怕一读就了。

《易经》（刻本），朱熹本义，吕祖谦音训。

有人反对中小学生读经，我心目中也认为凡是连普通白话论文都看不懂的人，总不该就教他去读深奥难懂的经。我也不配读经，但我只是爱读，爱读就发生了兴趣，我尤其爱读《易经》，因为《易经》确含有一种人生的大道理，这种大道理也不似一般人说的那样神秘，也不似朱熹说的那样枯涩，我觉得只是一种教人本乎"中性"一以贯之的做人的大道理。

——王鹏皋

（一）《屈原》，郭沫若著，开明书店出版。屈原的作品是我向来爱读的，今读郭君此作，益我新知不少。

（二）《死魂灵》，果戈理著，鲁迅译，文化生活社出版。它的尖刻的讽刺和沉痛的情绪，使我永远不会忘记。

——徐稠孚

（一）《穴来风》（*Erewhon*. by Sanwel Butler）。因为在《格利佛游记》以后没有一部小说有这本书这样讽刺和幽默。

（二）《邓肯自传》（*My Life*. by Isadora Dnucan）。因为我还没有看见哪个能文的女子敢这样赤裸裸地把她的生活（外的和内的）写出来。

（三）《詹詹集》，味橄著。因为这本书还未出版我就读了四遍。

——钱穆

（一）*The Philosophy of Grammar*

（二）《马氏文通》

读的书就不多，读而爱之的书更不多，只好举这两本旧读。虽是旧读，却是新爱。因为从前虽号称读过，实在并没读懂。爱它们的原因也很简单。因为有两类书我觉得最可爱：一类是书中有画的，从前叫绣像的，现在叫插图本；一类是书中有理的。这两本书都属于第二类。前一本内容就是说理的，而且说得很明；后一本虽不说出理来，若熟读而深思之，亦可得其理。两本书中的理并不相同。但只要成理，公的理和婆的理都可喜。总而言之，这两本书都耐思，第一本更耐思不难读。

——何客

一九三五年的初春，我曾在蜀沪道上来回地跑了几千里路，在寂寞的江行生活中，我读完了邓肯的《自传》与 Keynes 氏二大卷《货币论丛》（*Treatise on Money*），记录了本年读书生活的开始。这是一个可纪念的开始，往后虽然是每天都几乎是在念书，而将一本书这样从头至尾安闲地读完的事却是少有的。现在回顾一年来所过目过的书籍似乎也不能算少，但因为是某种同种类书籍某章某节部分的阅读，要唤起对于一本书全部的印象来已很困难了。即使偶尔于不知不觉间已读完了一本书，然而所有的仍只是对于这本书某部分的鲜明的印象。这种读法在自己算是牵就了一种理想，不能说是喜爱，有时甚至是陷于苦读。

除外，也许我可以说在本年中我曾有过一本嗜读的书，那就是兰姆（C. Lamb）的 *Essays of Elia*。说起这本书也有一点小小的因缘，去年我为《泪与笑》作书评，发现秋心君也是一个兰姆的爱好者，因而引动我的兴趣，无意间从一家旧书店里买了这本书来，遂成为我终日不舍的伴侣。我爱兰姆，最初大约是在哪本文选上读了他的 *First going to Church* 一文，为他凄清委婉的笔致所感动的缘故。自从得到了这部书以后，就像遇着了一个亲切的故人，常常与我娓娓地长谈了。我买的是麦美伦的袖珍本，坚牢朴质的装订，在舟车上我可以读它；在拿了球拍到球场而不能得着位置时，也可以从衣袋里取出来读它；而在午夜梦回，灯燃不眠的时候，更只有它才能慰我的寂寞了。

——甘永柏

（一）《顾亭林诗集》。

（二）《吴梅村诗集》，版本兹不论列。最价廉而易得者，为上海扫叶山房之石印本。

（三）*On the Nature and Destiny of Man*，许思园著，一九三三年出版，南京钟山书局代售，定价一圆二角。（译名《人性与人之使命》）

名家书单 175

（四）《耶稣传》，赵紫宸著，上海青年协会书局发行，民国二十四年五月初版，定价一圆。

附言：本年中，我出版《吴宓诗集》（中华书局印行），我之性情行事一切均具其中，即我所以爱读右列四书之故，亦可以该诗集为之说明。一月二十四日，黄晦闻师（节）殁于北平。黄师方讲授顾亭林之诗。宓承其志，故研读顾诗颇勤。窃以今日中国之时势比拟明末，则我辈文人所以自处之途径，上应学顾亭林，为正面之奋斗，下则效吴梅村，为旁观之悲叹。此谓志同意同，非必步趋形迹。大率亭林为阳性文人，其诗乃以明道（道即真理、智慧、道德、正谊、精神），而道本于情；梅村是阴性文人，其诗全系写情（情即仁爱、同情、伤感、觉悟、信仰），而情即见道。我幼读梅村诗甚熟，今与顾诗合读细参，更见其妙。其详俟另论。

暑假中，我始得读许思园君书，欣佩至极。约举所长：英文文笔极美，精炼而深厚，千百留学生及博士所不能为；其哲学本于自己之所思所感，非抄旧书，不辩虚理，乃由综合我之真切经验而蒸取其中之精纯智能；融汇古今东西之道德哲学，而观其全，知其通，既不牵强，又能深到。我读此书后久久，方知许君为一大学甫毕业（或未毕业）之少年。中国有如此之人物，名不列于教授作者之林，乃中国之光荣。我所未识面未闻名的人中有此人，亦我生所遇之一幸事。

入秋至冬，乃细读赵紫宸君之《耶稣传》。赵君固系真正之基督教徒，亦中国之诗人，能以西洋最高之情与理，运用入中国旧诗旧词（以及新诗）之形式中。此书所长：作者考据功深，熟悉历史事实，而能以同情及想象，领悟耶稣之全部性情行事，了解深至；读此《耶稣传》，如读一部用优美的白话写成之小说，人生趣味浓深，而文笔又极生动；作者以耶稣写成一位情智兼到而为理想奋斗至死犹乐的人物，即非基督教徒，即不信古典教训者，读之亦必欣感。读此书时，每觉耶稣时之犹太与今日之中国各方面极相类似，因之，耶稣之主张及行事，乃今日中国真爱国者所当采取效法。综上所言，右所列举之四书，对宓实为一部书，读之获益至多也。

——吴宓

（一）《大鼓词选》，中华平民教育促进会出版。

其中包含三十五篇通行于河北保定一带的大鼓词，为研究农民文学的重要读本，我很爱读它，很爱唱，也很爱对人讲述它。

（二）《历代小说笔记选》，商务馆出版。

今年余终日置此书于床头。阅读时间，多于躺在床上未入睡乡之前。如文字有兴趣，或个人有精神，则多阅几页，否则随手抛置，息灯入睡，亦无对书不起之感。

（三）《平民读物一千种》，中华平民教育促进会出版。

此书编辑，原为平民。现已印出六百余册。余为研究平民读的编辑技术，不时加以研读。

——老向

（一）《科学研究与社会需要》，赫胥黎著（*Scientific Research and Social Needs*. by Julian Huxley. London. Watts & Co. 1934）。

作者是著《天演论》的赫胥黎的孙子，曾为伦敦大学动物学教授，是科学家而能文的人。本书用问答式叙英国各种科学研究机关的工作与衣、食、住、行、卫生和工业的关系。作者的结论是科学研究的结果可以给人类以无穷的幸福，但是政治家不能完全私用它，而且因为预备战争，使科学不能国际化。他主张政治学为社会科学都要科学化，然后人类前途才始有光明的希望。

他所叙述的研究机关大部分是欧战以后成立的。我们很可以从这里看出近十几年来英国人科学研究的进步。据作者的估计，英国所用于科学研究的钱，不过美国人所用的四分之一。但是这已经比中国所用的要多五十几倍！

（二）《赞闲》，罗素著（*In Praise of Idleness*. by B. Russell. London George Allen & Unwin. 1935）。

这是罗素最近的文存。一共十五篇散文，《赞闲》是第一篇。全书所讨论的问题包括法希斯蒂主义、共产主义、社会主义、西洋文化的前途、教育的目的和方法，及经济政策。

罗素的拿手戏是能够把很复杂的问题说得简单明了。本书篇篇都表现他的长处。不但如此，罗索是最会说俏皮话的人，有时不免过火。本书却十分庄重，十分温和——虽然有许多地方免不了露出他冷嘲的马脚。他是相信社会主义的人，当然反对法希斯蒂，但是他相信社会主义在英美法三国可以用和平的手段实现，所以他不赞成苏俄式的共产立义。他相信用劝导的方法 persuasion 可以使多数人相信社会主义。这或者是本书的态度所以如此庄重温和的原因。

——丁文江

（1）Lowes Dickinson. *International Anarchy 1904—1914.*

（2）Gruttwell. *A history o fthe Great War.*

（3）Gathorne-Hardy. *A Short History of International affairs 1920—1934.*

所以爱读这三本书的缘故，因为在现今世界大战威胁之关头，我觉这三本书恰好给予人类以关于平和与战争问题有益的常识。第一本书告诉我们上次世界大战之原因，第二本书使我们知道现代大战争之真实情形，第三本书使我们知道战后十余年来"非战"与"好战"两派运动之争斗。我以为凡属关心世界和平及人道之士都应当读读这三本书，并希望都能译成汉文出版。第一本书现在商务印书馆已有译本（题为《欧战前十年国际真相之分析》），其他二本最好也及早译出，供国内一般人士之阅读。

——周敏生

The Sino-Japanese Controversy and the Leagece of Nations

此书如其名所示，乃述叙国联如何处理中日问题，凡关心中日问题的人不可不读。又其第二编乃讨论中日问题所引起的国际公法之种种问题，其理论步骤之精密可作学逻辑的人的模范，本人爱读此书正是因这一点。

《易经》

我数次想读《易经》，终是没有读完，因为总觉得著者太滑头了。某一卦的某一爻明明是好的却可说它会变坏，这大约与街路旁边的测字先生一样罢！无怪秦始皇不焚它。月前偶读其系辞，乃讶其种种训言深入民间之深，于是乎立志非读完它不可。

——林幽

自从被在位的诸公，强派作闲人以来，读书写字，就成了我唯一的消闲办法。所以今年一年之内读过的书实在不少，最近读到了一部 J. C. Heer（海尔）的自传体的小说 *Tobias Heider* 却使我受到了极大的感动。雅各勃·克利斯笃夫·海尔这一个名字，大约在中国总是很生罢？我想他在德国，当然也不是一位很有名的第一流文人。他于一八五九年生在瑞士的 Toess bei Winterthur 地方，父亲是一位机械工程师，少时曾在巴黎留过一年学，后来就回瑞士做小学教师多年，终于做了新闻记者，吃起文笔饭来了，现在不晓得他还健在否？他的那本以主人公的名字作书名的小说，所叙的就是这一点内容。文笔平淡无奇，故事也并不十分有趣，但说他在小学教书时的一段贫苦生活，以及结婚前后的另一段恋爱生活，却真写得真切，使人不得不为他感动。这小说，是一九二二年在德国的哥答书店出版的，到如今已经有十二三年了，我的到今年才翻开来读它的原因，就因为自己也在写自传，想多读些这一类的书，做做参考的缘故。

书共四篇，是《巴黎的少时》《亚格留脱的候补牧师》《伦兹的小学教师》《都市里的卖文为活》等项目，历叙他的奋斗、恋爱，以至于第一册小说——大约是指 *An heiligen Wassern* 而言——的成功，用的是手记的体裁。书里写到在报馆里遇见大艺术家像 Gottfried Keller、Arnold Boecklin、Rudolf Koller 等的印象时，原使我发生了极大的兴趣，可是末后第三百七十八页上写到了他的谦虚的自觉一段，真使我流下了感动的热泪。他说：

我不作这些空想，以为我的许多作品是有永久的价值，或许多创作是可以与人类的历史并传的。自己的著作的必无永久生命，同我自己的生命必无永在的事实，一样地明白无疑。我只希望它们能在我的生前不消失它们的价值就尽够了。假如有些著作，在写它们的一双手还未完全失去力量之先已消失了它们的价值，那真是运命之中最惨酷的一种苦事了。……

这一个卑微的愿望，在以文字作生涯的人的心里，哪一个没有？我的所以要把这一位不甚有名的作家的这一部小说，特别举出来的原因，就在这里！

——郁达夫

年来不大爱读书，因为我自从西亚沙漠中旅行之后，觉得宇宙间最可读的书，就是自然。今年到丹麦之后，曾复读安徒生的童话集，更觉得"人法地，地法天，天法道，道法自然。"所以丹麦的自然，产生北欧文学，情感与忧郁，实况与梦境，思想之澎湃，意像之肥沃，文章有色彩有光泽，哪里是现代中国穷文坛所可仰望的咧？到挪威后，读般生《星娜薇苏巴肯》(*Synnove Solbakken*)，如此的农家，如此的美女却爱了如此一个青年，而又如此的快快，如此的心境，如此的性质，如此的名誉。可是如此的青年遇着如此的农家女，也就受天然的陶染，返到天真，成了一对自然夫妇。那种乐观的情感，力量的表演，尖锐的笔法，事事来自农村，事事回到农村，字字代表挪威大众的热烈，字字代表挪威民族的文章，哪里是现代中国新八股所可伦比的咧？

到瑞典，读司特林德伯《红楼》，这是一部瑞典文学革命作品。整个作品，代表整个的作家。这种不休不止的精神，挪威全能的个性，千锥百炼的人生，始终矛盾的环境。是他的忏悔录，是他的自传，是他的自然戏剧。他的怨恨，是非常的热切，是极端的猛烈。所以有人批评他说："他的来如同严冬已过的音信，他的粗暴、他的好动与危险好比北地的春风，将田间的杂草除尽，好播新文学的种子。"可怜现代中国，缺乏如此的革命作品，所以至今杂草离离，新文学难下种子。

这是我在北欧所读的三部书，都是赤裸裸的代表杰作。自然的矿中，有极丰富的文艺，何必面对寒窗，或亭子间中学做新名词的珠宝匠尿出许多洋八股，日产一次无胚珠的象形卵咧？可怜诺贝尔的奖金，不能跟太戈尔到中国来！

——盛□

（一）《时空旅行》(*Through Space and Time*, Cambridge University Press, 1934）

每年的圣诞节，英国皇家学会照例要邀请个科学专家来作一次学术讲演，这种讲演有着广大的听众，以年龄论，有八岁的小孩子，有八十岁的老头子，以科学知识论，有初进小学的学童，有年老的科学教授，有皇家学会的会友。每一个听众都希望讲演者说出一些使他觉得有趣味的话。所以讲演的内容非雅俗共赏不可。这本《时空旅行》便是琴斯氏根据他一九三三年所作这样的一次讲演而写成的。

琴斯是当今有数的天文学家，他最初用潮汐说来解释地球和行星的创生，在目前虽然还没有得到天文学家的公认，却至少已成了一家之言。在另一方面，琴斯又是一位权威的著作家，他写的那几册通俗的天文学书，没有一部不脍炙人口，年销数十万册。这本《时空旅行》不是笔者有意夸大，实在比他以前所写的那几册更其可爱。这不仅是部科学书，同时还应该说它是一部科学的童话，它引导我们深入空间，使地球看去不及日光中最小的一点尘埃，深入时间，使整个的人类史缩短到像时钟的一摆，整个的人生缩短到不及眼睛的一瞬。

用巧妙的譬喻来说明枯燥的事实和不可捉摸的数字，是作者的特长，在本书中更到处都是。本书共分地球、空气、天空、月亮、行星、太阳、恒星、星云等八章，其中涉及的范围有地质学、古生物学、天文学、气象学等，凡是要认识我们自己所处的宇宙的人，我想他都会愿意跟着作者到时空中去旅行一次吧。

（二）《从伽利略到宇宙射线》（*From Galiles to Cosmic Rays*，The University of Chicago Press，1234）

由于那些立体照片和漫画式的插图，使我发心去读这部书。由于严肃中带着轻松的调子的文笔，使我爱读这部书。书名《从伽利略到宇宙射线》，实在是一部概论物理学的书，作者雷芒是现任芝加哥大学的物理学教授，他写这书，是要拿来给在校的学生作温习物理学用的，所以本书在编制上虽然有点像教科书，但是在选材方面却完全和教科书不同。它不但告诉我们物理学这家伙长的是怎样一副嘴脸，生的是怎样一副脾气，而且还告诉我们它的家世、它的

出身，使我们不但知道他的外貌，还知道它的背景。

——顾均正

《巡按》，贺启明译，商务版。

《易卜生集》，潘家洵译，商务版。

剧情：一个无聊汉，用完了钱，困守在客店，适有巡按使暗访消息，一班官吏与绅士，于捕风捉影之余，就把他认作将军，奉为大人，大家献之以媚，纳之以贿，急急忙忙，惟恐不及，鬼鬼祟祟，无所不至。因为作恶已

惯，在这假巡按使面前，个个不打自招。当初无聊汉见了知事，为着积欠房饭钱，以为是要抓他的，也就不打自招了许多，官吏绅士们都以为是一种作用，更是害怕，显得蠢相十足，无聊汉充实了饿腹以后，忘其所以，就对于知事妻女大使吊膀手段，任意调戏，老爷太太和小姐，反都以为荣幸，亲友们也不胜羡慕。直到无耻的邮政局长私拆了信件，发现骗局，知道上当，这才各自懊恼不已，可谓"滑天下之大稽"。

这剧本的幽默是多方面的，有整个结构上的大幽默，有逐部的小幽默，又有言语动作间的零碎幽默，实在处处是幽默；用意所在，无非攻击当时社会的缺点，所以是个"讽刺剧"。

《国民公敌》的主角是个医生，因为在浴池中发现了毒菌，有害卫生，很诚恳的忠告大家，奔走呼号，无不尽力，希望设法改良水管。谁知国民惯于苟安，都以他为多事，反而直认他作公敌，群起而攻之，污之辱之，无所不用其极，写尽了群众的盲目，可见一般群众的行动，无非由于附和，也是暴露社会缺点的讽刺剧。

对于社会的病态，虽然只是开了脉案，不曾定下药方，说不上什么示范与鼓励的表现。但也足以使人反省，至少是一种警告。结构的紧严，和描写的深刻，也都值得注意。以为有了这两个剧本的手段，固然可以把社会上的丑恶，从贪官污吏到盲目的群众，统统暴露出来；而且也是能够吸引读者观众的了，因为富含幽默。——虽然文学的使命，并非以此为限。

——钦文

（一）R. L. Stevenson. *The New Arabian Nights*

（二）《历代小说笔记选》（商务版）

（三）《北平笺谱》（郑振铎、鲁迅辑）

——丰子恺

（一）林语堂著 *My Country and My People*

我爱这本书，因为作者的胸膈在此书尽情披露了。也许书中尽有可议之处，但是作者敢有自己的议论见解，虽至于受人非笑也不顾——这在现在作家已经不可多得了。

　　　　　　　　　　　　　　　　　　　　　　　名家书单

（二）Iaurence Binyon: *The Spirit of Man in Asian Art*（《亚洲美术中之精神》）

这本书读来像一本小说，很简单的指出波斯、印度、日本及中国美术的精华。

（三）Leonard Woolf: *Quack！ Quack！*

这书极力拥护文学政治上的理智，排斥感情作用及武力。

——温源宁

（一）周作人的散文

作者的散文，总以诚实的意思，平淡的文章，给人以愉快，见识以至智慧。

（二）老舍的小说

在新小说中，没有像老舍的小说那样，使人越读越要读。

——陶亢德

John Dolman Jr : *The art of play production*

此书处处从美学的基点告诉我们戏剧艺术之基筑与成立，殊非机械的教科书般的戏剧学等书可比。

Gide & Rist : *A History of Economic Doctrines*

这本书是满足了我所需要的这方面的智识了。

鲁迅《门外文谈》

鲁迅先生的近年来的著作多是破坏的，其效果也在消极方面，而这本小小册子则是在建设方面在积极方面收到效果的。

——徐讦

（一）George Gissing: *The Private Papers of Henry Ryecroft*（The Modern-Library）

吉辛以小说家见称，但他的小说，悲观而缺乏幽默，终于不能通俗。这本书只是一种随笔小品，一种默想录。全书以春夏秋冬分卷，颇多自然的美妙描写。题材亦广，大之如政治与生死问题，小之如喝茶及烹饪之道，亦均讲及。而吉辛从十六岁即自食其力，二十年间，伦敦笔墨生涯的苦斗，书中尤多记述，令人哭笑不得。写伦敦情景尤历历如画。伦敦雾最有名，据吉辛说，在他的屋顶小屋中，常于整三天三晚，须继续点烛，其景象可想见。写法是亲切的，笔调是愉快的，夸大点说，在我所见的随笔中，应以此为第一。我所有的只是一本 Modern Library 的本子，我知道 Constable 有两种版本，其一就收入 *Constable's Miscellany*，常想买一本精印的大学本，迄今未得。

（二）《鲁迅杂感选集》（青光版）

鲁迅先生的文章，一向都是我所爱读的，在北平的定期刊物上发表时，几乎篇篇读过。而在那些被称为"杂感"的文中，尤多绝妙小品。不过结集太多，而又多笔墨官司的文字，很想有人拔萃都为一集。此集编选方法，我大体赞成，不过有两篇文字似应加入：《娜拉走后怎样》《说胡须》。关于鲁迅的小品，人或以灵魂粗暴为病，其实这又何妨，正如我们能欣赏那惯作喁喁儿女态的兰姆，同时也很了解富于尖刻讽刺与大声说教的撒克里一样——关于后者，无疑的是属于"粗暴"一类。

（三）《我的话》（论语丛书）

这是语堂先生提倡闲适清新的小品文后的第一收获，最足以代表他对于世间相的健康而机警的观察。语堂先生在编印《英文小品》（商务版）时，分为三辑，其一 *Essays*，多反省思考之文；其二 *Saires*，多讽刺幽默之文；其三 *Sketches*，多记叙描绘之文。在《我的话》中，三类都有。如《论西装》等篇属于第一类，《论政治病》等篇属于第二类，《春日游杭记》等篇属于第三类。我喜欢他的缘由，是因为作者的情性与好恶，写来跃然纸上——人最怕没有自己的主张，苟有主张，虽偏见亦无妨，这种写法，用英文说便是 The revealation of the temperament of an artist.《大荒集》尚多讲学之文，此集则纯然艺术品，看来随便写，其实是卖了力气的。

——陈叔华

（一）《老残游记二集》（良友）

此书经余于本秋译成英文，越译越爱，所以虽然廖廖六回，留下很深的印象。其第二、三、四回虽然可爱，而动人最深处是在第五、第六回。

（二）《蓝田女侠》（一折书）

此书在故事体裁上，虽然脱离不了旧小说窠臼，而其文笔白话及描写技俩却不在《老残游记》之下。换句话说，取其文字高人一等。因其不为人所注意，故特提出。

（三）《花田金玉缘》（一折书）

此书在才子佳人小说中，结构比较紧张，故事比较近情，短短一篇，叙来一段佳话，亦自可快性怡情。伟大谈不到，清逸则有之。读时系在杭州富阳道上，只因入迷，路上风景全然不看，至今为同行者所取笑。

（四）《秋灯琐忆》（大东书局本，又收入世界书局美化文学丛刊）

可称《浮生六记》第二。

——林语堂

《辞源》

因故与此书常常接近，才知其好，够得上"爱读"二字。平生所爱者惟《论语》《庄子》《红楼梦》，常常读之而不厌，不厌之故，以其有味，又以其字句确可诵可读。惟《辞源》，虽常常翻之而不厌，不厌之故，以其可靠，又以其字句清楚可读。

——海戈

（一）Lin Yutang: *My Country and My People*

（二）Robert Briffault: *Europa*

（三）John Strachey: *The Nature of Capitalistic Crisis*

（四）WenYuan-ning: *Imperfect Understanding*

——全增嘏

（一）Shakespeare: *King Lear*

（二）Marcel Proust: *The Remembrance of Things Past*

（三）《庄子》

（四）《楚辞》

——孙大雨

○ 原载《宇宙风》，1936 年第 8 期第 410—421 页

二十五年我的爱读书

1937

—— 赵景深　罗皑岚　废名等

（一）绿漪《棘心》（北新）

从灵魂深处写出的真实的纪录，字里行间显出不苟的写作态度。

（二）周贻白《中国戏剧史略》（商务）

行文活泼，使人读之忘倦，这是一部具有创见且又扼要的书。

（三）沉樱《一个女作家》（北新）

亲切，真挚。改了装的自传。

——赵景深

　　（一）《朱湘书信集》，罗念生编，天津南开大学人生与文学社，出版定价四角。

　　此书为故诗人朱湘先生致其同代文人书信的集子，内容无所不谈，谈到文学、开书店、做学问、做人的方法等，非常亲切有味。朱湘素有孤僻之称，其实他对朋友再恳切也没有了，此书便是一个最好的明证。

　　（二）《牛天赐传》，老舍著，人间书屋出版，定价六角。

　　老舍先生的作品，我素爱读，尤爱《牛天

名家书单

赐传》。在此书中，作者没有过分的夸张，不宣传甚么，也不故意摆出任何的面孔给读者看。幽默中含着深痛，微笑里带着泪痕，作者以纯熟的技巧，真挚的感情，为我们刻划出一个可爱的小灵魂和它的生长。

（三）Cervantes：*Don Quixote*。读这本《魔侠传》，今年是第三次了。第一次读时，我还未出国，正做着许多青年常做的好梦，对书中的故事，特别感觉兴趣。第二次读时，正在美国中部一个深山里养病，最喜欢书中的幽默部分。今年因为课堂上要和学生讲到此书，读第三次，这次使我最难忘的，是它那讽刺和看似平常实耐人寻味的许多名句。记得西方有人说过，要懂得此书的全部妙处，非活到六十岁时去读不可。为此书，我希望能活到六十岁。

——罗皑岚

（一）《三百篇》

（二）《左传》

（三）《周易》

民国二十五年我的爱读书可以提出三种，一是《三百篇》，一是《左传》，一是《周易》。不凑巧这三部书都是经，与北平尊经社的人冲突，因为他们同我雷同，故我说与他们冲突。《三百篇》与《左传》最表现着一种风趣，这风趣是中国的，中国后来所没有的也正是没有这个风趣了。可惜这两部书我还没有工夫仔细读。《周易》我也只是稍为翻了一翻，还没有仔细读，我读《易》的宗旨同江绍原先生处于反对的方向，即是说我是注重微言大义的，不过此事亦甚难，是孔夫子的话"人能弘道非道弘人"也。

——废名

（一）凯绥·珂勒惠支的《版画选集》

（二）《柏林生活素描》

（三）《苏联版画集》

是从西欧介绍到中国来的最好的图画书籍，这种书籍的刊行，对于中国现代的绘画有很大的帮助，将教我们从传统、摹仿、逃避现实的思想中解放出来，使我们能看到这个广大的人类社会中，尚有许多惊心动魄的生活姿态。这些人类生活的姿态，在中国的社会上看来是有多么丰富啊！《版画选集》共辑有作品二十一幅，多系描绘下层阴暗的生活，翻开书看，你会唤出"有这样悲惨阴森的世界？"书中的《失业》《穷苦》《死亡》三幅的构图，活绘出人世上的黑暗与残酷！而《面包》一幅，更能使你受很大的感动。图中画一妇人，背脸曲身，她似乎已经无法维持自己的生活，同时在她身体左右，又有两个幼小的儿童痛哭狂叫，一个儿童的眼睛，死盯在妇人的头部，好像用尖锐的声音叫着："饿呀！"

《柏林生活素描》是漫画笔意，来写城市社会的角落，我爱《贫乏之家》《饿》《施羹所前》，这些画图，笔线极其活跃，神态动作亦臻妙境，但是这位画家所画的德国的贫乏，叫中国人来看，似乎感动力就小了，因为中国的贫家，衣服用具是都成问题的，这幅贫家，人尚有较齐整的衣服穿着，房顶上还挂有个洋油灯哩。

《苏联版画》曾在南京展览过，我也看过一次真迹，那时就这样想："顶好把它印书出版。"因为在中国正须要这些新鲜的题材和技巧来鼓动一下，或许能叫我们中国的绘画者感到自己的东西贫乏而再有所努力。

——赵望云

（一）《禅》，日本，铃木大拙（贞太郎）著。去冬以来，承智堂师数度指示禅机，初夏并在镰仓坐禅两天，无奈生来俗骨尘心，总不能证悟。虽自知是"累劫修行终不成道，被三乘功行拘系，不得解脱"之身，但近来禅书却喜欢读了。这册禅也是师所亲授，原名《贫人之社会宗教观》，随笔性质，并非禅学专著，所以益为我这样的外道人所赏识。书分四篇，内《生活评论》及《宗教杂篇》两篇觉得最有趣。即不求除恼之下种，去妄想之巢窟，破痴人之迷梦，绝参玄之葛藤诸君，也不妨一读，本来是心不可传，我们所求，只是文字和意境的美耳。

（二）《迭更斯》*Dickens-Andre Maurois*，英国人，H. Miles 译。

年始的计划，是读五位十八世纪的英国小说家的，岁暮近了，结局仍只读了两位，对折之后还必需八折，一切计划之不可靠便在此处了。不过两位之中的迭更斯的小说给我的教训很多，尤其是 *Dombey and Son*。读了作品，而关心到作者的生平，是很自然的径路，尤其是对于迭更斯。那么我推荐这本法人莫哈的著作于同好者。日前我将他人著的《迭更斯传记》八种完全卖给一个书店，换取别的书了，只有这本莫哈的却依然留在手边，不忍丢弃。

（三）《谚》（日本）藤井乙男著。

藤井博士是德川文学的名家。但他的著作与我益处最多的，《俚谚大辞典》之外，便是这本谚之研究了。总希望着能有人翻译它出来，至少把《谚的发生和变迁》《谚的比较和地方特色》《谚的机智教训和诗趣》三章译出。不过很难，所引的日本文学名句和日本俚谚，虽然有趣，却怕很少有人敢冒险译罢。

——尤炳圻

（一）H. L. Mencken : *The American Language*（4th Edition）

（二）Graville Hick : *John Reed*

（三）《海上述林》

第一本书是美国一位博学之士写的一部三百万字的巨著，系统讲述美国语从英国语的传统中脱胎而出的由来，今年所出的改正本，更有许多新添的材料值得供任何英语学者的参考。第二本书是一位近二十年来在美国思想界上发生过广大影响的革命家的传记，他的一生，就反映了美国守旧社会对于一个前进思想家侮辱，压迫终至于客死异乡的经过。第三本书是一位中国革命家的译作遗稿的合集，单把它当译本看，已够作从事翻译工作者的范本，确是值得称为"信而且达，并世无两"的。

——赵家璧

（一）《杨柳风》，尤炳圻译，开明出版。这是孩子和成人都欢喜看都适宜看的童话。写人情世态，自然景物，佳胜处令人忘记了自己。

（二）《人与医学》，顾谦吉译，商务出版。不仅是医学史，不仅供医学生阅读。普通人看了这本书，可以得到最新的医学知识，也可以懂得害病时候应该怎样去对付疾病。

（三）《福楼拜评传》，李健吾著，商务出版。看罢这本书，最初一个念头是，评传之类的书的确应该像这样写。抄录几节传记，嵌入几段作者的作品，"等因""奉此"这么一来，那算不得评传。还有一层，这部书本身就是一件艺术品。

——叶圣陶

（一）《死魂灵》，果戈理撰，鲁迅译，文化生活社版。

这是我第一次全书看完的鲁迅译作，可以说是鲁迅先生毕生努力的最大贡献，译笔之精到和不苟，都是前无古人。一口气把它念完，不曾放松一些过。

（二）《沙宁》，阿志巴绥夫撰，郑振铎译，商务出版。

今年重读这本书，愈觉得爱好，沙宁的性格是我所深深钦慕的，因此对作者的遭遇也表示同情。译笔也好，似乎比译者的创作流利得多。

（三）《梅村诗集》，吴伟业撰，沧浪吟榭本。

这是我获为枕中秘的一部好书，我到处不能离开它。梅村的诗有一桩他人不能及的好处，是诗人的气息少，小说的成分浓，他的诗很少无病呻吟的庸套烂调，差不多都是叙事诗，每一首诗里告诉一桩故事，而这些故事都有写成小说的可能，这成为我深深爱好的原因。

——周黎庵

（1）Bernard Shaw : *An Unsociel Socialist*

（2）Alcott Louisa : *Little Women*

（3）G.K.Chesterton : *Generally Speaking*

——浑介

（一）*Southey's Life of John Wesley*（Abridged Edition）

著者以诗人的沉潜心灵求之畅达于一位新宗教开拓者惠士礼的事绩功名之中，此乃两者间的心事融成的巨著。原本浩瀚节本已极可观矣。

（二）*Undertones of War.* by Edmund Blunden（grd Edition）

可译为《战争余韵》，在同类名目一切书中之上乘佳著。国人之随喜于《西线无战事》者可一读此书自知兴发。文笔有时坚混，但正为其沉痛真切之处。

有时田园山野畅心的描写亦复大有可取处。卷首引有英国正教教会纲领 It is lawful for Christianmen, at the Commandmen of the Magistrate, to wear weapons, and serve in the wars. Articles of the Church of England. No. xxxVII 此皆所以表明著者"和而不流"之精神者欤。

（三）《越缦堂日记》，补廿五年十月景印本十三册

实乃前印五十一册之前一部分之后出者。照例可在睡前茶后随读随辍亦不妨事者。在第三册中有《明末崇祯五十相考》，读时大觉感兴。崇祯十七年间一共更换了半百宰相，人事之纷乱既如此何怪政事国事之不可为哉。李越缦慨叹思宗之过，曰："一在自圣；一在多疑。"吾人一向对此殉国之主往往只偏于同情，即对其临难之前手刃其公主数人亦曲谅其精神失常之所为。今而知古今亡国有事同一辙之处矣。

——徐祖正

（一）《饮流斋说瓷》，许之衡著。

今年杭州时行的玩意儿是陶瓷之研究，我刚来受了传染病，所以很高兴地看了这本书。

（二）《宋史》。

今年因为在写一部关于南宋时代的长篇小说，故与此书结了不解缘。

（三）The Craft of Fiction《小说技巧之研究》，Percy Lnbbock 著。

我早就要买这本书了，《旅行人丛书》中虽然有，只要卖三块半钱，但我却一直留不出这三块半钱来，暑假中在上海旧书店里觅到了，花了一块钱买了来，不时看一段，论小说之技巧，颇多精警语。

——施蛰存

（一）《文艺心理学》，朱光潜著，开明版。

这是一本硬性书，然而你读起来却是这么软绵绵，一点儿也不觉得其硬。所以我很喜爱他。

（二）《海上述林》，内山书店代售。

我爱这本书。为什么，不说了罢。

（三）《水云楼词》，蒋春霖著，清名家词版。

友人陈乃乾先生有清名家词之辑，我不知为什么忽然大发弘愿，想校读全书一遍。就已经读过的几种而论，鹿潭词确是高人一等，怪不得历来评家推崇备至了。

——徐调孚

（一）《文艺心理学》，朱光潜著，开明书店出版。

美学在学问的性质上是艰涩的。著者用轻快的文笔，利用中国固有的例证，使读者毫不费力地收得许多根本知识，可谓能深入浅出了。

（二）《一个日本人的中国观》，内山完造著，尤炳圻译，开明书店出版。

著者居华多年，对于我国社会诸相，颇有深刻锐敏之观察。

（三）《海上述林》（上卷），不署撰人名，诸夏怀霜社出版。

内容为关于文艺理论的翻译，多未经见之作。装帧之美，排印之精，为近年来出版物中所难得者。

——夏丏尊

（一）Virginiawoolf : *A Room of One's Own*

这是五年前作者在伦敦出版的一篇文章，共一百七十二页。以一篇文章共有这许多页数，读者可以想象这内容是如何的洋洋大观了。单看书名似乎有点罗曼蒂克的味儿，其实是一篇可以说是讨论妇女问题的文章。人家说《诗经》里的《国风》乃综合"赋比兴"三体而成的，我就要说这本书是用比兴体做的。讨论问题的文章最易流入干枯，但这篇是如此有诗意，有趣味，心有所触，信手拈来，不怪近来在英国的散文中最为人所羡赏，就是在中国也很有人学她。

（二）巴金译《狱中记》

这是一本感人最深的记述。作者用诚恳的态度，叙述狱中的情形，狱中人的心理。我带着焦急紧张的心读完。我替那个时候的美国人羞耻。每次我走过中央大学，看见对面的红墙（模范监狱），就想起这本书，希望里面也有人写出像这样的一本狱中记。巴金的译笔清朗有情，可惜是节译，希望有那么一天看见他的全译本。

（三）《秋园杂佩》，明末陈贞慧定生著

这是我十几岁时的手钞本。文章古雅已极。其内容"皆记载耳目间物近而小者"其词微，其旨远，其取类也约，其称名也博。"陈定生所著传者极稀，只此《秋园杂佩》乃同吉光片羽，至可珍贵。我今年忽然在箧中觅出，常常读之。

——方令孺

一、H. C. Knapp–Fisher. *The World of Nature*

二、M. Hirschfeld. *Men and Women*

三、B. Dawson. *The History of Medicine*

佳处不及列举，这里只能说，生物、两性以及医学史等书，读一点也很有趣味，有益处。

——知堂

（一）《朱湘书信集》，天津南开大学人生与文学社出版

这书在我自己读来十分亲切，在旁人读来也可以了解诗人的性格和志愿，且可以明白他为什么会去投江。

（二）Aristophanes 的《云》

这一个短剧我整整的读了一年，每次体会到那微妙的地方我不能不笑，笑了又发愁，譬如说："格律这东西可能使我混得面包吃？"

（三）A. De Ridder 与 W. Deonna 合编的 *Artin Greece*

这书对于希腊艺术的原理分析得十分详尽，且阐明希腊艺术与社会、工业、宗教、政治、历史、习惯的种种关系，使我们知道最美丽的艺术也就是最实用的艺术，使我们知道工匠画家和大画家同样的尊贵。书后面且叙及古希腊与我国最初的关系，说是我们在汉朝时就有了一把葡萄镜，那上面的花纹很带希腊的艺术精神，酒神的葡萄藤也就是那时候移植到我国来的。又说是我们在第四世纪有了一个头戴神使（Hermes）帽，手执海神（Poseidon）的三叉戟的小人物，背上还有翼膀呢。还说起希腊人发明的眼镜也于第七世纪传入了我国。在那些时代亚力山大城与广东、波斯与我国就有了交通。北平燕京大学的司徒雷登先生且说葡萄、萝卜、西瓜几个名字是由希腊音转译来的。这一切可不可靠，我们得去考证一下。

——罗念生

（一）《越缦堂日记》，李慈铭著，北京浙江公会发行。

李莼客先生用毕身的精力尽瘁于此，这书的特点有四：1. 写作的严正，恒三十年的时间从不间断，其内容和毅力要超过曾湘芗翁常熟日记之上；2. 论学论事，可取之材料，连篇累牍，这包括文学批评、人物臧比、诗词骈散文字等；3. 可以窥见清末京官生活的情形，所谓"应酬报谢无虚日"；4. 科举利弊及西学东渐对当时士大夫的反响。

（二）《雪》，巴金著，文化生活出版社版。

这书是描写一个大煤山上的工人，因为待遇的不平，酿成罢工抗斗的情形。这书是个显微镜头，一方面可以知道资本者的如何穷奢极欲，另一方面反映工人们生活的凄惨。这书以前叫做《萌芽》，由现代出版，不知现在为什么又改了《雪》的名字呢？

（三）《花边文学》，鲁迅著，联华书局出版。

笔调的辛辣，比《伪自由书》《南腔北调集》更进一步，作者的文字是全部反映现实社会的恶臭，而妙在爬罗剔刺人家的现成纪录，较之大声疾呼的文字收效为大。

——陈蛰园

（一）李健吾《福楼拜评传》

（二）萧军《八月乡村》

——沈从文

○ 原载《宇宙风》，1937 年第 32 期新年特大号第 439—443 页

　　　　　　　　　　　　　　　　　　　　　　　　　　名家书单

谈几本爱读的西洋杂志

1941

—— 杨彦岐

　　我购读西洋杂志，并不有什么增进知识的大目的，只是一种需要而已。所以我敢说这成了一种嗜好，像读报一样，缺不得，并且是牢固的习惯了。西书铺也把我看作合法的老主顾，每次有新书寄到总给我先行送来，以供挑选。并且每月月底结账。便当固便当了，却使我更无拘束的购读个痛快，虽然每月的账单是可怕的东西。

　　每批新杂志中，被选出而留下的大约不外是《美国人杂志》（*American Magazine*）、《柯立安氏周报》（*Collier's Weekly*）、《自由杂志》（*Liberty*）、《老爷杂志》（*Esquire*）、《小人国》（*Lillip Ut*）、《红书》（*Red book*）等等。间或也带他几本《读者文摘》《杂志文摘》《世界文摘》，与《事实文摘》（*Fact Digest*）。但这类文摘性刊物流传得太普遍了，到处可以读到，所以渐渐地买得少了，只是《读者文摘》每期都有一篇《新书精华》是我每月必读的材料。

　　读西洋杂志根本说不上什么法子。新书一二，午夜展读，在读文章之外，更细细欣赏其编排，叹服欧美印刷的精美，读完一册，随手抛下，其乐无穷。如果要替这几本我爱读的西洋杂志分门别类，那末可得四种。

　　第一种是最严肃的，我不会为了消遣长夜而购备数册，只是看中里面有精彩文章值得一读时才买。这种杂志，以《大西洋月刊》《哈泼氏月刊》（*Harper's Magazine*）二者为最丰富，取材亦较广泛，可算是综合性的。英国的《半月》

（*Fortnightly*）与美国的《活时代》（*Living Age*）固然不错，但我不甚喜欢，以其文章大多板着脸拖得老长老长的。《时代史料》（*Current History*）和《论断坛》（*Forum*）合并之后，内容也不见如何精彩，惊人文章少之又少。《亚细亚月刊》渐有八股气，《民族》（*Nation*）则理论多于言之有物的材料，我都难得购读。总之，这第一类严格说来不在我爱读之列。

第二类是我最爱读的了。内容大概都分两部分，一部分为小说，另一部分为杂志文。小说都是通俗性，文笔简洁流利，读起来既不艰涩，又可丝毫不费脑筋，看来是迎合美国小市民口味最标准的读物。而我多少也带着这一种的兴味，躺进沙发，便希望用这些小说中的英俊男主角，妖媚女主角，打架，唱歌，甚至于手枪毒药之类来娱乐一番。例如《美国人杂志》与《红书》，每期小说占三分之二强，并附有绘得极大的插图，读之不啻看一张好莱坞影片。每期还总有一篇一期登完的中篇，可供一星期的失眠之夜连续读完。《柯立安氏周报》中选登的《短短篇小说》为最好。我很爱这一页登完的短作。每篇字数不满五千，而小说的条件完全齐备，并且结构相当完美，文字有时有几篇着实有很高的文艺水平。《老爷》上的小说比较起来是水平最高的，时常有名作家的作品，量的方面也是洋洋大观，一本《老爷》至少可翻读十个黄昏，其中漫画的精美也为其他各杂志所不及。

至于非小说的那部分，正是我国正在提倡的"西洋杂志文"。地方通讯，国际时事的特写，社会生活，人物思想，只要是文章的材料便可写成文章的。《自由杂志》中这种好西洋杂志文最多，每篇标明读时需要几分钟。据我个人测验，他算的时间往往比我们读完的时间长些。也许他们的标准是精读，而我对这种文章一向是快读。

惟快读才能读到东西，才能感到那些文章的价值。我总认为，要精读的东西非文学名著不可，譬如你拿起今天的《大公报》来背诵一段作为学习国文的课本，就未免不当（说是大材小用也未始不可）。

编印得最好的当推《美国人杂志》与《柯立安氏周报》。不要说细读，就是逐页翻去也很够味。天下之所谓闲书（因为有很多人把这类美国杂志认作有闲阶级的消闲读物的）能编印得如此悦目，真是装潢上品。我承认这是表现美国资本主义的豪华的成功。新书一到，当然亟于翻阅。最引以为憾的是其中广告太多，虽都做得很好，毕竟太多而令人讨厌也。

第三类该轮到轻松的刊物，如美国的《纽约客》（*New Yorker*），英国的《小人国》《伦敦舆论》（*London Opinion*）与《笨拙》（*Punch*）。太注重打趣笑话，必多俚语，中国读者每难完全了解。《纽约客》时常有很正经的好文章，首篇的"市间小说"一栏夹叙夹议，文笔甚佳，可作现代英文绝妙小品读。但内容常多地方性，碰到莫明其妙之处，只得掩卷兴叹。

《小人国》则深得我心。近一年来我所读到的两篇最有趣的小说都出诸《小人国》，记得一篇叫《讨好妻子的丈夫》，一篇是《一颗树的故事》，其作风之幽默，与情节之想入非非，令人叫绝。

此月刊三十二开大小，全部铜版纸印，每期文章约十五篇至二十篇，大约半为短篇小说，半为隽永散文。林语堂的小女儿们的《吾家》中的一段《爸爸剃头记》曾在此刊先行发表。尤有值得一提者，是《小人国》中图影的选辑，极饶兴味，他们爱以"无独有偶"之照片并排印出，加上极短的隽句的批注，的确激动会心的微笑。至于《伦敦舆论》与《笨拙》除了常有好漫画外，文章我很少涉读。

在看完新到的 *Newsweek Time* 之类时事文化的刊物之后，已没有精神捧起《美国人杂志》了，那末一本小型的《小人国》将给我以无上的慰籍。

第四类可名之曰文摘类。此类当然以《读者文摘》为第一。对于这类书，放在书斋里细细体味是索然的，最理想阅读的地方是公共汽车中，大概看完一两篇文章也就到了目的地，随手把它往衣袋里一塞，既便捷又可利用了闲暇读书，不但得益匪浅，亦且是时代人们的摩登读书法。所以我常说《读者文摘》之盛销，是时代使然。最合时代的报纸是小型的，最合时代的杂志当然是文摘性如《读者文摘》者也。此类文摘性刊物中，英国有一本《事实文摘》相当好，它取材比《读者文摘》严谨而缜紧。篇篇是言之有物的介绍文章，后面还有种种的材料，即所谓"有益有趣"的短文是也。

关于西洋杂志是不是有保存贮藏的价值呢？这是各人有各人不同的见解。处今乱世时代，藏书总非事实所能允许。还是随买随看，看过一放，想到要重阅时不妨花一些功夫寻找一下。我有了这种爱买杂志闲书的嗜好，书桌上下及附近从无清净的一日，有时望书凝想，当今外汇奇高之际，还不自量力地买了这许多书，以图一时之欢（买来翻阅时确是欢事），仔细算算这笔钱也着实可以享乐一番了。可是，到底还是让英美几家杂志商赚了去。私自没有什么希冀，但愿我们这文化古国有一天杂志刊物的销路能以十万百万计，至少让我这样的吃墨水饭者，写一篇文章可换到一月房租，则于愿足矣。

○ 原载《宇宙风·乙刊》，1941 年第 52 期第 36—40 页

抗战以来我所最爱读的书籍

1941

———李旭等

冰莹兄：

你知道我近来害了一些小病，却殷殷问我平日所爱读的书，这答案真使我无从说起，因为你也许知道，我是无书不爱读的。许是对于书的兴趣太浓，才会害了这些小病呢！

病中安慰我的还是书，它可以给我解脱烦忧，驱逐病魔，特别是《伦敦新闻》（*London News*）和《莫斯科新闻》（*Moscow News*）报道了许多战斗的新奇消息，建设的艰难缩影，美丽而生动的插图，简洁而精炼的叙述，使我卧游世界，面对着全民族抗战建国的艰辛历程，感觉无限的舒适和愉快！

《现代史料》（*Curent History*）一向是我的精神食粮。名记者 John Gunther 著《欧洲内幕》（*Inside Europe*）和《亚洲内幕》（*Inside Asia*），日人伊藤金次郎著《日本军阀论》，瓦尔加著，当然成了抗战以来我所最爱读的书。这几本书，国内都有译本（文摘社，时与潮社分别译出）帮助大家了解世界上许多复杂、错综、阴暗的事迹，年青的读者们，假如你面对着这大时代，需要了解现实、把握现实，你别忘了这些良友吧！（《亚洲内幕》上册所述中国事情，难免有些错误，外国人看中国事情，多少是有些隔阂的。）

读者如果还需要更多的研究，我还要介绍两本我最喜读的书，其一为 Walter Consuelo Langson. *The World Since1914*（此书商务有译本），其二为：J. Salwyn Schapiro：*Modern And Contemporary European History*。

为着中国是世界的一环，中国的抗建伟业，是人类历史上划时代的工作，假如我们的青年朋友，愿意迎接时代，而不"反身向后转"的话，我虔诚地祝祷他们，多读几部描写现实的现代史书，以争取中国现代的伟大前程！

二九，十二，十七，西京潜研斋

李旭

《黄河》为了统计在大时代里读者一般的兴趣与需要，提出这样一个命题，把我难住了。自从抗战开始，我的大部分时间是在军队里和敌后度生活，环境限制不能像平时或在后方这样闲情逸致从容不迫的读书，这是一方面；另一方面，抗战以来出版的新书的确太少了。同时，即这仅有的新书在战区能够读到的更少！不过，我对文化食粮似乎有这样一个需要，也只可以希望文化是人类生活的反映。

历史的积蓄，也是人类行为的结果。三年多的战争，时间不算不长；亚洲两大民族五万万人的抟斗范围也不算不广；我们以一个弱国抵抗一个强大的封建军阀的帝国，反而愈战愈强，事迹也不算不奇。我总想在这长期广泛奇特的战争里，无论在军事、政治、文化……任何方面都有极丰富的经验和极宝贵的教训值得传述，尤其值得用文字的形式总结出来而为人类知识的宝库，增加一些新鲜而又难得的材料。因为中华民族奋斗的实际，其伟大还不在狭隘的为己，而在为现在的人类与未来的人类作了冒险的尝试者与历史上的先驱！

为了这样一个希望的鼓舞，使我像一个饥饿者利用我仅有的时间在纸堆里寻不满足，然而希望也还只是一个希望而已。半年以来我常读的书籍和刊物有如下几种：

第一种：《西风》《天下事》《大风》《宇宙风》《战国策》《黄河》等，因为从这些刊物上我可以偶然得到一些人类真情的激动与愉快，藉以消释我在紧张工作后的疲劳与对日常生活琐事的厌倦。

第二种：《日本评论》《外交研究》《时与潮》等，因为从这些刊物上我可以吸收到一些我所需要的知识。

第三种：《服务》《蒋百里文选》是我日常生活必须伴随，读之不忍释手的书籍。另外，吴鼎昌先生的《花溪闲笔》读来兴趣也很高。

——牖文

抗战三年来精神食粮的缺乏，早已成了不可讳言的事实，但是相反地，一般人对于书籍的爱好，却增长到极度了！笔者青年在鄂北前钱看到有几个武装同志在抢着看民国二十二年的《行政公报》，这是多么令人可怜而又兴奋的一件事！个人自从"七七"以后就在前方服务，读到的书籍当然太少，在这少数的书籍里面，我感到下列的几部书最有兴趣：

一、《外人目睹中之日军暴行》，这里暴露出敌寇在南京的兽行，也可以说是日本军阀的写真，使世界人士中之维持列强均势者有所警惕，而增加了全国人民复仇的决心。

二、《凤凰城》，描写义勇军的领袖苗可秀英勇为国牺牲的史实，可歌可泣！这剧本听说曾经在重庆上演过好几次，每次的收获都很大。

——哲广

说来惭愧，我因为老在前方服务，看到的书籍很少，过去的《文摘》是我最爱好的，一直到现在我还爱它，不过因邮递关系，常常看不到。其次是《黄河》，它不但在西北是一个权威的文艺刊物，而且在全国也是数一数二的。我并不是有意捧它，而是它那积大公无私，培植青年作家的作风，的确独树一帜，希望它永远保持这种态度，为新中国的民族文化奋斗到底！

还有最近在友人处看到《大风》和《宇宙风》，虽然这几种杂志因为环境的关系，不能多记载有血有泪的文字，但内容还是偏于抗战方面的多，有些散文特别活泼，读了令人感到愉快异常。

——亦鸣

在军队里过生活的我，根本就没有机会把一本书读到两遍，尤其一年来受着神经衰弱的袭击，记忆力已经降落在零点以下，方块的铅字，下一行映入眼帘，上一行已经在脑海里逃的无影无踪了，今天在距自己驻防地两千里之外，七世帝王故都的西安，写自己抗战以来最喜欢读的书，手头一本也没有，实在不知道从何说起，只好就马上想到的写出几本：

《屠场》辛克莱著，郭沫若译。他以锐敏的眼光，冷静的头脑，深入的观察，活泼的文笔，把永远看不到太阳，在我们想象不到的，黑暗深谷中生活的屠场工人被宰割的图画，活生生地暴露在我们的面前，这使我们看到了人生的另一面，也看到了虚伪社会的内层，译笔也非常流畅可爱！

《亚洲内幕》，约翰干瑟著，时与潮社印。他好像比亚洲人更了解亚洲似的，以美丽的文，在一千零九十八页的巨著中，给我们画出了亚洲的全貌，让我们去体认！

《我的生活》，冯玉祥著。文字很美丽，也很质朴，这本书里，我们知道了六十年来大人先生们的思想，更知道了满清军事教育的方法和手段，更进一步，尤知道了今天国难之所由来！另一方面，我们明白了只受过十五个月教育的冯先生，能够有今天各方面的成果，这是有他当年在艰苦中所种的原因，中国不缺乏上当铺穿二鞋的冯先生式的人，可惜都没有他的精神和毅力，我们希望中国男子中有更多的冯先生出现！

《一个女兵的自传》，谢冰莹著。十一年以前，作者的《从军日记》早经在我的心灵里激起了汹涌的浪花，但读这本《自传》还是最近的事情。她生下就有一副反抗的骨头和革命的精神，专制的家庭，黑暗的社会，坚强的封建围墙，都被这一个缠过脚的小姑娘突破了！她终于走上了革命的大道。

蒋百里先生《抗战言论集》，蒋方震著，黄萍荪编。蒋先生不但有绝顶聪明的天才，而且有渊博的学问，他不但是一个军事家，而且是一个政治家、外交家、文学家、哲学家，甚至历史学家，他的文章有条理，更有独见，光芒万丈，汹涌澎湃，读来令人不忍释手！

神明的子孙在中国，他把日本的另一面，黑暗的一面，真的一面，拿给我们看了，这增加了我们反抗的热火，和复仇的决心！

——张昱

由于抗战小说与诗歌剧本底内容与形式相对统一的结果。也许有不少的名著使我失掉了拜读的机会，但也有出乎我意料之外的：

一、《蜕变》，曹禺先生描写抗战与现实的剧本。虽然比起《日出》和《雷雨》来，各方面稍减色，部分琐碎和重复，尤其是最后两幕说教式的对话相当的多而且长，是剧本写作的一大禁忌（如果导演的手法不够，最易使舞台场面呈现出单调的冷落）。但是单凭《蜕变》的作者有勇气冲破抗战文艺的公式主义的内容，已经觉得够使读者难能可贵了，而况它有力的提示了在抗战当中腐烂透了的传统的官僚机构，怎样的窘困着了一个在主观上力求改良与进步的人治政府。这是二十世纪四十年代中人所言的东方真理。

二、杂志方面，《黄河》是我最近于理想的一个文艺期刊，无论在内容或形式说。它能拥有上万的读者，在西北是空前的事，惟文艺理论与方法的探讨文学，太少了点。

——白戬

我因为在偏僻的西北，看到的新书很少，在二十几部书当中，最使我感到兴趣的是：

一、《上海！冒险家的乐园》（爱狄密勒著，阿雪译）。这是一本三百八十四页的巨著，我看了三天两夜才看完，以作者流利的笔调，忠实的态度，很客观

地把上海之谜——这充满了罪恶的都市，有声有色地描绘出来了。尤其令人佩服的是作者的技巧特别高明，他在全书中用探险家的语气，写成一部惊险动人的小说，并没有带丝毫宣传性质，而实际上呢，这是一部最有力的宣传作品，读了它可以了解帝国主义者是如何地想利用上海做他们发财的根据地，如何地使上海一部分善良的人变成了骗子。至于资本家榨取穷人的血汗，尤其写得淋漓尽致，使人感动。

二、《日本侵华之间谍史》，钟鹤鸣著，华

中图书公司出版。日本的间谍，据说是全世界最有组织最厉害的家伙，它其所以今天敢在我国境之内横行霸道的原因，由于他们过去的间谍工作做的太好，了解中国甚于了解他们自己的国家，我们如果想研究日本的间谍究竟为什么这样厉害，从什么时他们开始派间谍来刺探我国的一切宝藏，就不可不读这本书，

——英子

看到《黄河》十期上的两个征文题目，我喜得跳起来，但是想了半天，我不知要说什么话，的确，抗战以来出不少的新书，可是我们能够看到的实在太少，对于读书各有各的嗜好和兴趣，我自己是个好动的人，所以喜欢看战事一类的文艺，《光荣的记录》是一部记述我英勇空军与敌博战的好书，作者是丁布夫、黄震遐，由中国的空军社出版，我自然也很喜欢看《中国的空军》，只是不容易每期买到，

《沦陷七周年的东北》也是一部我喜欢读的书，它详细地告诉我们东北是怎样被日寇侵占去，以及处在日本军阀铁蹄下的东北同胞是怎样地在痛苦中挣扎、奋斗！

还有《黄河》《西书精华》等杂志也是我最爱看的。

——何家德

近四年来，我曾从华南以至华北，从华东以至华西，来往马车驰驱于祖国的原野里，从没有片刻的休息。在这万里长途中，曾看到千万同胞的流离，劫后的废墟，新兴的工业，以及荒芜的田庄……似乎整个的古国，已空前在荡漾，就在这样祖国的怀抱里，我愿呕尽最后的一滴血，去洒遍这民族战斗之花，以结成将来自由之果，因之，我虽在这动荡的时代中，仍忘不了我的读书生活，我觉得我此时所最爱读的，莫过于下列的两种书刊了：

一、为讨论关于实际军事政治的文章。如美国某记者的《亚洲内幕》、搭

布衣夫人的《国际外交战争》、尤特莱女士的《日本在中国的赌博》、蒋百里的《抗战文选》、范长江的《华北风云》等专书，以及最能尽报道时事之责的《文摘》《时与潮》《世界知识》《军事杂志》《天文台》等杂志。

二、为描写关于战争的文学作品。谢冰莹女士的《新从军日记》、白朗女士的《我们十四个》、碧野等的《在祖国的原野上》、端木蕻良的《大时代中的小故事》等创作，以及短小精干的《抗战文艺》《国际英文选》《世界英文文选》《中苏文化》《西风》等刊物。

像以上两种书刊，都是我近年来不可或缺的精神食粮，靠着它，便可增加我不少的作战勇气和看见抗战前途的一线先明，否则我的身心，又将整个无依了！唉……

——闭梦萍

○ 原载《黄河》，1941 年第 11 期

一张书单
1947

——方令孺

我以为下列各书，适合青年阅览：

《爱的教育》，亚米契斯著，夏丏尊译。

《团的儿子》，卡泰耶夫著，茅盾译。

《战争与和平》，托尔斯泰著，高地译。

《约翰克利斯托夫》《托尔斯泰传》《弥盖朗琪罗传》《贝多芬传》，均罗曼罗兰著，傅雷译。

《居礼夫人传》，艾芙居礼著，左明彻译。

《杜诗》，杜甫著，仇兆鳌注。

《史记》，司马迁著。

《新的粮食》，纪德著，卞之琳译。

《窄门》，纪德著，卞之琳译。

《鲁迅全集》，鲁迅著。

《静静的顿河》，萧洛霍夫著。

《子夜》，茅盾著。

《罪与罚》《被侮辱与损害的人》《白痴》，陀司妥也夫斯基著。

《木偶奇遇记》，科罗狄著，徐调孚译。

○ 原载《青年界》，1947 年第新 3 卷 2 期

六本文艺书
1947

——白薇

景深先生：

　　接到您的通知，我知道你们要大家，给《青年界》的读者介绍几本书，这是给向学的青年一件很好的服务。青年不能离开时代，时代精神，应该嵌进每一个青年的心灵里，做青年的营养。一旦青年做起事来，表现更清新而前进，青年创造新时代。

　　可是长久战乱的中国，教科书离开时代精神很远，而且许多教科书庸俗不通，坏得不堪。学校教员多由人情关系而聘请，因此，师资多数低劣。办学校的人往往是沽名图利，并不热心教育。时局不稳，风浪频繁，常常耽误功课……在重重灾难里，学生挂名是读书，实际是受难。结果，学生的程度普遍不好，这是教育上绝大的危机，学生无形中的灾难！

　　学业差，质量劣，这是近年中国学生最普遍的现象。放开明亮的眼光看，这是引起中国不能长足进步的一个大症结。单靠读教科书的学生，是不会有杰出的人才的。

　　只有在战争中学习，在实际生活中学习，在课本以外的书本中教育出来的青年，优秀分子却到处可以看到。课外的书本对于学生，不但能改善学校对他们的缺憾，也是学生最好的营养，优秀青年的健康剂、引路灯。尤其伟大的文艺作品，能使爱读它的青年，像跟着辉亮的明灯，走上光明的大道。

我赞扬你们这个工作，义不容辞地写出几个书名，介绍给青年朋友，这几本书有几个共同点，就是书中的人物，都忠实于做人，忠实于工作，忠实于战争，用他们的精神，举起了力和美，完成了对祖国的热爱，而充分表现了这次世界大战中的时代精神！值得我们每个男女学生学习的精神！末后一本，是表现儿童的精神。

书名：

《愤怒的火焰》，茅盾译

《望穿秋水》，曹靖华译

《俄罗斯人》，韦爱虚译

《侵略》，林陵译

《考验》（又名《考试》）

《铁木儿及其伙伴》

但，青年的志趣各有不同，中国急须要和平建国，我反对每一个青年都埋头看文艺书籍，尤其少年不应埋头于文艺，就抛开一切的科学，低头呆呆地看小说，连运动都不爱动了。这要妨害健康，妨碍发育，弄成文艺的孤僻，没有科学的常识。我主张，每一个青年，都应该有充分的科学常识。所以多多地介绍些科学上的书籍，并且唤起青年注重科学，为着建国的需要，向理工拓荒；为着振兴工业，努力电气的研究，这是岌岌不可忽视的事。可惜我不能介绍那样的书，希望专家多多指导！

不过，为着要了解时代精神，养成人们崇高的品性，文艺书籍是每个青年都应该多少读一些。只不要爱读文艺，弄成谁都不高兴去弄科学，弄成科学落后的严重畸形才是。不知您以为如何？

此覆敬颂撰安。

○ 原载《青年界》，1947 年第 3 卷底 2 期第 4—5 页

《三国志》与裴注

—— 王玉章

1947

　　赵景深先生要我为《青年界》写一篇短文，而要举一部名著为课题，来介绍给海内中学生们，当作课外阅读。我想三国故事，可说家喻户晓，便是三家村的学究们，于茶余饭后，往往津津乐道，这委实是罗贯中《三国演义》的魔力。可是国内中等以上学校国文班上先生们，亦往往盛赞四史文笔之妙，那么陈延祚的《三国志》便是四史之一。我以为《史记》《两汉》虽然是名作，但其内容与史实，由一般人看来，究竟不如三国故事之熟悉。中学生们与其阅读

《史》《汉》，不如阅读《三国》较为亲切。所以我就举这部书大略说一说吧：

　　延祚书分为《魏志》三十卷，《蜀志》十五卷，《吴志》二十卷，共计六十五卷，因为叙述魏、蜀、吴三国事，改名《三国志》。他把曹魏当做正统，操、丕、叡三世，均尊称为帝，俨然与诸史的本纪体例相似；又把芳、髦、奂三人，尊称少帝；卞、甄、郭、毛四妇，尊称皇后；彰、植、熊三子称王，这也是特别的尊称。相反的把蜀汉的刘备贬称先主，子禅称后主，其妃称后，其嗣称子

某之类。《吴志》也是同样的，把孙权贬称吴主，亮、休、皓三人称嗣主，其妃称夫人，其嗣及宗室，均直书名，而略其王号，这简直以诸侯王目之，与诸史的世家载记相埒，这层我们读延祚书，不得不特别注意的。

延祚书文笔的隽妙，实不下于《史》《汉》。裴松之尝说："铨叙可观，事多审正，诚游览之苑囿，近世之嘉史。"又说："缀事以众色成文，蜜蜂以兼采为味，故能使绚素有章，甘逾本质。"可见延祚文笔之妙，前人已有定评，我不必复述，还是举一例来说明一下：譬如《荀彧传》，是要说彧之为人为曹操所敬畏，故操迎帝都许，以及讨袁绍，征刘表诸事，总要请教荀彧一下，这就是叙操敬佩荀彧见解高远的一点；至于操畏彧的地方，传中也叙出几条，书"天子拜太祖（指操）大将军，进彧为汉侍中守尚书令，常居中持重"。这便是说献帝也知道操畏彧的忠贞，所以留彧在禁中，来镇压曹操。还有"彧疾，留寿春，以忧薨，时年五十，谥曰敬，明年，太祖遂为魏公矣！"这便是说荀彧如不死，曹操有所畏惧，不敢横作胡为，晋爵魏公了。此等处，与其说史笔之佳，毋宁说作者为文取材布局之妙。这是随便举一例，其他类此者真是指不胜屈，不暇一一举例来说明，读者类推及之，就得了。

延祚书的佳妙，已说了一些，而裴松之的注，也是人人赞赏，安得不说一说呢！他《上三国志注表》称："奉旨寻详，务在周悉；上搜旧闻，傍摭遗逸。"又称："其寿所不载事宜存录者，则罔不毕取。"正是裴注之广博，足补原书的阙漏，如《武帝纪》："卓表太祖为骁骑校尉，欲与计事，太祖乃变易姓名，间行东归。"这段记载，真觉得过于简略，所以裴注引：

王沈《魏书》曰：太祖以卓终必覆败，遂不就拜，逃归乡里。从数骑，过故人成皋吕伯奢，伯奢不在，其子与宾客共劫太祖，取马及物，太祖手刃击杀数人！

郭颁《世语》曰：太祖过伯奢，伯奢出行，五子皆在备宾主礼，太祖自以背卓命，疑其图己，手剑夜杀八人而去！

孙盛《杂记》曰：太祖闻其食器声，以为图己，遂夜杀之，既而凄怆曰，宁我负人，无人负我。遂行。

这一段注还算是单简的。至于《文帝纪》奉玺禅位一节，裴注所引，竟多至千万言，较原书详尽，真不可以道里计。且所引诸籍，又是不经见之作，读来增广识见不少，无怪后之读裴注者，往往赞叹不置了。

我的主张，中学生们如要读四史，应先读亲切有味的《三国志》；如要读《三国志》，必先知其尊魏抑蜀吴之体例。虽则是陈延祚的偏见，但读者不可不知，倘使体例已明，进一步，于写作方面，如取材布局等项，必须加以研讨，方能求得先哲行文之苦心，为我们写作的规范。至于裴松之的掇拾旧籍，分注各传，委实是经天大业。倘我们录其零星篇段，分辑成书，也是一件盛事。这是我对于读延祚书和松之注的一些贡献，不知读者意见怎样。

（编者注：此文原刊于《青年界》，王玉章先生文中均作"延祚"，而陈寿字"承祚"，不知王先生此改为何意。为尊重原文，故保留"延祚"。）

○ 原载《青年界》，1947 年第 3 卷 2 期

介绍两本可读的西洋哲学史

1947
—— 胡曲园

近来常有青年朋友问我："为什么要读哲学史？并且有什么合适的书？"

关于"为什么要读哲学史"这个问题，问者的疑惑不外两点：

第一，哲学的领域不像其他科学的领域，有条有理，由浅入深，形成完整一贯的系统，而是彼此矛盾，互相对立，好像一个混乱的战场，没有一个共同遵守的标准和原则。因此，我们在思想上，如果必需一种全面把握世界的理论来作我们生活的指针的话，那我们只要接受一种比较正确而且有力的新哲学就够了，何必枉费心思白耗时间去读过去的一些已经古老了的哲学呢？

第二，假如一切学术思想都是人类现实生活的产物，即不过是反映社会发展的一种意识形态，那末，过去的哲学不过代表过去的时代和社会，对于我们现在的改革和创造有什么必要呢？因此，无论是就理论系统的方面来说，或是就意识形态方面来说，都没有研读哲学历史的必要。

上面的两个问题显然是有联带关系的。不过，第一，我们要知道，一切学术思想决不单纯是意识形态，如果是这样的话，那末，所谓学术思想都不过是历史的残渣和社会的幻影了，它本身还有什么意义和价值呢？

一切学术思想之所以具有一定的意义和价值，就因为它决不单纯是一种意识形态，同时也是客观规律和历史法则的描画，一切学术思想就其发生而言，它是受着历史条件的局限的。换言之，它是社会的产物。这也就是说，它是一

名家书单

种意识形态，但就其本质而言，则是客观现实的规律和法则，也就是逻辑。在这里，历史的东西和逻辑的东西是统一的。换言之，意识形态和理论系统是二而一，不是片面孤立的。所以我们不能把过去的哲学看作历史的残渣和社会的幻影，而应当看作从思维上全面把握世界的逻辑和逻辑的发展。

第二，我们要知道，现代新哲学不是突然产生的，它正是从过去杂乱无章、彼此矛盾、互相对立的许多哲学体系中演进出来的。不读过去的哲学，就不能明了现代哲学的演进过程和它的历史根源，同时也就不能明了它的理论本身的周密及在理解与应用上容易发生的谬误。

所以德国大哲学家黑格尔说："我们根本要懂得，所有这些哲学的多样性，不仅绝无损于哲学的本身，绝无损于哲学的可能性，而且它们在哲学这一科学的存在上，乃是——并且已是——绝对必然的东西。"又说，哲学史"一方面指示着每个哲学，都在种种形成阶段上出现；他方面指示着各体系各自根本存在的特殊诸原理，不过是同一的全体的分歧。时间上较后出现的哲学，原是先出现的哲学之成果，因而包有它们的一切原理。因此……"黑格尔又说："哲学史的研究，就是哲学的研究，不能算是旁的研究。"

这样，我们可以知道，哲学史决不是各种哲学体系之杂乱的堆积，而是全面反映人类思想、知识、文化的发展史，我们研究哲学史就是研究哲学，不是研究另外的一种东西。安格尔斯说："哲学史的研究，是锻炼理论思想的良好学校。"正是这个意思。

那末，究竟读什么书合适呢？这的确是一个难于回答的问题，因为在中国近来出版的各种哲学史中，无论是著的或是译的，不但没有能够像麦林克的哲学史那样指出各种哲学怎样显现为该时代的社会意识形态，更没有能够像黑格尔的哲学史那样指出各种哲学由于内在的联系而显现为人类思维的发展，它们大多还是和康德以前的哲学史一样，只是各种哲学体系的杂乱堆积，没有成为哲学史的科学研究。

不过新近北极出版社出版的《西洋哲学史简编》（王子野译）一书，对于上述的两点倒是给予了相当的注意，因此，我们无论对于作者的立场同意与否，它的这种科学的叙述方法，确能对于我们研究哲学给予种种的启示和帮助。例如它关于伟大的古代唯物论者客观地指出他们存有神的信仰和唯心的思想，关于伟大的唯心论哲学家则又虚心地指出他们在哲学上的功绩，而不像时下的论者，赞誉某一人时，便把他捧到天上，批判某一人时，便把他骂进地狱，而只在理论的联系上作公平的叙述，同时篇幅简短，对于初学也是一种方便。

第二本值得注意的则是开明书店出版的《威伯尔欧洲哲学史》。这书是徐炳昶先生翻译的。徐先生是中国哲学界的老前辈，而关于本书的翻译，徐先生也委实下过一番苦工，读者一看他的译序就可以明白。威伯尔的这本著作，对于我们在前面所说的成为科学的哲学史的两个要点，并没有什么贡献，可是他能用细致的笔墨把过去若干哲学家的思想扼要地叙出，使我们能更亲切地体会到那些哲学家的思想精髓，这样，当我们读过了上述的那个《简编》之后，如果欲求深造，这便是一本值得联带推荐的书。又本书的叙述，只以欧洲为限，因此美国新实在论者柏雷有《威伯尔哲学史续编》之作，良以威伯尔氏的著作，颇为士林所欢迎，故为续篇以补前者之缺，可惜中国尚无译本。

二月八日

○ 原载《青年界》，1947 年第 3 卷 1 期

我认为中学生可读的几种书

1947

——周贻白

我认为中学生读书最低限度，应当置备一两部好的字典或辞典，如《中华大字典》《辞源》或《辞海》《综合英汉大辞典》之类。假定经济力量不够，可以两三人合购一部，俾读书遇有疑难字句时，可以随时翻检。其次，下列各书，都可以读一读：

《人类的故事》，沈性仁译，商务出版。

《房龙世界地理》，陈瘦石等译，世界出版。

《社会科学概论》，郭任远编，商务出版。

《世界文学史话》，胡仲持译，开明出版。

《白话文学史》，胡适著，商务出版。

《中国文学史新编》，赵景深著，北新出版。

《三国志演义》，罗贯中编，亚东出版。

《红楼梦》，曹沾著，亚东出版。

《桃花扇》，孔尚任著，扫叶山房。

《长生殿》，洪升著，扫叶山房。

以上共十种，不过以个人的直觉，就中学生阅读程度，随手写出。至于精读或略读，那便只有视各人兴趣而定了。

○ 原载《青年界》，1947 年第 3 卷第 1 期

介绍四本书

1947

—— 朱维之

（一）《新旧约全书》，香港路圣经公会发售。这是古代希伯来民族文学底总集，也就是现今基督教底经典。全书六十六卷，有历史、传记、诗歌、书信、寓言等。《旧约》原文是希伯来文，《新约》原文是希腊文，译本已有一千种以上，现在还是世界上绝对的最销书。它对世界各国文学都有很大的影响。它本身在文学上也占很高的地位，有许多特质是别的文集里所没有的。（详见拙著《基督教与文学》，虎丘路青年协会书局出版）

（二）《约翰·克利斯朵夫》，（法）罗曼·罗兰著，傅雷译。这是一部美丽的小说，因为它有美的理想、美的情调和美的文字。

（三）《青铜时代》。

（四）《十批判书》。

这两本都是郭沫若作，也就是《郭沫若文集》底第一、第二册。二者都是关于中国古代研究的好著。这些研究和批判虽不能说是天经地义，却大可启发青年批判的精神和研究的兴趣。读了这两本书之后，便可知道怎样去"读死书"而不是"死读书"。

○ 原载《青年界》，1947 年第 3 卷第 1 期

青年应多读杂志
1947

—— 王治心

　　赵景深先生要我介绍青年可读的书，我以为这是一件困难的事，因为我觉得介绍者各有各的专门，阅读者又各有各的兴趣，在介绍者认为有阅读价值的书，对于阅读者未必发生与趣。记得在好多年以前，胡适之、梁启超两位先生曾经为清华学生开过两张书目表，称为国学的最低限度书目，意思就是说凡属青年必须在国学方面有这一点知识。当时曾引起了不少的讨论，大多数人认为他们的介绍是偏于一方面的，梁启超长于史学的，故注重在历史方面；胡适之当时正在讲哲学，故注重在思想方面，都不免有种成见，要勉强青年们牵就自己。所以他们所开的书目，在一般青年中，没有发生多大的影响。

　　现在的时代又不同了，我们不能叫现在的普通青年再钻进到国学的牛角尖里去，像胡梁时代"整理国故"的提倡一样。如果叫我在这时候再来介绍那一套骨董，不但不合时宜，不切实用，也引不起一般青年的兴趣。

　　我认为阅读的先决条件，要根据兴趣，按照各人的兴趣，去寻求喜读的书，便不致于浪费时间，而能够获得实际的利益。所以照我偏见，与其介绍一些不能普遍地发生兴趣的书，还不如鼓励人去阅读杂志。欢喜文艺的人，可以选读些文艺杂志，例如《文艺春秋》《文艺复兴》以及《戏剧电影》等专门刊物；欢喜自然科学的人，可以选读些科学杂志，例如《科学》《科学天地》《科学大众》《科学画报》《化学世界》等类；欢喜社会科学的，可以选读些属于政治经济社会一类的东西，这一类也很多，有专门研究经济的，如《经济论评》《经济周报》《金融周报》等；有讨论社会的，如《社会评论》《市政评论》等；有讨论政治的如《民治》《民主评论》《改造杂志》等；有研究国际，或教育，或家庭的，如《国际贸易》《世界智识》《教育与社会》《活教育》《家》《伉俪》等；他如《文摘》《文潮》《宇宙风》《西风》《论语》《观察》《新中华》《新闻导报》《建国青年》等等，可以获得各方面的知识；关于指导读书的，有《读书通讯》《上海文化》《读书与出版》《读者文摘》等。还有如《环球画报》《联合画报》、Life等，更能使人从美感中得到许多知识。

上面略举几种杂志，当然有很多挂漏，如果每个青年，能按照自己的兴趣，选购二三种，不停地阅读下去，可以保证他在学识思想上，一定有很快的进步，而且一定能够站在时代的前线。因为杂志是以最新的姿态演出的，无论所介绍的学说，所讨论的问题，所写出的文体，没有一样不是新的。我们可以从杂志得到崭新的知识，我们可以从杂志练习写作的技术，我们可以从杂志修养我们的身心，我们可以在无聊时从杂志得到慰藉，它可以抵制一切不正当的娱乐。杂志之于我们，其关系实在比之入学读正式课本更加重大，所以我常常欢喜劝导青年们养成阅读杂志的习惯，把它看得像吃饭一样重要。

不过有一点，在我们选读杂志的时候必须注意的，就是要有我们自己独立的见解，一切有背景的弯曲理论，要用批评的眼光去阅读它，不要受别人宣传的影响。

○ 原载《青年界》，1947 年第 3 卷第 1 期

可读的书
1947

—— 刘北汜

这里提起的书，都是以前或最近读过，在心里留下深刻印象的书。我喜欢这些书，也愿意郑重推荐给青年朋友们。

在初中读书时候，正是孙俍工的书及描写辞典一类书籍流行的时候，但现在看到了艾芜的《文学手册》，以群译的《新文学教程》，张仲实译的《给初学写作者》，觉得这些才对写作上有实际、具体的指示和帮助。

自传、作家传也读了不少，却格外喜爱上海杂志公司出版的《苏联作家论》。苏联的光辉的作家在这书里都被介绍过，思想路线、主要作品内容的介绍及批评都有简要有力的叙述，令人不忘。

研究作家的作品的书，我佩服欧阳凡海的《鲁迅的书》。这该是一部研究鲁迅作品的重要著作。

把作家的生活和思想的发展过程融为一起，以小说体裁写的作家传记，我特别喜欢群益出版的小册子《佐拉》，茅盾、葛一虹等合译的《高尔基》。传记文学本身体就带出光辉。

我也格外喜爱这两位外国作家的作品：佐拉的力作《萌芽》由倪萌译过来了，这是中国文艺界的大收获，让我们看到了群众力量，让我们懂得了生活的意义；高尔基的《自传三部曲》永远令人向上，向着光明，厌恶黑暗，他初期的作品里的热情也永远激荡着人心。

高尔基至友罗曼·罗兰的伟大作品《若望·克利斯朵夫》，已得到今天的中国青年广泛的爱好，战斗的生活永远带着光辉，我们不能不向往，不追随罗曼·罗兰笔下的人生。

高尔基同时或以后，出现了光辉的作家 A·托尔斯泰，他的《保卫察里津》，那种战斗生活和意志不容易为读者忘记。同时期的里别进斯基的《一周间》，潘菲洛夫的《希罗斯基》，都是力作，都会永记在读过的人的心里。

苏德战争期间，苏联的作家写了很多很多作品，我特别喜爱格罗斯曼的《人民是不朽的！》及《生命》，他的笔写出了俄罗斯人坚毅不拔的人性。《虹》的作者的另一本著作《泥淖上的火焰》（苏桥译，桂林出版），写出了人民怎样反抗暴力，暴力怎样灭亡，也不能令人忘记。

不很喜欢英国的作家。

美国史坦因·贝克的《人鼠之间》是现代美国文艺作品中较为我喜爱的一部。我常常不能忘的，倒是稍早一些贾克伦敦、德莱塞、果尔德诸人的作品。

我应该回到中国来了，我想起的是几位青年作家的作品：穗青的《脱缰的马》，路翎的《求爱》，于逢、易巩合著的《伙伴们》。我喜欢洋溢在这些作品中的追求光明的人性，和求生的力量。

文艺作品以外，就想提到伊林的《书的故事》和房龙的《人类的故事》。两本书都帮助人了解很多东西。

○ 原载《青年界》，1947 年第 3 卷第 1 期

生物学书五种
1947

—— 李毓镛

　　我是一个研究植物学的人，历来所读的书，自以植物学和生物学方面的比较多。所以赵先生写信来叫我给青年界读者介绍几本可读的书，我只预备介绍几本生物学方面的书。

　　说到介绍几本可读的生物学书，在西文书中去找还容易，在国内各书局出版的书中去找却就不十分容易了。翻开各书局的图书目录一看，这类的书，固也不少，但真正能值得郑重推荐的却是寥寥可数。我现在就在其中举出我最爱读的五种，约略介绍于下，以供青年诸君的参考。

　　在生物学的入门书中，最浅近而最为我所爱读的，是十多年以前薛良叔（德焴）老先生所著的《生物的目的是保种》一书。这本书的骨干，说生物的生存是有目的的一点，固已为现代机械论科学家所不敢赞同，但对于生物界各种现象叙述，此书剪裁的妥贴，文辞的晓畅，说理的浅显，实为同类书中所罕见。所以我以为此书不但是研究生物学者最适当的入门书，而且可作说明文的范本。书系河南路一五九号新亚书局出版，高小程度，篇幅很少，价钱大概是不很昂贵的。

　　生物学方面还有一本可以介绍的书是斯考特博士《进化论证》的译本。此书的原文是欧美一本通俗进化论的书籍。因为选材精到，解析明白，所以甚为一般读者所欢迎。此书在国内有两个译笔相差极远的译本。我现在所介绍的一本是冯景兰先生所译，神州国光社出版的一册。冯先生的译文极能传达原书的神髓，大可为学习翻译的范本。此书在第一次读时是不觉得怎样好的，但多读几次，就可以发见其优点的所在了。

在植物学方面，我国坊间出版的通论书籍也不少，但观其内容，大都是千篇一律的取材陈旧，见解偏狭，早已失去时间性。不论在取材方面或是编辑方面都使我心折的，是一本默默无闻的小册子，名叫《植物的系统》，胡哲齐先生编著商务印书馆《自然研究丛书》。此书以极少的篇幅介绍植物界全部的形态生殖法和血统关系，材料新颖，文学概要，一字一语，俱见功力，虽然在初学者看来，那是没有什么趣味的。不过一个青年不学植物学则已，要学植物学此书实在是最基本的必读书。

对于有心研究自身生理，却病延年或将来预备做医生或护士的青年，我觉得应该熟读一本好书，就是美国克梭得宁医师原著，我国陈聘丞先生译订的《人体知识》，最近福煦路六四九号中国科学图书仪器公司发行。这是一本讲述人体生理和病理的书，但写法和坊间一般的生理学却是完全不同的。此书著者写生理则出发于各种各种不同的角度，使读者有一种正确的认识。写病理则大刀阔斧，并且时时纠正一般人的误解，书中又常插有医学史的材料，往往滑稽突梯诙谐百出，读时每不觉是在读一本科学书。著者是美国一位天才横溢的医生，译者是我国年高德劭的一位化学界老前辈，名著佳译，相得益彰。这样的情形在我国的通俗书中实在是很难得的。

最后我还要介绍一本关于通俗的医学史的书，即前书第六章中所介绍到的《细菌的猎人》，此书美国著名的医学作家德刻如弗原著，出版不及二十年而销行数十版，翻版也有好多种，有两种在目前的书摊上还常常可以发见。书中叙述显微镜发明人立文何刻以后，十位有名的细菌学家的故事，取材翔实，情节动人，不过文辞过于蔓衍，不易为我国人所接受而已。十多年前陈明斋医师已将其中两章删去，而把其余各章重写，以便合于国人的胃口。写定之后，还请在本刊写《战后新中国》的胡嘉先生校阅一过。可见著者谨慎之一斑。此书名《微生物界探险者》，开明书店出版。

二月十五日完稿

○ 原载《青年界》，1947 年第 3 卷第 1 期

名家书单

从《何典》想到《平鬼传》

—— 止水

1926

《何典》这书名，我是光绪辛丑年就听见的。那时候我和巴县梅黍雨（际郁）都在绥定府达县"鬼教学"，他当县书院山长，我当府书院山长。我们教书教到"如入无人之境"，本地一个可谈的朋友刘士志（行道）到成都办学堂去了，长远不在家，其余的都看我们一对娃娃山长——那时都才二十多岁，所以他们加我们这个徽号——是怪物。学生呢，内外庠倒有一百多，然而对不住，到如今我记得姓名的不过一两个了，实在当时就没打算用脑筋去记他们。寂寥中的唯一慰藉，就是我和黍雨隔几天聚一次，上天下地无所不谈的熬夜闹到天亮。有一回谈到小时候看过的小说——长篇的鬼话小说，我赏识的有一部叫《平鬼传》，黍雨说他看过的《何典》好，文章是用俗谚组织成功的，运用得非常之妙。他当时还对我背诵了些书中底警句。

好些年了，见卖旧书的就打听这两部书，始终没找着。去年在上海弄堂口底闲书摊上，无意中抓着一本叫《真正鬼话连篇》的，随便翻翻，在末尾忽然

名家书单

发见这么几句："后来养了两个送终儿子，叫做活龙活现，俱做蚂蚁大官。"哈哈——这不是黍雨向我背的《何典》上底警句吗？——黍雨背的末一句是"芝麻大官"，或者他记错了，或者是另一个本子罢？——于是乎花两只小角子买了回去一气看完，果然有些意思。可惜那"济公活佛式"的印刷太恶劣，而且又脱筋落节的弄了许多错讹，殊不足登大雅之堂。今天幸得有刘半农先生替它归宗复姓，印刷，校勘，又都非凡的考究。这《何典》总算是"重见天日"了！因此就愈不能不想起我那"久违芝宇，时切葭思"的《平鬼传》。

《平鬼传》底名字很平庸，不如《何典》俏皮，然而它底内容意趣却比《何典》丰富。它以滑稽的笔墨，写深刻的讽刺，很有些《儒林外史》的气味。而中间底游戏文字，比《绿野仙踪》上的《放屁赋》等等更来得聪明。它底发端是：玉皇大帝怜惜钟馗死得冤屈，封他一个什么官，赐他一口斩鬼剑，去巡察阴间，斩鬼除邪。临起身交给他一张鬼名单，什么冒失鬼、刻薄鬼、酒鬼、色鬼、酸鬼、穷鬼、厚脸鬼，如是之类有好几十个。以后就是钟馗报名捉仿。各个鬼参差出现，每个鬼代表一种社会性习，写得都有声有色，又滑稽又深刻。如其《何典》真可以启发做文章的诀窍，我觉得这《平鬼传》也未尝不可以。

我看这书的时候，不过十一二岁，还不知留心它底著者姓名，和出版年月等等，如今访求起来少了把柄，很是一件恨事。自然小时候的观察力判断力，都不大靠得住，也许再看见它竟不如回想之美。但是小时看过的，如《说唐》《反唐》《平西》《平南》……何以一点都不能勾致我底回想，单单一个《平鬼传》时常隐约模糊时在脑筋里盘旋呢？假如哪位先生，能够像发现《何典》一样的再发现《平鬼传》，让大家来重新估一估它底价值，第一个举手欢迎的当然是我。我所记得《平鬼传》底警句已经不很多了，现在可以写出来做访求这书的记认，就是这么几句："……盖闻君子之泽五世而斩，小人之泽亦五世而斩；今我等既非君子又非小人，则其不当斩也明矣……"《酸鬼（？）上钟馗书》

一五，六，三一，天津寿葫里三十二号

○ 原载《语丝》，1926 年第 87 期第 7—10 页

关于书籍的话

—— 梦侨

1927

日本加藤美仑所著的《珍言与新知识》里，有几段关于书籍的记载，非常的有趣。兹特撮译如左：

第一，世界最大的书籍。

世界第一的大书，要算伦敦博物馆内收藏的荷兰地图了。这地图，是用皮革与纯银制成的表装，所以非常坚固，高七英尺，重八百磅。一千六百六十年，查里斯第二尚未去荷兰以前，以此图赠与英国，遂收藏于伦敦博物馆。此种大地图之旁，陈列小书一册，比拇指的指甲还小，也可以说是世界最小的书了。这小书，长不足一因制的四分之一，宽不足一因制的五分之二，全书二百零八页，字体虽小，然清晰可读。据说，这是十七世纪初期，住在尼阔列尼堡地方的一位德国美术家制作的。

第二，《中国百科全书》。

伦敦博物馆中国部，有一部五千二十卷的《中国百科全书》，是十年以前，用一万五千圆从中国买来的。这部书，是奉清康熙帝的谕旨，选辑二千八百年间之事实而编成的，实为关于中国文学之要籍。康熙深慨己国文学书籍，刊版不良，讹误百出，欲编巨帙，以为后世之模范。因选派当代著名的学者，选择群书；并且命几修耶特派的宣教师，制造铜版，以印此书。惜康熙帝未能目睹此书告成而殂，及雍正即位，继承先志，全书始得告成。据说，此书之成，前后需时四十年云。（本刊编者按：此书即《图书集成》。小圃先生当是沿嘉藤美仑原文，作百科全书，而嘉藤美仑又由英文翻译而来，故失掉它原来的名字。）

第三，比孔的旧著。

弗郎西斯比孔，是归纳法论理之首倡者，一生著述宏富，一千六百二十一年出版的《论文集》，是比孔最后的著作，也曾以一册赠与巴特金噶母公爵。这一册旧书，数年前，曾在伦敦拍卖，得价一万五千圆，为美国富豪究尔几的儿斯弥斯君所得。

第四，引起战争的书籍。

巴里耶特·比查·斯特儿夫人所著的《黑奴吁天录》，为南北美战争之因，亦为美国解放黑奴之前驱者，实为全世界不朽的名著。此书曾经二十二国翻译，专就德国一国而言，即有十二种译本，并且编成戏本，竟有二十种之多。（本刊编者按，中国有林氏译本。）

斯特儿夫人写这本小说之时，虽然十分热心，但有没想到竟能感动世界，刷新美国，使林肯在人类史中博得仁慈的胜利。

这种小说，初登于华盛顿出版的《那修那尔耶拉新闻》，夫人与该报馆约定的稿费极廉，直至第十二回，只得六百圆的稿费。此小说登载以后，惹动一般读者热烈的欢迎，该报发行的数目因之顿增，及单行本出版，遂风靡于世界。然而夫人出让此书之发行权，仅得报酬五十圆而已。

第五，圣书里的遗产。

西洋各国，往往在家庭用的圣书之中，隐藏巨额之金钱，必待其人死后，由其遗族，偶然发见。听说这一类的事，是屡见不鲜的。前数年，巴黎就有这样的一件事，据说有一个法国兵卒，在战地接到老父去世的凶耗，及至战后回家，一看亡父的遗嘱，仅仅留一册家庭用的圣书归他继承。他在圣书里一页一页的检查，竟发见一万五千镑的债券。

又英国有一个负债累累极贫困的青年贵族，有一天，翻阅家庭用的圣书，因为要搜集书中的几个问题，便逐页细查，无意中发见了一纸英国银行的票据。这张票据，数目甚巨，除将其全部债务偿清以后，仅据有下余之数，尚不失为富翁，其数目之巨，也就可想而知了。

又伦敦某学生在旧书铺仅用二三圆，买得旧圣书一册。及回家一看，竟由书中检出一千镑的银行纸币。

尚有一事，此前述者略同，也是在旧书铺买得一册旧圣书，检出七百镑的纸币。后来渐渐探得这书原为某放荡子所有。其先人虽在圣书中给他留此遗产，可惜他毫不在意，竟把这圣书以极廉之价卖与旧书铺了。

第六，古书的价值。

威廉·布列克所著的《马利严吉倭布海分安得海耳》一书，在著者的生前欲卖一文钱，都没有人肯买。到了百年以后的那日，此书的价值，居然值七千圆了。又威廉所著的《弥耳顿论》，现在竟卖至一万八千圆。然而威廉未死以前的文字生涯，每一星期所得的稿费，也不过十八喜林而已。

又，洛巴特班斯在生前也是非常贫窘，然而他当年的诗集，近日在纽约竟卖至一万八千圆。这诗集一页的价值，比他年轻时全部的收入还加多几倍呢。他所使用的一张玛赫噶尼木的桌了现在值六千圆，他自己雕刻的普通玛瑙现在值二千圆。又，他著的《比格里格林斯布洛格列斯》，当发行时的定价，不过一喜林六辨士而已，到了现在，那第一版的竟可以卖一万四千七百五十圆。

○ 原载《小说世界》，1927 年第 16 卷第 16 期第 1—4 页

《挂枝儿》
1929

—— 西谛

前四年时，偶从小书摊上见到一本小书，题为"挂枝儿"。我仿佛在什么地方见到过这"挂枝儿"三个字，便不甚经意的将这本小书购下。当时将它杂置于乱书堆中，也没有时间去读。后来，偶然于收拾书册时，匆匆的将它翻阅了一遍，便觉得这并不是一本寻常的小书，也并不是一本寻常的小曲选本，好几次将它示给几位与我同嗜民间歌曲的人看，他们也都十分的赞美叹赏。这本小书并不是什么难得的书，所以我绝无将它付印的意思。但经了好几位友人的几番搜索而皆无所得之后，我们便知道这书也并不是一部易得的书了。因此，便将它收入《鉴赏丛书》之内印出。

这本小书原是一部选本，只有四十一首的挂枝儿曲子。挂枝儿原来究竟有多少首，我们已无从知道，选者也并不曾提起过它的来源，所以我们也不能知道他究竟是从全部的原书中选下的，还是从他自己所搜集到的许多《挂枝儿》小册子中选下的。

现在既不能得到《挂枝儿》原集，或许多《挂枝儿》小册子，则只好先就这现有的四十一首付印了。我很希望能够得到所谓《挂枝儿》原集，或许多民间印的《挂枝儿》小册子，这个希望我相信并不是不可能的。读者有所见或有所知时，盼望他们能够通知我或将原书寄给我。将来或想再行出版同样的一册或二册。

《挂枝儿》本是有一部集子的，我知道。我曾在一部杂记中，见作者说起过挂枝儿的事。这一则事也选入明代轶闻中（但轶闻也并不注明出处），从那里，我们知道，当崇祯中，有一位放浪不羁的才士，名叫冯梦龙的，曾"作"了一部《挂枝儿》小曲。"冯生的挂枝儿乐府一时大行于时，人人皆能唱之。"这部冯氏"作"的挂枝儿，不知今尚可得到否。也许已经泯灭于人间，也许原"作"者的"冯氏"已无人知之，而此书却仍存在着也未可知。冯氏字犹龙，吴县人。崇祯中贡生，知寿宁县。他常用的笔名是"龙子犹"，入清尚在。他著的书不少，也喜改订他人的著作。所作有《双雄记》《万事足诸传奇》，又订定《量江记》、《牡丹亭》（改名《风流梦》）、《一捧雪》等作，合为《墨憨斋传奇》十余种。又增改《平妖传》及其他小说，编《智囊》《情史》《醒世恒言》《警世通言》《喻世明言》诸书。他是我们所不能忘记的文士之一。像这样的一个着意于传奇小说的人，其"作"《挂枝儿》小曲当然不仅仅是"可能"的事。

然《挂枝儿》的来历却很古，至少这个曲调是盛行于冯氏之前。沈德符的《顾曲杂言》中，有一段记载，今节录于下：

嘉隆间乃兴闹五更……银绞丝之属，自两淮以至江南，渐与词曲相远。不过写淫媒情态，略具抑扬而已。比年以来，又有《打枣干》《挂枝儿》二曲，其腔调约略相似。则不问南北，不问男女，不问老幼良贱，人人习之，亦人人喜听之。以至刊布成帙，举世传诵，沁人心腑。其谱不知从何来，真可骇叹。……

据此，则《挂枝儿》并非冯氏的创作，而实为民间流行的歌曲之一。我们在此有两点都可以相信：一是，《挂枝儿》本为民间的流行曲子，冯氏仅取而删改订定之；一是，冯氏模仿民间流行的《挂枝儿》曲子，而别创新词。这两点都有可能性。在我们没有得到冯氏的原本之前，实不能下断语。

在这里所选入的四十一首中，几乎没有一首不是很好的恋歌。一方面具有

名家书单

民间恋歌中所特有的明白如话，质朴可爱，而又美秀动人的风趣；一方面又蕴着似浅近而实恳挚，似直接而实曲折，似粗野而实细腻，似素质而实绮丽的情调。纯粹的民间歌曲，往往是粗鄙不堪，不能成语的，而这些《挂枝儿》小曲却与它们很不相同。它们显然是出于文人学士之手；或者是他规摹民曲而作的新词，或者是经他删改润饰后的民曲新集。所以在这里的四十一首，我们虽没有充足的证据，却有充足的理由，可以相信他们是冯氏原本中的一部分。

现在且随举一二个例于下：

《喷嚏》

对妆台忽然间打个喷嚏，

想是有情哥思量我，寄个信儿，

难道他思量我刚刚一次！

自从别了你，日日泪珠垂。

似我这等把你思量也，

想你的喷嚏常如雨。

《寄书》

捎书人出得门儿骤叫丫鬟唤转来，

我少吩咐了话头。

你见他时，

切莫说我因他瘦。

现今他不好，

说与他又添忧。

若问起我身体也，

只说灾病从没有。

《嗔妓》

俏哥哥，我吩咐你再不要吃醉。

今日里缘何吃得醉如泥？

陪你的想是个青楼妓。

我且饶了你，

你也要自三思，

他若果有〔爱〕你的心肠也，

怎舍得醉了你。

　　像这样的美歌好曲，当然是要"不问南北，不问男女，不问老幼良贱，人人习之，亦人人喜听"之了。

○ 原载《文学周报》，1929 年第 8 卷第 9 期第 186—194 页

无相庵随笔
1932

—— 施蛰存

《先知》及其作者

亚拉伯的哲人、诗人和画家喀利尔·纪伯兰的著作，我最初读到的是一九二〇年出版的那本《先驱者》（*The Forerunner*）。那是一本精致的寓言小诗集。从别人处借得来之后，以一夕之功浏览了，终觉得不忍释卷。因为篇幅并不多，而且那时恰又闲得没事做，从第二日起便动手抄录了一本。这可以算是我唯一的外国文学的手抄本，至今还妥藏在我底旧书箧里。其后，在大学图书馆里看到他

的另一著作《疯人》，也曾觉得十分满意，这个被大雕刻家罗丹称为"二十世纪的威廉·勃莱克"的诗画家的名字，遂深印在我的记忆里了。

一九二三年，他的名著《先知》（*The Prophet*）出版之后，广告的宣传与批评文的奖饰，使我常以不能有机会一读为憾。直到如今，冰心女士的谨慎的译文，由新月书店之介绍，而使我得以一偿夙愿，感谢无已。只可惜我们的诗人已经在五个月之前故世了。

《先知》一卷，是他毕生精力所凝聚的作

品。据说当他十五岁那年，在故乡贝鲁特（Beirut）的阿利·喜克玛德大学读书时，就已经用亚剌伯文写成了此书，其后他带了原稿到巴黎。二十岁的那年，因为母亲病危，回到波斯顿，这份手稿也随身带着。他曾在病榻边将这年青的先知阿尔·谟思陀法的故事讲给他的母亲听，他母亲说："这是一部佳作，我的孩子。但时候还未到呢。把它搁起来罢。"他遵从了母亲的劝告，这亚拉伯文的《先知》又冷冷地闲搁了五年。到二十五岁，他又在巴黎了，这声誉鹊起的年青的画家，已引起了罗丹的注意，他的画也已有两次被选入在沙龙画展里了，这时他才动手把全诗重写一遍，但仍旧是用的亚拉伯文。现在他已没有母亲来称赞他了，他给自己高声吟诵了一遍，说道："这是一部佳作，纪伯兰。但时候还未到呢。把它搁起来罢。"于是这本惊世的著作又尘封了十年。

直至回到美国，在朔方的冬夜里，他漫步于中央公园（Central Park）；在夏季里，他漫步于科哈赛邻近的森林中与海岸边，于是这本有趣味的书由诗人亲自用英文写出来，经过了五次的重写，才于一九二三年印行出版。这样便是《先知》的历史。从这里，已经足够想见作者是如何重视他这本著作了。然而，在我个人的好尚，觉得它虽然有许多美不胜收的名言哲意，虽然极其精警，但对于这种东方圣人正襟危坐的德教体裁，终有些不耐烦。我是宁愿推荐上文提起过的两种寓言小诗集的。在那里，我们可以领略到许多的幽默，正如读屠格涅夫的散文诗和梭罗古勃的小品一样地愉快——不，应当说不愉快。

关于纪伯兰的生平事迹，这里顺便也可以片段地记载一些。他的父母是利巴嫩人，一八八三年一月六日，他诞生于四千年的古城俾夏莱（Becharré）。当他三岁的那一年，俾夏莱起了一阵大风暴，他便脱下了他的小袍子，跑出门去高声叫喊道："我和风暴同去！"到了四岁，他在园地上掘了深坑，把小碎纸片埋下去，他以为这样便会生长出美丽洁白的纸片来的。六岁的时候，有人送给他一本意大利画圣李渥那陀·达·文峃的画集，他翻看了几幅之后，突然神秘地哭起来了。这是他得到达·文峃的感应之始。从此以后，他就仿佛自己就是达·文峃了。有一次，他父亲偶然呵责了他几句，他便忿然地答道："这管你什么事？我是个意大利人呀。"这样地到了七岁，有一天，他对他的母亲说："妈妈，我很不喜欢我的名字里的 h 这个字的地位。我可以给它移掉一下吗？"他的原名是 Khalil Gibran，他母亲问他为什么要更改 h 的地位。于是他写了这两个字：Khalil 和 Kahlil，对她道："你看，改掉一下不是更好看些吗？"于是他的名字便改为 Kahlil Gibran 了。

纪伯兰最早的诗画是制作在雪和砂石上的。在他父亲的花园里，到了冬季，积雪甚厚，过路的人便会得说："看啊，小纪伯兰又在那里写些什么了。"待到大地回春，雪消冰解，利巴嫩的白头翁花盛开了，他便搬了许多石块在这种高大的树荫下，砌造白色的伽蓝和庵堂。到后来，他突然能以文字著作了，亚剌伯文、法文、英文都擅长，因为他是从小就用这三种语言的。他一页一页地写，写好后，自己读一遍，就撕碎了。同时，他用颜色铅笔在纸上绘画，画成后，自己看一看，也就毁了。他的画的泉源是达·文岂和大自然，诗的泉源是大自然和母亲所授的诗歌和故事。他会得坐对着达·文岂的画集，历数小时而不倦，他又会得凝望着遥天，或注视着太阳（他生就了一双火眼），以至于忘记了晷刻。当他的母亲用温柔的声音给他唱原野和高山的歌谣，或演述利巴嫩的故事的时候，他会得整天地坐着静听。他曾经说他的母亲，"她生活在几千首诗里，但是从没有写过一首诗。"所以，正如他自己所曾说的："静睡在母亲心里的歌，将在孩子的嘴里唱出来。"他所赐赉给我们的，是他自己的诗，亦即是他母亲的诗。

他是个健全的泛神论者，他的爱宇宙，几乎到了全部的灵魂都与宇宙混合的程度。"假如你要认识上帝，就不要做一个解谜的人。不如举目四望，你将看见他同你的孩子们游戏。也观看太空；你要看见他在云中行走，在电中伸臂，在雨中降临。你要看见他在花中微笑，在树中举着他的手。"（冰心女士译《先知》第九九页）他对于宗教曾经有过这样的话。所以，在西方，人对于他的认识，只是一个近东古国的哲人、诗人和画家。而在东方，因为他的诗"精神的反抗"曾经震惊了土耳其帝国和教会，他却被奉为精神的革命家，少年亚剌伯诗坛的监主。

有一个亚剌伯诗人曾呈献给他一本抒情诗集，卷头上写着这样的献辞：

给永恒的诗的复生者，

给觉醒了东方精神的精神的火焰，

给纪伯兰·喀利尔·纪伯兰，我们的大师，

我呈献此书，他的声音的回响之回响。

他的著作并不多，但都是经过了极度的劳瘁而写定的。他常常在卧室里走来走去，推敲他的诗句，而忘记了夜尽，直到突然地从玻璃窗上看见天光，才会得不相信似地吃惊着说："喔，天明了！"于是倒身在软榻上，和衣而睡。在他逝世前两星期，他曾说"我害了工作的病！"谁知这病竟使他不治了。

《无意思之书》

约翰·罗斯金作《最佳作家一百人名录》，将《无意思之书》的著者爱德华·李亚列在第一，对于他的神味之清爽，韵律之完美，创造力之不容摹拟，深致倾倒。我因了罗斯金的推荐，早就在搜求这所谓《无意思之书》，不知究竟是怎样一部著作，值得这一世的文艺批评家如此称许。那时《万人丛书》中尚未收此书，一时竟不易买到。去年，偶然在蓬路一家旧书店中得到了此书，真是喜出望外的事。全书一册，共四卷。第一卷就是《无意思之书》，第二卷是《无意思歌谣、小说、植物学及字母》，第三卷是《无意思诗、画、植物学及其他》，第四卷题名是《发笑的抒情诗：无意思诗歌，植物学新编》。这无意思文学大师的全部著作便尽在于此了。

爱德华·李亚从小就是一个很爱东涂西抹的孩子，他常常在同学的教科书上画满了画。稍长一些，他曾在一张纸板上画了一对鸟，拿到一爿小店里去卖了四毛钱。后来出了学校，就在一个万牲园里做画师。他辛勤地工作了好几年，一日，当他正在园里摹绘一羽鸟的时候，有一个老绅士走过来，站在他背后，看他画，渐渐地和他攀谈起来，到最后，对他说："你到克诺斯雷来给我画禽鸟罢。"那时李亚竟不知道克诺斯雷是个什么地方。原来这老绅士便是窦佩伯爵第十三世。于是李亚便到了克诺斯雷，做了伯爵的门下士。现在讲究古版本的藏书家所珍视的《克诺斯雷禽囿图》便是李亚的手笔。这时他已在很用心地研究风景画了。英国的冬季使他的身体觉得不健康，窦佩伯爵便资助他旅行到意大利去，此行的成绩便是在一八四六年出版的《意大利旅行画集》。他对于旅行有特殊的嗜好，游兴所至，他简直会不顾到平安与健康。迦拉字里亚、西西里、西那伊荒漠、埃及和奴比亚、希腊和阿尔巴尼亚、叙利亚、巴莱斯丁，这些地方都曾印过他的游踪，都曾对于他的画笔有过贡献。当时的大诗人丁尼生（Tennyson）曾作

了一首题名为 *To E. L. on His Travels in Greece* 的诗，就是赠给他，恭维他的风景画的。他定居在圣·雷模（San Remo）的时候，已是将近六十多岁的人了，但他还想到印度和锡兰去玩一次。第一次启行，不幸在苏彝士运河里生起病来，只好回转。直到第二次才得成功，带了许多新作回来。这便是爱得华·李亚的生平。

我们看了他的好游，觉得差不多可以与我国的徐霞客相颉颃，所不同者，一个是写成了许多纪行文，一个是画就了许多风景画。《无意思之书》四种，都是他寄居在窦佩伯爵府中时所著，是供给儿童阅读的一种诗画集（有两篇散文的故事）。它的好处，除了插绘的有趣，诗韵的和谐之外，最被人所称道的便是它的"无意思"。无论是诗歌、故事、植物学，在每一句流利的文字中，都充满了幻想的无意思。他并不想在这些诗歌故事中暗示什么意思，他只要引得天真的小读者随着流水一般的节律悠然神往，他并不训诲他们，也不指导他们。这种超乎狭隘的现实的创造，本来不仅是在儿童文学中占了很高的地位，就是在成人的文学中，也有着特殊的价值。在被伊索普和拉芳丹纳这种训迪诗的势力所统治的儿童文学的领域中，李亚首先揭橥出"无意思"这大纛来做了很成功的尝试，给儿童文学一个新的生机，我们固然不能不称颂他。就是一直到了现在，一方面是盛行着俨然地发挥了指导精神的普罗文学，一方面是庞然自大的艺术至上主义，在这两种各自故作尊严的文艺思潮底下，幽默地生长出来的一种反动——无意思文学，虽然好像是新鲜的产物，但若追踪其原始，我们恐怕还得远溯到五十年前的爱德华·李亚吧。

然而，在我国，这"无意思"的意思是不容易被人了解的。成人的文学固然不必说，即使是儿童文学，现成的一首无意思的趁韵歌，也会有儿童文学专家来加以注释，附会出一些浅陋的道德教训来，生生地束缚住了儿童的活泼的幻想力，那里还会有爱德华·李亚这种老傻子，肯白耗费了画笔和诗才来给儿童开辟这意想不到的乐园呢。

（本文为节选。）

二十一年四月十八日

○ 原载《现代》，1932 年第 1 卷第 1 期第 29—37 页

《陵汴卖书记》
1935

——寒峰

　　《文明小史》第二十四回，曾经说到一个到济南赶考的书商，说他是"一位大维新的豪杰，八股出身，做过几年名秀才，只因常常出外游学，居然是位'维新的领袖'，他这回去卖书，自己也下考场。事后并作了一部《济南卖书记》"。李伯元很丑恶的把他列传了一番。当时读过，我很怀疑是有所指，但捉不定他指的究是谁个。

　　后来看《癸卯新民丛报汇编》，见目中有《读金陵卖书记》一文，乃恍然大悟。据《丛报》称，此书不知何人作，说作者是"有学者，能文者，爱国者"，评此书为"虽小篇亦见精神"。并征引论小说，论翻译，写考生各段，以见其内容。当时颇有一读之念，愿无缘得到。

　　后来《来青阁书目》出版，查有此册，并《汴梁卖书记》一种下署梁启超著，乃欣喜欲狂，及至去买，竟已为人购去。嗣后常以不得见此书为恨。最近过"粹宝斋"，见主人床头，竟有《汴梁卖书记》一册，因询其曾否收到《金陵卖书记》。主人谓："有是有，但不知放到何处去。"因重托之，然仍恐到不得手也。直到日昨，亲与主人翻检历数小时，始得之于乱书堆中，其快慰之情，殆可见矣。

　　书非梁启超作也，署名公奴，就其内容观之，大约是那时的"开明书店"的主人。李伯元所著，实是影射此君，事实自多臆造。《金陵记》二卷，上写各种书发卖情形，及所以畅销滞销之优点缺点，"为引入文明者校准其方针"；下则写考生在场内外种种生活状态，及学识大略，"以示社会之现状"。所叙年代，是光绪二十八年壬寅（一九〇二）。《汴梁记》是翌年所作，分三卷，上为卖书情形，中为旅程志，下为人物志。书里曾说到《金陵记》，伪托此书是友人所作：

《金陵卖书记》，友人某去年所志，描写内地社会情状，颇极妙肖。于此间为非卖品，遇有记中相似人物，辄投之以当药石，旬日间指索甚众。或称其学问之博，或赞其笔墨之工，其转语则比之禹鼎，未免太酷云云。然用为开凿利器，却无过是。一日，有客昂然入，拣阅书数十种，随手一揭，即云不好，置之。又揭一书亦如之。余友应柜者，亦孝廉也，询以何科。大声答曰：甲午。阅书如故。其胸中举人二字，膨胀巳臻极顶，故外形亦庞然而不觉。继而选定书数种，问曰：有无折否？答以无。则鼻应曰"哼"。又问：能欠乎？答以不能。又应曰"哼"。声益厉，同人知其非药不灵也，急以《金陵卖书记》进。客受而问价，答以非卖品，遂与同来者并观之。未及数行，两人相顾语，蛮缺不可辨，忽掷书汗赧而遁。

两记内容，即此一例可知。盖亦是谴责之作。书虽均短小，有两点是极可称的。其一，是关于考生生活思想及种种丑态的暴露；其二，是从"生意眼"的一点上以见运动的进展及其缺陷。二记并不是怎样了不起的书，但能使后来的人，能以看到当时文化方面的部分形象，这是可贵的。《新民丛报》的批评，却是注意于"借镜"的一点。

譬如《金陵记》的论小说："小说书亦不销者，于小说体裁多不合也。不失诸直，即失诸略，不失诸高，即失诸粗。笔墨不足副其宗旨，读者不能得小说之乐趣也。即有极力为典雅之文者，要于词章之学相去尚远，涂泽满纸，只觉可厌，不足动人也。今新小说界中，若《黑奴吁天录》，若《新民报》之《十五小豪杰》，吾可以百口保其必销。经国美谈次之。然龙溪固小说家之雄，如所撰《浮城物语》者得词章家以评之，必有伟观。"而在后两节中，则评为"今之为小说者，俗话所谓开口便见喉咙，又安能动人。"都可看到作者怎样从"生意眼"上来论学。其说翻译书历史书的缺点，尤其深到处。最有趣的，是写考生以如何的姿态来买生理学诸书：

"……一见其图，喜跃不自已。然惟恐人之见之也，故来购必以暮夜。避师友，屏群从，伺人少时以只身来。其择取之也，指以手，而口不取道也。稍高者则目之为闲书，意若谓可有可无，取以销永日耳。……"一派腐儒的神气，写得真是活现。然在另一面所呈现的，却又是一种姿态："考棚街上之考先生，大莫与京，等无可对者也。其招摇过市时，一服所抹倒者，皆市侩也。"一其横行又可见。故此书之末，有考生五变六变，场内场外生活素描，以穷形极相。至彼等对新学之了解，是于"时务通考"外，一无所知，便是"时务通考"，也大都不曾读过。

如《金陵记》所说："李鸿章康南海二书，最足起其疑问。见者辄大诧曰：何谓李鸿章？告之曰：其传也。则何以无传字。摇首咋舌不自已。"又如："一日，有以亚东地球全图问者，有客在座，为之哄堂。其人始则赧然，既而曰：吾确见报上有此书名，谅尔店无此物耳。颔之乃去。"甚至"有指宁波香港而问为何解者"，其可笑可怜盖得以见矣。《丛报》对《金陵记》加以赞扬，是确有可赞之处的。

《金陵记》以写考生生活为最好，《汴梁记》则特写了考生购书的酸态，扩大一点说，就是更详的写了卖书的情形。甚至为想节省一文钱，不惜伪作穷窘，哀告求乞，或告贷邻家，抢书径定。篇首所举大肚"举人"亦是此种人物之一。而两记相较，亦可见江南确比北方开通得多。

《汴梁记》有一则写买书的情形道：

"凡阅书目，大半如读东观书，亦不辨书中部类，随指一书取阅，以两手合书，从中间翻头展，左右顾视，一展辄数页，即随书掩阁，又指索别卷，亦如之。少或数种，多则十余种，或历数分钟久，或一小时，叩以究欲何书，又错愕不知所对。求一先看叙文目录者，十不得一二。及选定何书，则斤斤论价，以为必有折扣。因此不成而去者，日必数起。"

那边的考生大概是如此的，对新书殊少兴味。也就因此，作者遂不得不改变计划，专写那边考生买书丑态，盖无法"藉兹考察，以资改革"也。两书相较，以《金陵记》为优，其显示之社会性极强，而《汴梁记》着眼于"旅程""友朋"，较强于私生活。我终幸得见此册以见当时情形。如此辈中人有存者，目击四十年来世界之进展，再重读此编，回想当时对"新学"之惊讶，不知其将如何哑然嗟叹呢！

○ 原载《申报》，1935 年 10 月 18 日第 18 版第 22443 期

谈诗文

——知堂

《宇宙风》新年号《二十四年爱读书》中有王肯堂的《笔尘》一种，系叶遐庵先生所举，原附有说明云：

明朝人的著述虽很有长处，但往往犯了空疏浮诞的通病，把理解和事实通通弄错。王肯堂这一部书，不但见地高超，而且名物、象数、医工等等都由实地研究而发生很新颖坚确的论断，且其态度极为忠实。王肯堂生当明末，好与利玛窦等交游，故他的治学方法大有科学家的意味。这是同徐光启、李之藻、金声等都是应该推为先觉的，所以我亦很欢喜看这部书。

我从前只知道王肯堂是医生，对于他的著作一直不注意，这回经了遐庵先生的介绍，引起我的好奇心，便去找了一部来看。原书有万历壬寅（一六○二）序文，民国十九年（一九三○）北平图书馆用铅字排印，四卷两册实价三元，只是粉连还不是机制的，尚觉可喜。《笔尘》的著者的确博学多识，我就只怕这有许多都是我所不懂的。第一，例如医，我虽然略略喜欢涉猎医药史，却完全不懂得中国旧医的医理，我知道一点古希腊的医术情形，这多少与汉医相似，但那个早已蜕化出去，如复育之成为"知了"了。第二是数、历、六壬、奇门、阳宅等，皆所未详。第三是佛教，乃是有志未逮。我曾论清初傅冯二君云：

青主为明遗老中之铮铮者，通二氏之学，思想通达，非凡夫所及，钝吟虽儒家而反宋儒，不喜宋人论史及论政事文章的意见，故有时亦颇有见解，能说话。

我们上溯王阳明、李卓吾、袁中郎、钟伯敬、金圣叹，下及蒋子潇、俞理初、龚定庵，觉得也都是如此。所以王君的谈佛原来不是坏事，不过正经地去说教理禅机便非外行的读者所能领解，虽然略略点缀却很可喜，如卷四引不顺触食说东坡的"饮酒但饮湿"，又引"耳以声为食"说《赤壁赋》末"所共食"的意思，在笔记中均是佳作。归根结蒂，《笔尘》里我所觉得有兴趣的实在就只是这一部分，即说名物谈诗文发意见的地方，恐怕不是著者特长之所在，因为在普通随笔中这些也多有，但是王君到底自有其见解，与一般随波逐流人不同，此我所以仍有抄录之机会也。卷四有两则云：

文字中不得趣者便为文字缚，伸纸濡毫，何异桎梏。得趣者哀愤佗傺皆于文字中销之，而况志满情流，手舞足蹈者哉。

《品外录》录《孙武子行军》篇，甚讶其不伦，后缀欧阳永叔《醉翁亭记》，以为记之也字章法出于此也。何意眉公弃儒冠二十年，尚脱头巾气不尽。古人弄笔，偶尔兴到，自然成文，不容安排，岂关仿效。王右军《笔阵图帖》谓凝神静思，预想字形，大小偃仰，平直振动，令筋脉相连，意在笔前，然后作字。吾以为必非右军之言。若未作字先有字形，则是死字，岂能造神妙耶。世传右军醉后以退残笔写《兰亭序》，旦起更写皆不如，故尽废之，独存初本。虽未必实，然的有此理。吁，此可为得趣者道也。夫作字不得趣，书佣胥吏也，作文不得趣，三家村学究下初缀对学生也。

此言很简单而得要领，于此可见王君对于文学亦是大有见识。其后又有云：

四月四日灯下独坐，偶阅袁中郎《锦帆集》，其论诗云，物真则贵，真则我面不能同君面，而况古人之面貌乎。唐自有诗也，不必选体也，初盛中晚自有诗也，不必初盛也，李杜王岑钱刘下逮元白卢郑，各自有诗也，不必李杜也。赵宋亦然。陈欧苏黄诸人有一字袭唐者乎，又有一字相袭者乎。至其不能为唐，殆是气运使然，犹唐之不能为选，选之不能为汉魏耳。今之君子乃欲概天下而唐之，又且以不唐病宋。夫既以不唐病宋矣，何不以不选病唐，不汉魏病选，不三百篇病汉，不结绳鸟迹病三百篇耶。读未终篇不觉击节曰，快哉论也，此论出而世之称诗者皆当赧面咋舌退矣。

案此论见卷四《与丘长孺书》中，与《小修诗序》所说大旨相同，主意在于各抒性灵，实即可为上文所云得趣之解说也。不过这趣与性灵的说法，容易了解也容易误解，不，这或者与解不甚相关，还不如说这容易得人家赞成附和或是"丛诃攒骂"。最好的例是朱彝尊，在《静志居诗话》卷十六《袁宏道》条下云：

传有言，琴瑟既敝，必取而更张之，诗文亦然，不容不变也。隆万间王李之遗派充塞，公安昆弟起而非之，以为唐自有古诗，不必选体，中晚皆有诗，不必初盛，欧苏陈黄各有诗，不必唐人。唐诗色泽鲜妍，如旦晚脱笔砚者，今诗才脱笔砚，已是陈言，岂非流自性灵与出自剽拟，所从来异乎。一时闻者涣然神悟，若良药之解散而沉疴之去体也。乃不善学者取其集中俳谐调笑之语，……是何异弃苏合之香取蛣蜣之转耶。

这里他很赞同公安派的改革，所引用的一部分也即是《与丘长孺书》中的话。卷十七《钟惺》条下又云：

礼云，国家将亡，必有妖孽，非必日蚀星变龙漦鸡祸也，惟诗有然。万历中公安矫历下娄东之弊，倡浅率之调以为浮响，造不根之句以为奇突，用助语之辞以为流转，着一字务求之幽晦，构一题必期于不通，《诗归》出一时纸贵，闽人蔡复一等既降心以相从，吴人张泽华淑等复闻声而遥应，无不奉一言为准的，入二竖于膏肓，取名一时，流毒天下，诗亡而国亦随之矣。

诗亡而国亦随之，可谓妙语，公安竟陵本非一派，却一起混骂，有缠夹二先生之风，至于先后说话不一致还在其次，似乎倒是小事了。朱竹垞本非低能人，何以如此愤愤？岂非由于性灵云云易触喜怒耶。李越缦称其成见未融，似犹存厚道，中国文人本无是非，翻覆褒贬随其所欲，反正不患无辞，朱不过其一耳。后来袁子才提倡性灵，大遭诃骂，反对派的成绩如何，大家也记不起来了。性灵被骂于今已是三次，这虽然与不佞无关，不过因为见闻多故而记忆真，盖在今日此已成为《文料触机》中物，有志作时文者无不取用，殆犹从前做策论之骂管仲焉。在一切都讲正宗道统的时候，汩没性灵当然是最可崇尚的事，如袁君所说，殆是气运使然。我又相信文艺盛衰于世道升降了无关系，所以漠然视之。但就个人的意见来说，则我当然赞成王君的话，觉得一个人应该伸纸濡毫要写就写，不要写就不写，大不可必桎梏而默写圣经耳。

○ 原载《宇宙风》，1936 年第 12 期第 572—573 页

丁汝昌遗墨及其他

1941

——魏如晦

《丁汝昌遗墨》

战前在苏州，曾获得石印本《丁汝昌遗墨》一册，时寿昌兄正攻甲午中日战史，故至南京时，遂并他书贻之，今已付诸浩劫矣。忆该书卷首，有一叙，云系自日印本缩刷，对所载《丁氏降书》二通，力辨其伪，且有丁氏坐舰图。书为连史线装，三十二开大小，印工拙劣。

日前过西摩路两旧书肆，搜书不得。将行矣，忽于架头得精裱之帖本一帙，盖即《丁汝昌遗墨》之原印原裱本。印刷之精，远过石印。此不易得之中国"辱国文献"也，遂挟之归。

全册内容，首伊东佑亨《叙文》四页，次丁氏肖像，及日文《略传》七页。次丁氏与伊东咨文封筒三影，降书二通六页。次与戴宗骞书五通十一页，附信封摄影。又次重野安《译文》五页，大冈长峡《跋文》二页。合四十单页，版权页注：八田公忠编辑，中央新闻社发行，明治二十八年九月刊，盖即光绪乙未（一八九五）也。

伊东佑亨《叙》云：

威海之役，大冈长峡以新闻记者从我军，亲自击其战状，获丁汝昌手柬数通于戴宗骞营中，即斯帖所载是也。将印刷公世，乞余并降服状二通以付刊。

丁之乞降，实出于挽救生灵之意，其情悃义侠，足感敌人心，决非宗骞辈畏懦狼狈之类。就其遗笔，察其事情，经画周到，思虑缜密，讫死而不变，有古名将之风。宋陆秀夫将水军，殉节于崖山，世以为名臣，比之汝昌之竭节救众，如有惭色。则世人之宝重斯帖，经久弥新也，必矣。长峡又乞余题帖首，乃书此与之。

余尝见日人某所作《秦桧论》，广征博引，达二万余言，以反证秦桧非奸，而由于当日情形，非和金不足以自救，对武穆之力战反有微词，与伊东之誉丁氏远过陆秀夫，殆有类之。投降而曰"情悃义侠"，而为"感敌人心"，而有"古名将风"，此真不知为妙论，为丑诋，抑为欺骗?

丁氏降书，日文《甲午战史》多载之，中籍则未之见。其一，为光绪乙未正月十八日之咨文：

革职留任北洋海军提督军门统领全军丁。为咨会事，照得本军门前接佐世保来函，只因两国交争，未便具覆。本军门始意，决战至船没人尽而后已。今因欲保全生灵愿停战，将在岛现有之船，及刘公岛并炮台军械，献与贵国，只求勿伤害水陆中西官员兵勇民人等命，并许其出岛归乡，是所切望。如彼此允许可行，则请英国水师提督作证。为此具文咨会贵军门，请烦查照，即日见覆施行。

其二，为同日接覆文再给伊东之函件：

伊东军门大人阁下：

顷接覆函，深为生灵感激。承赐礼物，际兹两国有事，不敢私受，谨以璧还，并道谢忱。来函约于明日交军械炮台船舰，为时过促。因兵勇卸缴军装，收拾行李，稍需时候，恐有不及。请展限定于华历正月二十二日起，由阁下进口，分日交收刘公岛炮台、军械，并现在所余船舰，决不食言。端此具覆，肃请台安，诸希垂察。不宣。

丁汝昌顿。

两文与后载《与宗骞书》，笔迹殊不类，然就史实观之，当非伪作，且亦无伪作必要。翻本力辨其非是，想系为"顾全面子"而已。特伊东等以此印行，且故炫其词，未免可恶耳。与宗骞书，大都为应援事宜，惟第一书，殊足窥见当时所以终归失败之机：

……汝昌以负罪至重之身，提战余单疲之舰，责备丛集，计非浪战轻生，不足以赎罪。自顾衰朽，岂惜此躯？惟以一方气谊冈弗同袍，骖斯之倚，或堪为济。然区区之抱，不过为知者道，但期共谅于将来，于愿足矣。惟前军情，有顷刻之变，言官逞论列曲直，如一身际艰危，尤多莫测。迨事吃紧，不出要击固罪，既出而防，或有危不足回顾，尤罪。若自为图，使非要击，依旧蒙羞。利钝成败之机，彼时亦不暇过计也。……

于此可见，当时中国之作战，实无统一通盘计划，接济调整毫无准备，内部复互相倾轧，专委罪他人，如此作战，焉得不败？"如一身际艰危"，丁氏此种愤慨，确有其因，证之他籍，亦无不然。顾丁氏虽际此艰难环境，而不能力战到底，徒为顾全僚属，不惜辱国投降，为万世羞，终可耻耳。此即时至今日，重展其降书遗牍，仍不免有无限愤慨也。

全册各页图版，似系按原底大小摄制。页高约九吋九分，宽四吋八分至五吋四分不等。宣纸印，洒金纸衬裱，章印朱色。丁氏遗像，用珂罗版制。衬版灰色绫裱，首页中心贴洒金"丁汝昌遗墨（完）"书签。裱册高十吋九分，宽七吋二分。系非卖品，流传中土，当不多也。

无名氏《庚申北略》

余所得英法联军册子，此本最为简要完整，不知为谁氏作也。系传抄本，文长不及四千言，而此役经过，已极清晰，可谓能手。末附《感怀》八首，对当局及主和派，及贪官污吏，颇有诋词，对"那堪宫阙重回首，烽火连天失建章"尤致愤慨。其记事沉痛处，直使人如读靖康诸私家载纪。

录联军逼京以后事于此，以见大略：

八月二十二日

僧王移军迤北。夷人自朝阳门（即齐化门）向北，绕道过德胜门，薄暮径趋海淀。恭王避走。是夜德胜门外，火光烛天，海淀被焚。

二十三日

僧王军溃。夷人僭居圆明园。

名家书单

二十五日

夷人毁圆明园，尽掠御用器物，移军安定门外。有照会来云，须恭王面议，以十三日为限。时恭王避居长辛店。瑞相国，文统领，亦往。

二十八日

夷人以我国无复函，又来照会云，定于二十九日午刻，带兵入城，准由安定门进，代司管钥。不尔，则用炮攻城。

二十九日

大开安定门，备夷馆于国子监，三处具供帐，请夷人入。午刻，夷首巴雅里，带百五十人入城。不进馆，不赴宴，径扎营门内，遂据守安定门。策马登城，架炮于城楼，皆内向。门外民居，尽为灰烬。嗣后夷兵陆续入城不计数。溯自六月夷人至天津，夷兵带广匪不满万，乃两月以来，终未与之一战，辗转退避，以致夷人深入，开门入都，大抵皆主和议之说故也。

九月初二日

恭王移住彰义门外之天宁寺。对夷人许和，仍照前议，又增设条款，其大要有四，一需现银二百万两，其余陆续扣税作抵。一天津马头通商。一京都造夷馆，英臣驻扎。一随往各处行天主教。上巳驻跸热河，有旨僧王革爵，瑞麟革职，因夷人突至海淀毁园，不能拦截也。

初四日

奉谕，已谕恭亲王择地驻扎，断难入城议抚。是日夷人因闻被俘二十余人，分交各县监禁，内死二十一人，忿甚，再毁圆明园未烬殿宇，及万寿山，玉泉山，昆明池各处。

自初四晚至初六日，火日夜不息，烟焰蔽天。又需索抚恤银五十万两。寻夺怡王府居之。

初九日

给以恤银如数。恭王移进城内法源寺。

初十日

准在礼部署，恭王与夷人面交和约，夷人忽辞以翌日。

是日未刻巴雅里先来巡视一周，疑有伏也。

十一日和议，十二日交换和约？至十九日始退兵。和约条款，如近代史籍所载记。此册于交换和约经过双方手续、礼节，记载甚详。而志八月初三日通州议和不成经过，尤足见战胜国之威焰：

初三日

在通州东岳庙设盛筵，请夷酋巴雅里，艾嘉略会议。宾主四人，并列四席。巴雅里至，即叱曰："宾主席岂能并列？"命撤主席旁坐。酒数巡，巴雅里曰："今日之和，我须面见尔主，却不能跪。"怡王曰："我国之礼，见皇上，自王大臣以下无不跪。"巴雅里曰："我非中国臣也，安得跪？"久之，穆荫商之怡王曰："事且从权，远立不为皇上见，或亦可耳。"又久之，巴雅里曰："我国奉天主是天子，我是天子之使，与尔中国主，应以敌礼见，面交和约。"怡王怫然，争之不决。又久之，穆荫请之怡王曰："王且退再议。"怡王与穆荫同出，留恒祺在彼候信，恒祺者，前任粤关监督六载，与巴习识者也。巴曰："我须眠，速备好卧具来！"如所请。……

当时战胜国之凶焰如何，是可以见。而穆荫云云，真是卖国奴才而已。远立而不为皇上见，此真所谓聊以解嘲之阿Q心理。铅排本《振绮堂丛书》中，不知是否有此册，如他书未见，殊有将全文印出必要也。

李希圣《庚子传信录》

此册余先后所得，有三印本。一为托名日人小山秉信著之明治三十五年（光绪二十八年，一九〇二）铅排原印本。二为改署作者真姓氏李希圣之清季石印改订本。三为小山本翻印，改题《晚清平妖传》之民初印本。原印本及翻印本，有托名日人松平直三郎叙文，及小山自叙，改署真名之石印本皆略去。

书系排日记事体，载联军入京前之宫庭情形甚详。原印本始五月初十日俄使上书，终七月二十四日慈禧光绪西巡达沙城。改订时删去一日，止于二十三，两宫至怀来时也。余所见记当时宫庭间情形之书，无过此册之能尽其秘者。自叙云："不敢自足于文，要无愧于信史"，其真确性可知。书首并有小引，述义和团起源，及西后仇洋及利用拳民之经过。

兹录五月二十日所记，以见当时宫庭争议之激烈：

二十日

焚正阳门四千余家，京师官商所集也，数百年精华尽矣。延及城阙，火光烛天，三日不灭。是日，召大学士六部九卿入议。太后哭，相顾逡巡，莫敢先发。

吏部侍郎许景澄言："中国与外洋（石印本作国）交数十年（石下有"矣"字），民教相仇之事，无岁（石作年）无之，然不过赔偿而止。惟攻杀使臣，中外皆无成案，今交民巷使馆几于（以上四字石作已）朝不谋夕，倘（石作设有）不测，未知宗社生灵，置于何地。"太常寺卿袁昶言："衅不可开，杀使臣非公法。"慷慨歔欷，声震殿瓦。太后目摄之。（石下有夹注曰：太后曰："时艰至此，尔等亟陈所见。言已泣下。诸臣有疑为忧匪乱者，不知其志在开衅也。"）

太常寺少卿张亨嘉言："拳匪不可恃。"

仓场侍郎长萃在亨嘉后，大言曰："此义民也。臣自通州来，通州无义民不保矣。载漪载濂等和之，言人心不可失。"

上曰："人心何足恃，只益乱耳。今日人喜言兵，然自（石无自字）朝鲜之役，创巨痛深，效亦可睹矣。况诸国之强，十倍于日本，合而谋我，何以御之？"

载漪言："董福祥善战，剿叛回有功，以御夷，当无敌。"

上曰："福祥骄难用，夷器利而兵精，非回之比。"侍讲学士朱祖谋，亦言福祥无赖，载漪语不逊。上嘿然。廷臣皆出，而载漪刚毅遂合疏言，义民可恃，其术甚神，可以报仇雪耻。闻者莫不痛心，诋为妖孽，知其必亡。然畏太后，不敢言也。

是日，遣郡桐景澄往杨村，说敌（石作夷）兵，令毋入。遇拳匪劫之归，景澄几死。敌（石作夷）兵援使馆者，亦以众（石作兵）少不得达（石作进），至落垒而还。

会议连续三日，双方相持，以太后"意向拳民"，袁昶、许景澄等遂终不免。而朝庭决定，终至"下诏褒拳匪为义民。"其最后之争执，激烈过于第一天，太后对反拳诸臣，直欲起杀机矣。时为二十二日，最后争论之一阶段，有如次录：

二十二日

又召见大学士六部九卿。载漪请攻使馆，太后许之。联元亟言不可，倘使臣不保，洋兵他日入城，鸡犬皆尽矣。载澜曰："联元贰于夷，当杀。"太后大怒，命立斩之，会左右救之而止。

协办大学士王文韶言："中国自甲午以后，财绌兵单，众寡强弱之势，既已不侔，一旦开衅，何以善其后，愿太后三思。"太后大怒而起，以手击案，骂之曰："若所言（石下有者字），吾皆习闻之。若能前去令夷（石作洋）兵毋入城，否者且斩若。"文韶不敢辩。

上持许景澄手而泣曰："朕一人死（石无死字）不足惜，天下生灵如何？"（石下有夹注云：上持景澄手而泣，景澄亦泣，太后不怿，斥景澄失仪，上遂释手。）太后阳慰解之，景澄搴上衣袂痛哭，太后怒叱之曰，许景澄无礼（石无以上十四字）。

太后意既决，载漪、载勋、载濂、载澜、刚毅、徐桐、崇绮、启秀、赵舒翘、徐承煜、王培佑又力赞之，遂下诏褒拳匪为义民，予内帑银十万两，载漪即第为坛，晨夕必拜，太后亦祠之禁（石作宫）中。由是燕齐之盗，莫不撎挽并起，而言灭夷矣。……

逐日所记，其详尽类若是，真难得之信史。希圣，湘阴人，字亦元。著有《雁影斋集》，清官部曹。见重于长沙张文达，与张小圃、黄仲弢等酬唱无虚日。所为诗，大都凄清雅丽之作。说者谓其摛词振藻，本乎义山，树骨布局，原于山谷。顾终不如此册之能获得更大评价也。

○ 原载《宇宙风·乙刊》，1941 年第 52 期第 5—8 页

槎溪说林
1943

康有为藏书

吾乡钱竹汀先生尝论及藏书，引魏华父言："藏书之盛，鲜有久而弗厄者。孙长孺自唐僖宗时，为榜书楼两字，国朝之藏书者，莫先焉。三百年来，再毁于火。江仇叔合江南吴越之藏，凡数万卷。为藏仆窃去，市人裂以藉物。其入安陆张氏者，传之未几，一箧之富，仅充一炊。"

自从隋人牛弘指说书有五厄以来，念及书籍散亡之痛，恨恨不已的人，不知有多少。像叶适、封演、洪迈、周密、胡元瑞这班人都是。这里所说裂以藉物，用以供炊，正亦人情之常。竹汀先生还跟在魏华父后面唏嘘不已，其情可悯。盖除了像叶适、封演、洪迈、周密、胡元瑞这班人叹口气了事以外，对于书厄还不是一样地无补的吗？

近来私家藏书散失的情形，虽然没有详细的记载可覆按，亦可从想象中得其大概，正在经历一个大厄。而个人的见闻，亦足资证一二。叶灵凤所藏版画，五年前在辣斐德路地摊上，买得六七种，可见其书散出之早。曹聚仁蜗厂藏书于去年陆续收有《莽原》半月刊、北京大学研究所《国学门周刊》《国学门月刊》、广州中正大学《语言历史周刊》，以及各种零星本子约有数十种。王国维、卫聚贤所藏亦稍有散出。昨日在卡德路又收万木草堂所藏数种。有《天竺字原》《悉昙字记》《啸亭杂录》《魏默深文集》《秋蟪吟馆诗钞》等，都是康有为的遗物。其书之散逸，早在二年前，于善钟路一西书肆中见康氏署名之关于埃及的书二厚册。初不注意，以为见之偶然耳。今据书贾言，其佳藏，已于去年由康氏学生经手售于南京某氏。又曾以每本一元，分售于上海之各旧书店。今将汰存之书，以七百元一担称售，则所存能有几何哉！

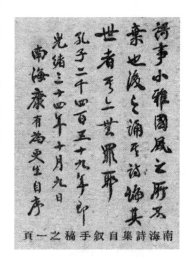

曩以康梁齐称，任公藏书遗命交国立北平图书馆保管，留为世用。康氏遗物终不免于厄，斯亦足为藏书家有所憬悟矣。

腋下生儿

孩子们在觉得自己是一个人的时候，往往想知道人是怎样来的。他们就是看见过鸡、鸭、羊、猫等动物的生养，也不会想象得出人的出生是怎样的。于是就问父母。吾乡的为父母者，碰到这个问题，往往答以从腋下生出来的吓，完事了。也有说是石头孔里钻出来，这在孩子们也会以为是诳话，不肯相信了。还是像上面一句话，可以使孩子们相信一时，因为他们本也知道人从人体出生，但不知道在人体那一部出生耳。这种说法，虽然有点违反科学，却也并非无稽。

向达译斯坦因《西域考古记》插图第九十六图，绣有佛之出生事迹之绢幡，即有腋生图象一幅。原书页一五六有图解一节云：

上面诸段写的是佛降生故事，次序井然不乱，最上一段作摩耶夫人熟睡，梦乔答摩菩萨诞生之状。下面一段作夫人乘舆往游蓝毗尼园之像，舆夫行动匆遽的恣态，用真正中国式的技术，表现得极为优美。再下一段太子从摩耶夫人右腋诞生，适合印度的传说。不过用宽袖遮蔽这种动作的庄严柔和的方法，以及花园后面表现得很好的小山，却显然是中国风味。

这里有二点值得提出说一说。其一，腋生之说源出印度，原来说的是佛生故事，我国唐代已流行，并已掺入了丰富的人间味，后来流变为人的故事了。其二，当时用宽袖遮蔽这种动作的庄严柔和的方法，已是中国风味，可知在印度并不如此，照上文的语气看来，似应显露一点。这里做作文饰的心情，和现在的父母讳言腋生，正是一脉相通，但其间相差已十个世纪以上了。

印度历法

法显《佛国记》云：

法显等欲观行像，停三月日。其国中十四大僧伽蓝，不数小者。从四月一日，城里便扫洒道路，庄严巷陌。其城门上张大帏幕，事事严饰，王及夫人、采女皆住其中。瞿摩帝僧是大乘学，王所敬重，最先行像。离城三四里，作四轮像车，高三丈余。状如行殿，七宝庄校，悬缯幡盖。像立车中，二菩萨侍，作诸天侍从。皆金银雕莹，悬于虚空。像去门百步，王脱天冠，易著新衣，徒跣持华香，翼从出城迎像，头面礼足，散华烧香。像入城时，门楼上夫人、采女遥散众华，纷纷而下。如是庄严供具，车车各异。一僧伽蓝则一日行像。白月一日为始，至十四日行像乃讫。行像讫，王及夫人乃还宫耳。

这是法显等到于阗所见的当地风习。于阗即今之和阗县，玄奘《大唐西域记》卷十二之瞿萨旦那国，亦是一地异名。在印度文化影响下为时之久，可以概见，盖法显与玄奘之间已相距有三百多年了。上面说的行像，是佛国故事，所纪月日亦是印度历法。内云"白月一日为始，至十四日行像乃讫"即是。印度历法，谓月之前半为黑月，后半为白月。黑月自月亏至晦，白月自月盈至满。《大唐西域记》卷二云："月盈至满，谓之白分；月亏至晦，谓之黑分。黑分或十四日，十五日，月有大小故也。黑前白后，合为一月。"故印度月历，由中国月之十六日至翌月之十五日，上面引法显在于阗所见的行像故事，由印度四月一日（即黑月一日）预为准备，由四月十六日（即白月一日）开始，讫于四月二十九日也。

《会稽郡故事杂集》

鲁迅先生用"周作人编"名义刊行的《会稽郡故事杂集》，绝版已久，是一部难得的丛书了。金步瀛编《增订丛书子目索引》页三一一会字条，列其子目，共有七种：吴朱育撰《会稽土地记》，陈隋间夏侯曾先撰《会稽地志》，吴谢丞撰《会稽先贤传》，贺氏撰《会稽先贤像赞》，钟离岫撰《会稽后贤传记》，晋虞预撰《会稽典录》附《存疑》，晋贺循撰《会稽记》。

金先生的这部索引，是为浙江省立图书馆编的，凡例三云："凡此所列之丛书，悉为本馆已有搜藏者。其见于各种丛书书目而为本馆所未购者，概未列入。"工作态度郑重如是，所列子目当信而有征。

在周作人《瓜豆集》的《关于鲁迅》一文里，却说："归国后他就开始抄书，在这几年中不知共有若干种，只是记得的就有《穆天子传》《南方草木状》《北户录》《桂海虞衡志》，程瑶田的《释虫小记》，郝懿行的《燕子春秋》《蜂衙小记》与《记海错》，还有从《说郛》抄出的多种。其次是辑书。清代辑录古逸书的很不少，鲁迅所最受影响的还是张介侯的二酉堂吧，如《凉州记》，段颎、阴铿的集，都是乡邦文献的辑集也。"又说："他一面翻古书抄唐以前小说逸文，一面又抄唐以前的越中史记书。这方面的成绩第一是一部《会稽郡故事杂集》，其中有谢承《会稽先贤传》、虞预《会稽典录》、钟离岫《会稽后贤传记》、贺氏《会稽先贤像赞》、朱育《会稽土地记》、贺循《会稽记》、孔灵符《会稽记》、夏侯曾先《会稽志》，凡八种，各有小引，卷首有叙，题曰'太岁在阏逢摄提格（民国三年甲寅）九月既望记，乙卯二月刊成，木刻一册。'"

这里辑书的缘起和时期都说得很清楚，但是另外有一点值得提出的，增订丛书子目索引里共列七种，这里说有八种，多出孔灵符《会稽记》一种，当以后说较前述更可靠也。《关于鲁迅》中又引原叙曰："书中贤俊之名，言行之迹，风土之美，多有方志所遗，舍此更不可见，用遗邦人，庶几供其景行，不忘于故。"辑书的意思，于此可见。在今日看来，岂不仍是一种极有价值之意思乎？

章太炎以大勋章作扇坠

鲁迅《且介亭杂文末编》中《关于太炎先生二三事》云：

考其生平，以大勋章作扇坠，临总统府之门，大诟袁世凯的包藏祸心者，并世无第二人；七被追捕，三入牢狱，而革命之志，终不屈挠者，并世亦无第二人，这才是先哲的精神，后生的楷范。

这里说的七被追捕，三入牢狱，且按下不表。以勋章作扇坠，临大总统府之门，这一重公案，恐怕也要失之年久，大家模糊了。对于这种猖狂的行动，在太炎先生身后仓皇制成的《同门录》中的大弟子们，大约以为"有违古之儒气，足以贻讥多士"，所以从来不见他们称道，这也是先德不彰的原因之一罢？

《远生遗著》卷二页一九二，民国三年一月十四日《记太炎》云：

以本月初三日起程赴津，坚约共和党本部干事张伯烈、张大昕、吴宗慈送往。张君等乃为公饯，酒酣以往，遂至误车。及人到后而不能上车，太炎大愤，乃决不欲还本部，即迁入东单牌楼之华东饭店，以示决心。故一时喧传太炎不知何往者以此。

此为太炎先生以共和党人之邀请至北京，袁世凯派警兵监守，由检察厅起诉后之事也。又云：

至初七日早十一时，乃驾车直赴总统府招待室，投名刺谒大总统。总统辞以会客不见。问会哪一个，接待员答会熊总理（熊氏每日以八时入府十一时始散）。候之良久，则又问会谁，答称会向瑞琨。太炎大怒，谓向瑞琨系一孩子尚可会，何以不会我？因指名会秘书张一麐，接待员答以已赴政治会议。乃称无论何秘书皆可。而众秘书互相推让，不肯见之，乃由一秘书与敷衍数语即去，太炎因大闹不行。

同卷页一九四，民国三年一月十一日《谒黎》又云：

座客询及章太炎近状，请公设法保全者。公答必可无事，因大总统亦雅意保全之也。惟彼前日来府，穿大毛衣，执一羽扇，挂起勋章，见人就丢茶碗打人，如此难怕不闹出事来。送往各处，各处皆不肯收，故暂送拱卫军之教练处招待。

黎即副总统黎元洪，答客之词，当为实情，至于谓大总统亦雅意保全之，以及故暂送拱卫军之教练处招待云云，这当然是官腔了。《远生遗者》的作者黄远庸，是当时的名记者，和张君劢同为《少年中国周刊》的主干，为了党嫌，被暗杀于旧金山，做了邵飘萍的前驱，也是一个不平凡的人。这在现在知道他的人也少了。在黄远庸先生的记载中，对于鲁迅先生所说的"大诟袁世凯包藏祸心者"终没有说出来，大约这在当时是说不得的，看太炎先生的屡被"招待"等情，就可明白了。其实，就在今日再提这种话头，也有点不大方便。好在我们对于先哲的遗范，着重在一个行字上面。那末，上面所记的一些，也足够了。

泥土造人

《太平御览》七八引《风俗通》：

俗说天地初开辟，未有人民，女娲抟黄土为人，剧务力不暇给，乃引绳絙泥中，举以为人。故富贵贤智者，黄土人也；贫贱凡庸者，引絚人也。

女娲确实是忙人，盘古创造的天地，经过了毁灭以后，她一方面要"炼五色石以补苍天，断□足以立四极，杀黑龙以济冀州，积芦灰以止淫水……"（《淮南子－览冥训》）一方面又要造人。总于忙不过来，于是在造人方面就偷工减料，"引绳絙泥中"而做成的人，是贫贱凡庸者，因为是些粗制品。这确是原始人应有的原始思想，不过，也该是中国神话的后期产物，那时的人已有富贵贫贱之别了。传说中泥土造人的故事，在中国恐怕仅有这一点朴素的纪录。但是这种传说世界各处却有不少，自成为一个诡丽的故事在流行风播。《旧约》里上帝于七日间创造世界，在造人的时节，用泥土照自己的模样造的故事，早已为人熟悉的了。刘半农《杂文二集》《猓猓人的创世记》中也说到泥土造人：

在天地未分的时候，没有昼，也没有夜，没有日，也没有月；在这时候，地面上一个人也没有。分开天地的是 Kcdzc 与 Gage。他们俩走到了靠着日落的地方一座大山上坐着，这座山就是 Moutou 山。

他们取了些泥土，要把它造成一个人。他们渡过了河，走到日出的地方，停着，为的是要把泥土变成一个人，然后可以使得大地上都有人了，能于烧香，能于献谷；然后我们做神的才能享到人们所烧的香，所献的谷和酒。

但他们今天把它造好了，明天早晨就破了。

他们重新把他造好，放好，再到明天，又破了。

他们再把他造好，放好，而且整夜的看守着。

原来是地神来破坏的。

他说："你们为什么要取我的土，土是我的，我是它的主。你们为什么不问一问我，就这样的做？"

他们说："为的是现在地面上一个人也没有。我们要把泥土造成一个人，使他能于烧香，能于献谷，能于献水。他们献来了，我们就可以吸吸烟气了。到将来，我们仍旧把泥土还给你。"

地神说："什么时候你能还给我？"

他们说："过了六十年还给你。"

因此，现在的人的性命到了六十岁就完结了。六十岁是人的身体的完结期，这是注定的。若然到了六十岁以上，那富裕的就全靠他的道德去保持了。

这个故事曲折得多了，刘先生是根据 Paul Vial 的法文译本转译的。猓猡又作猡猓、猓猓、猡猡、卢庐、罗罗、狫狫、獠獠、卢鹿等，汉族贱之称之为猡鬼，又常泛称之为夷人或蛮子。他原本是爨蛮的一种，所以也叫做爨。大都住在四川、云南、贵州三省，尤以四川的西南一带住得较多。关于他们的生活情形，以前四川峡防局义勇队曾经深入该省西南边境，采集了许多标本，这些标本后来经卢作孚送给中央研究院社会科学研究所，经过整理后，刊行一本《猓猡标本图说》，是一本研究人类学珍贵的材料。上面记录的造人传说，虽然还保存着不少原始民族的色彩，但经过累积的修饰显然可见，人活六十年后用道德去续命，和汉族的修福修寿阴骘之说具有同一意义了。

希腊神话在所有的神话中，最为丰富诡丽，有世界文学摇篮之誉。郑振铎编著的《希腊神话》前言《人类的创造》云："天神们既已分开了天和地，布置了山川、陆湖，创造了鸟、兽、虫、鱼，最后便要创造一种高出一切的动物，所谓人类者是。创造人类的责任，落到底但族柏洛米修士和他的弟弟依辟米修士身上。柏洛米修士和依辟米修士，取形成未久的泥土，和以潺潺流动的清莹的泉水，模拟着天神们的形体而造成了人。所有的动物都是四足伏地而走着的，他们的双眼只能凝注于地上而不能仰视。对于人类，柏洛米修士却给以直立的躯体，高仰的头部，双眼得以观望着四方与上下，还有空闲出来的双手，得以握捉到并制造出应用的东西。因此，他们得以高视远瞩，仰观俯察，充分的发展他们自己的手能与性灵。"

关于柏洛米修士兄弟用泥土造人的传说仅为希腊创造人类神话中的一种说法，这里已叙述得很详细。但是现在还提起这些天真赤裸的话头，教一般做着磕头虫，应声虫的人看来，真是讽刺得太厉害了。比希腊更古的巴比伦，在他们的创造人类神话中，已有泥土造人之说，虽然邃古，却极可爱：

"众神之神马杜克创造了天和地，但大地之上，没有草木，没有禽兽，没有城市，没有人类，寂寞荒凉，像一个大沙漠。于是马杜克就设计创造生物和人。马杜克把创造人类的计划，告诉给阿亚说：'我将取鲜血骨殖，创造人类，使其居于地上。'马杜克说了就做，他割断自己的头，流出鲜血，和泥土混和捏成了人，因此，人有理性，并且有神的智慧，所以能凌驾万物。"（参照黄石《神话研究》）

为了创造，竟然舍身，真是英雄业绩，先烈精神，这里说是虽是传说，而人类的历史实在确实由此造成。所以从这些神话传说里，我们不仅可以看出初民对于自然界的认识，道德标识，也可得到若干令人动心，足以讽诵的材料来滋养那些寂寞荒凉的心田。

《江山传说》

民间传说、故事，被认为儿童的读物，这是近年来的事。以前，大都把《二十四孝图说》等当儿童的精神的食粮的，这是正统。至于讲老虎外婆，吕洞宾的故事等等已是变格，不可多讲。如今这种现象，似乎改进了一些，使我们较接近于人间性。然而，并未尽然，从民间传说故事只当做儿童看看的东西，而成年人仍尊重《曾文正公家书》一类书本的事实看来，就可以知道，盖成年人的精神桎梏坚强异常，不易攻破。大家对于儿童们的事，向来漠不关心，所以防闲得松一些，易于变革了。考民间传说、故事，非常坦白地记述着我们所生活过来的社会风尚习俗，凡是关于民族传统精神的优美性和痼疾，于此等处

最可看得清楚。鲁迅在《论雷峰塔的倒掉》一文中引用了吴越的山间海滨的田夫野老蚕妇村氓对于法海和尚逃在蟹壳里避祸的传说，把他看做封建礼教的象征而痛下针砭，这出处不见于《义妖传》，更不是出于鲁迅的杜撰，而是真正的民意的引申。

儿童书局出版的《中国民间趣事集》第三卷《江山传说》中有一篇《癞头孩子》，极见清新可爱，略云：

从前有个癞头孩子，是以卖花为业的。

有一天，他喊着卖花的声音，走过一条小街。在靠近街的楼窗上，立着一个貌美如花的小姐，她一看见癞头，不禁笑得喷吐了一口痰，啪的一声，刚正落在癞头上，癞头勃然大怒，昂头往四边一望，只见吐痰的是一位千金小姐，癞头之后就一往情深，时刻思念着她了，因此卧病不起。他的母亲是依他为活的，看见孩子忽然害病，未免怀疑，就盘问病由，经再三诘问，他就和盘托出。母亲万分想不到他的病，原是为了爱上一位小姐。她微笑地对他说："你别痴情呀！我们家里如此穷苦，你又生得不漂亮，哪里会有小姐向你垂青呢？"癞头听着失望了，病渐重，在临终的时候对他的母亲说："我确实要死了，我死了之后，你未免要挨饿。但你如能照我所托付的做去，你便能生活。我死之后，可将我的心肝挖出来，浸在面盆里，我的心肝是会唱歌的，你就此赚钱好了。"癞头死了，母亲很悲痛，不忍挖出心肝，但为了生活，就照着他的话做了。果然，这副心肝真会唱歌：

自古癞头多重情！

侬虽卖花人，也具赤热心！

见小姐，情意深，

当夜归家害重病；

到如今，肉体虽死，

永生的灵魂呀——

还眷恋着小姐的芳影！

母亲托着面盆，往四处卖唱。无意中经过那位小姐的窗下。小姐这时正在梳妆，听得窗外人声嘈杂，并且还有一种动人的歌声，不禁生出好奇心来，伸出头来向窗外探望。心肝的悲哀和幽怨的歌唱，小姐听了，立刻回忆到几天前的卖花孩子来，仔细听了一会她后悔从前不该向他笑，把痰吐着他，使他害了重病，因而致死。她心里一酸，发出哀感，两颗真珠般的眼泪，油然涌到眼眶上，不偏不斜地刚正落在心肝上。这时，心肝顿时停止了歌唱，竟笑着说道："我不再唱了，我不再唱了！这位小姐已经嫁给我了！我为她牺牲了生命，但我已获得她的爱心。啊，我是幸福的人，我的灵魂永远获得安慰！"

于是它像别的心肝一样，默然无声了。

这传说虽亦是恋爱故事，可是和历来的其他故事不同，传说中的恋爱故事十之八九是落难公子中状元，私订终身后花园，已为陈套。私订终身后花园，虽为对于门阀婚姻不满的表示，然而终于在中了状元之后大团圆，不脱老圈子，仍是妥协的。至于挖出心肝，求得最后的安慰，当然不是状元郎敢想、敢做的，不然，哪里还会做得着状元呢？这里赤裸的暴露民间的唯爱思想，正是有力反抗、勇敢真诚的优秀传统，而为历来圣贤书本中所最缺乏的极端精神。

不过，民间传说、故事受着长时期的封建社会的习尚的侵蚀，不免饱吸着它的毒汁，所以不是完全可取的。但是，我们不会因噎废食，必须转向它发掘，采取，发扬真正的民意。这正是披沙淘金的工作！

四月二十二日

○ 原载《万象》，1943 年第 3 卷第 2 期第 135—139 页

看茶余话 1944

——武酉山

代序

（一）

近与友人刘恩禄君，每夜煮茗谈天，四五壶后，实不能再饮，惟对茶默看而已。《东坡志林》所载啜墨看茶之事，庶几近之。斯时偶将目耕口说之语，拉杂记存。

民国廿九年庚辰二月初六日于白门李府巷五号寓庐

（二）

庚辰岁首，予自泗州故乡，重返江南。大雪连朝，斗室无赖，日与刘子恩禄，围炉闲话，烹茶剧饮。茶空语默时，偶抽架上书阅之。遇得意处，箚记数行，名曰《看茶余话》。岁暮返里省亲，复来旧寓。又值春雪拥槛矣，茶沸香袅，炉火亲人，邺架琳琅，良友无恙。回顾客岁陈迹，如在目前。韶光易逝，渺不可追。积习未除，率尔操觚，题曰《烟茶庐小纪》云尔。

辛巳元宵后二日记

正文

读书习字，不惟求进，亦以养心；惟闲静中，始有此乐；但能有恒，学艺自进矣。

甚爱必大费，多藏必厚亡，老氏深诫，金戈铁马之际，典籍散亡者多矣；或毁于兵燹，或失于穿窬，读易安居士《金石录后序》，可为三叹！余以为此时蓄书，以己身能携带者为限。中华书局之仿宋版巾箱本，商务书馆之《四部丛刊》缩本，书既短薄，字仍肥大，五经四史，一箧可装，携以出行，何等方便乎。

巾箱本之名，始于南齐衡阳王钧，《南史》记钧"尝手自细书，写五经都为一卷，置于巾箱中。贺玠问曰，殿下家自有坟索，复何须蝇头细书，别藏巾箱中。答曰，巾箱中有五经，于检阅既易，且一经手写，则永不忘。诸王闻而争效，为巾箱五经。"巾箱本之便利，诚如钧所言，南朝干戈扰攘，或亦谋携带便利乎？

汗牛充栋，书城书窟，似不宜于今之世。曾文正公谓，买书不可不多，而看书不可不知所择。余以为看书不可不多，而携带之书不可不知所择。汲古阁所刻之四史，与今世界书局影印之四史相较，一则计百数十册，一则仅三册，学者于出行时，奚所择携，吾知必弃彼取此矣。

不三不四之诗文集，及传会男女爱情之说部，充盈坊肆，实觉刺目，安得复生一祖龙，拉杂摧烧之以为快乎？吾常有今日读书之人，所读非书之感。《老残游记》载东昌府一书店所售之书云：

掌柜指着书架子上白纸条儿数道："你老瞧，这里《崇辨堂墨选》《目耕斋初二三集》，再古的还有那《八铭塾钞》呢。这都讲正学问的，要是讲杂学的，还有《古唐诗合解》《唐诗三百首》，再要高古些，还有《古文释义》，还有一部宝贝书呢，叫做《性理精义》，这书看得懂的，可就了不得了。"

老残笑道："这些书我都不要。"那掌柜的道："还有还有，那边是《阳宅三要》《鬼撮脚》《渊海子平》《诸子百家》，我们小号都是全的。"

此等书，有之嫌多，无之不为少，仅堪糊壁覆瓿而已。

善本之书，一经世变，零落寡存，且价值太昂，非寒士所能蓄。前商务书馆影印之《四部丛刊》，方便士林，功德无量，昔日价值百金之书，今以一元或几角购得之，与原本无异。藏书家宜尽出所藏，影印公世，勿效海源阁之深锁琅嬛也。

吾有三恨：一恨无用之书籍太多，徒乱人意；二恨伪造之字画古董充斥，迷人眼目；三恨佳山水，好风月，忙人无暇游赏。

余前曾恨无用之书，安得复生一祖龙，拉杂摧烧之。适阅《板桥家书》，知此翁亦有斯感，略云：

自汉以来，求书著书，汲汲每不可及。魏晋而下，迄于唐宋，著书者数千百家。其间风云月露之辞，悖理伤道之作，不可胜数，常恨不得始皇而烧之。而抑又不然，此等书不必始皇烧，彼将自烧也。时欧阳永叔读书秘阁中，见数千万卷，皆霉烂不可收拾，又有书目数十卷，亦烂去，但有数卷而已。视其人名，皆不识，观其书名，皆未见，夫欧公不为不博，而书之能藏秘阁者，亦必非无名之子，录目数卷中，竟无一人一书识者，此其自焚自灭为何如，尚待他人举火乎？

始皇之烧，至汉而经子有用之书复出，后世无用之书，不待烧而自然灭绝，亦天演公例也。

有用之书，亦分数等：有须熟读成诵者，有须浏览者，有资检查者。若不分别读之，时间徒徒浪费。前辈幼年所读四书五经诗文，至老每一提及，成段熟背，滔滔不绝；今人读书，仅一涉猎，便束高阁，偶道及一两句，尚记忆不清，学无专精，空负渊博虚名而已。

张敦复《聪训斋语》云：

凡读书，二十岁以前所读之书，与二十岁以后所读之书，迥异。幼年智识未开，天真纯固，所读者虽久不温习，偶尔提起，尚有数行成诵。若壮年所读，经目则忘，必不能持久。故六经秦汉之文，词语古奥，必须幼年读，长壮后，虽倍蓰其功，终属影响。自八岁自二十岁，中间岁月无多，安可荒废，或读不急之书。

今人除正课外，鲜有不读不急之书者。不三不四之诗文，传会男女爱情之说部，甚至侈言剑侠，杜撰侦探，骛世骇俗，层出不穷。怪力乱神，先圣所斥，作此类书者，究何为乎？

庚辰上元，予重游白门，访淮水东边词人旧居于大石坝街五十号，高门大屋，仅余瓦砾，昔日吟啸之所，今则泽葵依井，荒葛塞涂矣。词人喜藏书，水榭三间，庋置书箱数百只。夏爇芸香，烹苦茗，开箧取一卷书，坐加丹铅，风帘微动，芸香静袅，隔岸河房，歌吹如沸，听若无闻焉。词人装订书籍，最为精致，东培山民《一澄研斋笔记》云："每得书，必重装订，将分者合为一，多者并为少，每书必制夹板，每板必加题识，必自斧削，自裁订，针线刀锥，寒暑不废。"即指词人也。

一切器物，有有必有无，有聚必有散，至书籍古董字画，为世间尤物，遭劫亦更大。读李清照《金石录后序》，为之咏叹，佛家以货财为五家公共之物：一曰国家，二曰官吏，三曰水火，四曰盗贼，五曰不肖子孙。故货财之丧失，未有不被此五家攫去者。近每购一旧书，见钤有图记，辄作楚弓之想。凡蓄物以生前能享用者为目的，生年不满百，常怀千岁忧，必欲传之子孙，藏诸石室；及至身后，任人支配，前所计划，徒梦想耳。

王东培《一澄研斋笔记》，记孙渊如寓南京旧王府，其平津馆冶城山馆，收藏甚富。渊如死后，其子以藏书多为鼠蠹所毁，命担惜字纸者，将一切藏书，无论残否，概捆载去，属付丙丁，并别给酒资。不肖子孙，在五家之中，尤为强悍，惜哉！

余生平买书，有数事可纪者：一为以五元买得郑大鹤手校强邨丛书本《梦窗词》；二为买《白香亭诗》，书内夹有陆心源名刺，上写约友人观剧数语；三为一日晚间，与友人在状元境旧书铺中，闲翻乱书，无意中，发现姚燮《苦海航》一册，石戣素先生谓，此书已不多见，当时印作善书送人者也；四为以代价一角，买刘复校序之《浑如篇》一册，此书为北京北新书店所印，乃久绝版之书。

书有专精一两部，便足名家者，若赵普之半部《论语》，可谓简矣。李审言专精《选学》，康有为能背诵《杜诗全集》，段玉裁治《说文》四十余年，苏东坡谓借得一部《汉书》，如贫儿乍富。廖季平言，如能熟研《白虎通》，便足横行天下。此皆学贵专精之验也。今人读书，东翻西阅，朝三暮四，年垂垂老，一无所成，非好博之过乎。

余近喜买袖珍小本书，以其携带便利也。此类书本，多为清末科考时代，上海同文书局、蜚英馆、点石斋、申报馆、鸿宝斋、积山书局等书坊所石印。

　　　　　　　　　　　　　　　　　　　　　　　名家书单

字虽细小，而点画清晰，且无讹误。前此庞编巨帙，一变而书不盈握焉。前此一箧仅可装一种者，今则可装至一二十种，且绰绰有余焉。置案则翻检易寻，出行则体量减轻，何等方便乎，计余箧中所存者，如点石斋之《经籍纂诂》，蜚英馆之《说文解字注》，十万卷楼《考正字汇》，此有关字学者也。积山书局之《子史精华》，及《角山楼类腋》，此有关典实者也。《文林绮绣五种》《诗句题解》《唐诗金粉》《四六类腋》《临文宝笈》、每字顶格本《诗韵大全》，及荣宝斋之《袖珍诗韵》，此有关词章者也。《各国尚友录统编》，此有关人名简史者也。惜《尚友录》仅载贤士，不取恶人，自商务书馆《中国人名大辞典》出版，《尚友录》遂为人所遗弃矣。

鬻字卖画，聊以糊口，百工之一，情有可谅，无关名士风雅也。板桥云："古人云，诸葛亮真名士，名士二字，是诸葛亮才当受得起；近日写字作画，满街都是名士，岂不令诸葛怀羞，高人齿冷。"缘字画源涉美术，人之爱美，性情所同，即蓬门小户，蛛网尘凝，壁间犹挂一二张字画，以伴寥寂。槽悬牛影，门贴钟馗，用以娱目，遑择美恶。于是写字作画之人，乃车载斗量，应时兴起。古董店中，堆案盈壁，谋假造伪，费尽心机，细审作品，十九恶道，买至家中，识破赝迹，终朝悔恨，弃掷无方，予以为心爱之字画，有数轴已足欣赏，吾人不欲设书画展览会，购求无餍，奚所用乎？

有学问而俭于收藏，此不足为病也，学问藏于腹中，岂不贤于书籍庋置架上乎？欣赏眼前之真山水花鸟，岂不贤于绘在陈绢残楮乎？至古董玩器，尤不可酷嗜，爱之过度，反不适用。收藏日久，主人老死，致不得把玩，惑莫甚焉！桐城张敦复云：

人往往于古人片纸只字，珍如拱璧，其好之者，索价千金，观其落笔神彩，洵可宝矣；然自予观之，此特一时笔墨趣之所寄耳，若古人终身精神识见，尽在其文集中，乃其呕心刿肺而出之者，较之偶尔落笔，其可宝不且万倍哉。

又云：

细思天下歌舞声伎，古玩书画，禽兽博弈之属，皆多费而耗物力，惹气而多后患，不可以训子孙；惟山水花木，差可自娱，而非人之所争。

此老深明老氏见素抱朴，少私寡欲之旨，故能居高位而不危也。

书画乃雕虫小技，工拙本无关于学问经济；然能专精，亦足名家，古今学人，聊以娱意，若一意求工，终身事此，亦云苦矣，板桥《寄弟书》云：

写字作画，是雅事，亦是俗事，大丈夫不能立功天地，字养生民，而以区区笔墨，供人玩好，非俗事而何？东坡居士，刻刻以天地万物为心，以其余闲，作为枯木竹石，不害也；若王摩诘赵子昂辈，不过唐宋间两画师耳，门馆才情，游客伎俩，只合剪树枝，造亭榭，辨古玩，斗茗茶，为扫除小吏作头目而已，何足数哉。

板桥身精书画，犹作此语，况无其天资才情，而欲以此寿世乎？

官高财大，鲜有不纳宠者，清季官场，此风尤盛，阅清人有名尚斋者，谕子家书手稿云：

张廉访之为人，向颇钦佩，今年逾六十，家有姬妾，今又在扬，于花天酒地中，纳此一宠，未免荒唐。父前接幼帅信，嘱由局禀留，此时不得不禀，然似此名士风流，正不敢遽托以局务，私衷甚切蹰躇。

名士能不风流，愈使人钦敬，其有本非名士而偏喜风流者，此种人更不足道矣。

杨升庵伪造《杂事秘辛》，袁随园假托《控鹤监记》，实属文人无行，叶德辉著《于飞经》，视二君犹五十之与百步也；至张竞生之《性史》，等诸自郐以下矣，名教中自有乐地，诸君何必乃尔！

纪事说理，骈不如散，写景言情，散不及骈，骈文至六朝，可谓无以复加，徐庾任沈，冠冕当代。唐宋诰文札册，无不用骈，浮词滥调，阅之可厌；至清人作《燕山外史》说部，亦全用四六，未免走入魔道。近阅敦煌石室所出，唐白行简《天地阴阳交欢大乐赋》，以骈文写闺闱之事，如"或高楼月夜，或闲窗早春，读素女之经，看隐侧之铺，立邹圆施，椅枕横布；美人乃脱罗裙，解绣袴，额似花围，腰如束素，情宛转以潜舒，眼恒迷而下顾。"

名家书单

尤令人短气。

叶氏《双梅景闇丛书》，刊有《素女经》《素女方》《玉房秘诀》《洞玄子》等书，率六朝以前旧籍，流传于海外者。叶氏序《素女经》云："此书为房术之鼻祖，读者因隋唐旧籍，以求古圣人制乐禁情之命文，延年种子之要道，俾华胥之族类，繁衍于神州，和平寿考之休征，充溢于宙合，世有达人，熟读而潜学焉，其于阴阳始终之义，思过半矣。"又序《玉房秘诀》云："予自弱冠，笃好方书，习于参同家言，失偶鳏居，自调坎兑，其间阅人世之奇变，托男女以浮游，每见朋侣，恶疾撄身，嗣续艰贵，甚或朝为东门之客，夕登北邙之山，木槿荣枯，蜉蝣视息，试与穷此书之究竟，言夫妇之能知，莫有奉为玉言，以相节制；及至身死嗣绝，悔悟无由，岂不可哀！岂不可痛！呜呼！予刊此书，将以振一世之沉迷，登斯民于衽席，非以侈陈秘道，矜示异常，后此览者，可以谅矣。"可谓持之有故，言之成理者矣。

（本文为节选。）

○ 原载《风雨谈》，1944 年第 16 期第 27—40 页

书话
1945

——晦庵

一　引言

近来书价越发昂贵了，即使跑跑冷摊，身边也非有五百一千元闲钱不办。醋驮如我，逛书市虽成嗜好，也只能把这点快乐节去了。于是就退回蜗居，翻起自己的收藏来，自然，这是非常贫乏的。"百宋一廛"，古人已远，我何敢再去做黄尧圃式的好梦。因而所买的只限于新书。虽然现在也有新的王冠军，有王冠军所聘"九爷"那样的人物，而我要的却是他们的弃余，当初原只为了合用，随手买下，决不存收藏之心的。二十年来，一书数出，改动增删，不但足供谈助，也间有一点文献的意义。灯下披读，摘记一二，明知是无益的事，在我自己，也无非为了排遣岁月，聊以自娱而已。

二　《呐喊》

《呐喊》原为新潮社《文艺丛书》的一种，第三版起，才归北新书局发行，列为《乌合丛书》之一。新潮社初版出于一九二三年八月，至十二月再版，印刷者却由京华印书局改为京师第一监狱了。以监狱而承办印刷，现在看来，自然是颇为奇突的。移归北新以后，封面书字，由鲁迅自作图案，扉页里的"文艺丛书周作人编新潮社印"十二字也删去了。此外似乎没有什么大变动。成仿吾批评《呐喊》，以为只有一篇《不周山》是佳作，鲁迅在《故事新编》的序言里说：

《不周山》的后半是很草率的，决不能称为佳作。倘使读者相信了这冒险家的话，一定自误，而我也成了误人，于是当《呐喊》印行第二版时，即将这一篇删除，向这位"魂灵"回敬了当头一棒——我的集子里，只剩着"庸俗"在跋扈了。

今查北新本第七版里，还留着《不周山》这一篇，新潮两版，同样都有。可见这所谓"第二版"，其实是指仿吾批评发表以后，重新再印的一版。以体例论，《呐喊》之有《不周山》，是并不调和的，无怪乎鲁迅要把它改名《补天》，作为《故事新编》的开端了。

三 周作人最早书

现在一提起周作人最早书，大家终以为是《红星佚史》。《红星佚史》印于一九〇七年，其时周氏适为廿三岁，比《域外小说集》早两年。书为《说部丛书初集》第七十八编，分道林纸及报纸本两种，原著者为英国哈葛德，译者署名周逴，与鲁迅发表《怀旧》所用的笔名相同。不过在这之前，周氏尚有三书，一为模仿雨果的长篇小说《孤儿记》，印于一九〇六年；另两种为译本，一曰《侠女奴》，译《天方夜谈》里的一篇，一曰《玉虫缘》，译爱伦·坡的小说，

均印于一九〇五年。三书中我只有一部《玉虫缘》，书为小说林所发行，日本翔鸾社印，乙巳五月初版，译者化名会稽碧罗女士，由常熟初我润辞，卷首有《例言》，又有萍云女士的《绪言》，这位萍云女士是《侠女奴》的译者，实即周作人自己。书末有初我的《附叙》，又有译者的《附识》，今录如下：

译者曰：我译此书，人勿疑为提倡发财主义也。虽然，亦大有术，曰智识，曰细心，曰忍耐。三者具，即不掘藏亦致富，且非独致

富，以之办事，天下事事皆可为，为无不成矣，何有于一百不十万弗之巨金！吾愿读我书者知此意。

乙巳上元，译竟识。

智识、细心、忍耐，为周作人所教之发财秘诀，大家不妨试试看。

四 《邻二》佚文

天马版《茅盾散文集》第一辑《文艺随笔》里，收有《邻一》《邻二》散文两篇，为茅盾在东京时所作。《邻二》的末一句是"美妙的眼睛惘然望着辽远的池里的绿水。"据施蛰存在《无相庵断残录》里说，"池里的绿水"五字，是由他加上的。原来茅盾这篇散文，写给《新文艺》月刊，原稿发下排印时，最后一页被手民遗失，一时无法请作者改正，就由编者施蛰存加上五字，算作结束。发表后茅盾去信更正，而《新文艺》却已停刊了。原文应该是这样的：

……美妙的眼睛惘然望着辽远的不知所在的地方，小脚踏车的寂寞的孩子又沙沙地跑过又回来了。

这寂寞的孩子！这寂寞的少妇！然而他们又无法互相安慰这难堪的春的寂寞。

在春静的明窗下看到了这诗一样的小小的人生的剪片，我们的心不禁沉重起来了。

在开明版《速写与随笔》里，茅盾又重收了这两篇，把佚文订正，才恢复这作品的旧观。

五 《草原故事》

巴金译高尔基《草原故事》，有四种版本，即马来亚本、新时代本、生活本及文化生活本。文化生活又分精装、平装两种。译者很喜欢这本书，称为"友谊的信物"。论时间，以文化生活本为最后，论译笔，也以文化生活本为最佳。因为这末一次重印，经过了大大的修改，译文和前三种差得很多。即如其中《马加尔周达》这一篇，我曾和《时代》上直接从原文译出的对校过，觉得有几处比从俄文译过来的好，更接近于高尔基的原意。不过就版本论，后三种很易

买到，以初版马来亚本为最难得，译者在《再版（新时代本）题记》里说：

> 这本小书之译成曾给了我一些欢喜。我在译述中感到了创作的情味，所以很爱这译文。今年春天马来亚书店编辑以友谊的关系索去了原稿付印，出版后我只得了三十本书的报酬，并未支取过一文稿费，而初版一千册又被该店全数寄往南洋销售，在国内很难看见到一本。现在该店停业，我便乘旅行无锡之便把原稿校阅了一次，售给新时代书局。这样的一本小书

居然有再版的机会，在我当然是一件很可欣喜的事。

初版《草原故事》译本出于一九三一年四月，由马来亚书店发行，我从旧书摊上买到一册，觉得很是侥幸。版式和新时代本完全一样，连封面也都相同，不过印的是道林纸而已。

六　史铁尔

从俄文直译名著，而能忠实流畅的，首推瞿秋白。瞿氏曾以萧参笔名，译高尔基创作八篇，题曰《高尔基创作选集》，由生活书店出版，发行不久，即被禁止，后乃抽去两篇，署名史杰，改书名曰《坟场》，而遭禁如故。瞿氏殁后，鲁迅为纪念故人，把他所译的诗文小说，辑成《海上述林》两卷，分皮脊、绒面二种，装订精美，并附瞿氏所爱插图多幅，据序言说明，这是墓门挂剑的意思。《高尔基创作选集》收入《下卷》，有译者后记，末段云：

> 最后，天崩地陷始终来到了，"不平常的故事"——译文是史铁尔的遗稿，听说国内已经出版过的——写着从日俄战争以前直到十月之后的事变。……

《后记》为瞿氏亲笔，作于一九三二年十二月，在遇难前两年。"史铁尔"亦为其本人笔名，称自己的译文曰遗稿，不免有点费解，我为这思索了好些时候。勉强可以猜想的，大概是因为文网森严，故意弄弄玄虚，以逃避检查的耳目。瞿氏用史铁尔笔名出《不平常的故事》，在同年十一月，与钱谦吾所编《劳

动的音乐》并为《世界文艺名著》之一，由合众书店发行。合众在当时很出了一些硬性书籍，大受当局注意。两书均系高尔基创作，一出即被禁止。此后只由翻版商偷印了，在市面流布，印刷既坏，错误百出。我所藏的原书，与马来亚书店本《草原故事》同日购到，当时曾嗟为奇遇，大有双喜临门的感觉哩。

七 《子夜》的翻版

我生平最讨厌翻版书，几乎有点矫枉过正。有时想看某一部书，找不到原本，我书摊上看到了翻印的，明知聊胜于无，也终掉头不顾。这脾气至今未改。但有一部翻版书，却为我寤寐以求的，那就是《子夜》的翻版。《子夜》出版于一九三三年四月，初版有精装本，道林纸花布面，颇为美观。但以书中描写工人运动，遂被禁止。经删去第四第十两章后，始得再版。当时关系方面以《子夜》表现社会现实，允称伟大收获，不能任其残缺，就以救国出版社名义，予以翻印，分上下两册，道林纸本，绿色封面，卷首有《翻印版序言》，今录如下：

《子夜》是中国现代一部最伟大的作品。

《子夜》的作者，不仅想描写中国现社会的真象，而且也确能把这个社会的某几方面忠实反映出来。《子夜》之伟大处在此，《子夜》不免触时忌，亦正因此，它出版不久，即被删去其最精彩的两章（第四及第十五章），这样，一经割裂，精华尽失，已非复瑰奇壮丽之旧观了！

本出版社有鉴于此，特搜求未删削的《子夜》原本，从新翻印，以飨读者。惟原书为一大厚册，篇幅太大，兹特分为上下两册出版。上册由第一章至第九章，下册由第十章至十九章，既不致割裂原界的体裁和文气，又便于读者的随身携带。

天才的作品，是人类的光荣成绩，我们为保存这个成绩而翻印本书，想为尊崇文艺，欲窥此书全豹的读者们所欢迎的罢。

救国出版社

我藏有《子夜》初版精装本，这一部翻版，至今仅得下册，虽然和Allomothing的精神相反，仔细想来却也不失为一种纪念哩。

八 《落叶》之一

郭沫若中篇《落叶》，用书函体，计信四十一封，第一封中有俳句云："委身于逝水的落叶呀！"因即以《落叶丛书》第一种——似乎也没有再出第二种。书为四十八开小本，精装用麻布面，分红、黄两种，完全日本风味。后来归光华书局发行，改版重印，可就没有这样精致了。

九 《落叶》之二

比郭沫若《落叶》迟两个月，徐志摩也有《落叶》一书，在北平出版。郭、徐均为诗人，两书同名，而又均非诗集，可谓巧合。郭的是小说，徐的则系散文，大半为讲演稿。开卷第一篇是在师范大学讲的，题曰《落叶》，也就是本书命名的由来。徐氏散文，除《落叶》外，尚有《自剖》及《巴黎》的两书，所收各篇，情思丽绵，有"浓得化不开"之意。《落叶》虽多讲稿，时涉理论，但也热情奔放，富于诗趣。初版封面用红色宣纸，另有木刻落叶图一，两寸见方，贴书面上；扉题题眉，仿柳公权体，擘窠大字，再版时则皆改去。按，志摩著作，多由小曼题签，"落叶"两字既非本人手迹，或亦陆小姐之大笔乎？

十 《刻意集》

何其芳自《画梦录》出版后，大受文坛注意。《画梦录》与其称为散文，毋宁说是散文诗，他在音律上的成就，也正不下于所烘染的色彩。作者继此书后，又有新作出版，其一为良友版的《还乡杂记》——印成书时名误作《还乡日记》，另一则为《刻意集》。作者因战事关系，本人还没有见到这两本书。《还乡杂记》错误已如上述，《刻意集》诗文并收，也嫌芜杂。全书计分四卷：第一卷《王子猷》，如作者自己所说，"以散文叙述故事"；第二卷《夏夜》，"一篇对话体的散文"；第三卷《燕泥集后话》和《梦中道路》，两篇近于序跋；第四卷收诗十八首。从这点看，内容是很不调和的。到第三版时，作者乃予改订，抽去三四两卷，新增第三卷，计断片四个：《蚁》《棕榈树》《迟暮的花》和《欧阳露》。这原是作者计划中一个未完成的长篇，题曰《浮世绘》，三版《序》里说：

　　《浮世绘》是我一九三六年在天津开始写的长篇小说。因为忙于生活和职业，我只写了计划中的十分之一左右便停步了。现在，我倒并不因为它的没有完成而感到不痛快，由于对于中国这民族和它的社会还不大了解，由于还没有一个进步的世界观、人生观，由于还不知道现实主义的创作方法，假若我那时写完了它，它一定不过是一部荒唐的书，古怪的书。留待将来我再来写那些中国的个人主义者，中国的罗亭和沙宁和另外一些还没有名字的人物，一定是更胜任一些的。而这四个断片，可以说是完全穿上了幻想的衣服的现实，在现在想来，已经是近乎古董之类的东西了。把它和《子猷》和《夏夜》放在一起倒是很合适的。我可以给这本书另外取一个名字《一些失败了的试作》。

　　战争改变了许多事情，许多人物，而改变得最多同时也就是进步得最快的应该是何其芳。虽然作者说他有他自己的道路，但就所表现的看来，他确是从阴暗和寂寞里突然跑到阳光底下，由沉思而歌唱了。我们期待着他的"更胜任"的作品，同时把《浮世绘》收入《刻意集》，也不能不说是一种和谐的统一。

十一　《山雨》

　　王统照所作长篇小说《山雨》，共二十八章，描写北方农村崩溃的原因与现象，以农民自觉运动作结束。初版发行于一九三三年九月，当时图书杂志审查委员会谓其宣传阶级斗争，书出不久，即由市党部勒令禁止。经删去第二十四至二十八章后，始得发行。初版流布极少，盖亦弥足珍贵者也。

十二　《萌芽》的蜕化

　　《萌芽》是佐拉的长篇小说，巴金也曾以煤矿生活为背景，写过一部同样名称的小说，原在上海《大中国周报》按期发表，经修改后，于一九三三年八月

出单行本，由现代书局发行，为《现代创作丛刊》第八种。《现代创作丛刊》由施蛰存主编，共出十七册，在当时确是最结实的一部文艺丛书，其中有三册被禁，一为丁玲之《夜会》，一为魏金枝之《白旗手》，另一即巴金之《萌芽》。《萌芽》被禁以后，改由新生出版社发行，列为《新生文艺创作丛书》之一，封面装帧，酷似开明版之《灭亡》和《新生》，而不注明出版者地址。后又改名《朝阳》，装订式样如旧。大约仍未能逃过检查的眼睛。

至一九三五年，巴金将原稿大大地改写了一通，题名曰《雪》，重行出版，发行者为美国旧金山大街八四五号平社出版部，上海惟内山书店有代售。卷首加前记云：

我的书在美国出版，这是第二部了，不过第一部并不是小说。

这本小说为什么要在美国出版呢？只是为了纪念一个旧金山的友人，他肯给我出版这一本别的出版家不肯承印的作品，我带着感激和祝福把这本书献给他。

这意思是很明白的，当然是为了要逃过检查的眼睛。后来这部书列为《新时代小说丛刊》之一，仍名曰《雪》，改由文化生活社发行了，到现在还是它最后的归宿。

○ 原载《万象》，1945 年第 4 卷第 7 期

甲申购读琐记

1945

——纪庸

　　不执笔为文，殆将两月，没有别的原因，实在感觉今日的岁月与现实，不是纸上谈兵可了，不论是报国抑清谈，大致都无法阻止米价上涨与生计的艰难，古人所说诗文因穷而后工的话，未免有点不正确，恐怕古人的生活到底还好解决罢？即如断齑画粥，现在也有些不易，巧妇难为无米之炊也。李二曲的连日不举火却可学习，又没有那么好的身体，既无首阳义士直头饿死之决心，当然还是要为饥所驱，在这种心绪之下是不能读书与写文的，别人我不知道，在我确是如是。唯腐儒不能应合世法徒政学商均所未能。猴子只会弄棒，到最后仍然拿起一枝笔，有些前辈勉励我"锲而不舍"，我心里只有苦笑，其实我是时时刻刻想舍之的，苦不得其门而已。

　　今年夏天奇热，冬天又逢奇寒，真是天也发神经病了一般，盛暑不能读书，尚可解衣盘礴，回忆那时候每当炎阳西下，凉月既升，总是洗一个澡，可学校的大操场树阴下乘凉，赤膊短裤，手挥蒲扇，上下古今，好像并不发愁人世间的困窘。有时挥汗写文，一稿完毕，亦得佳趣。冬乃岁之余，古人三余努力理当是读写最好的时光，自己也很有这种期盼，无奈"乌金价重"，石火之光，遂以不恒，吸手哈脚，冻得红鼻子红眼，若干年没生的冻疮也复发了，古人寒毡坐破，想来正复大难，从前我往往厌热而喜寒，盖寒儒之力，可以抗寒而困于御暑，北京的煤球一元三百斤，无论如何，红泥小火炉是不成问题，目下则一反往日的感觉，对于阴寒的零下三度的江南气温，竟比零下十度的北国冱寒还要畏惧，再加上前两天的空前大雪，积地盈尺，天地茫茫无所之，不必飞机来空袭，已经感到生之路十分逼窄，转念酷寒生涯，为不易得，读书云云，除睡到被窝里回过暖来的几十分钟以外，简直谈不到，好些杂志的文字都是长久告假，并曾有过永远投笔的企图，如前所说，想不出什么新的道理，依然舞此短棒，羞愧是不用提，而且好像丢下日子太久，连棒也舞不好了似的，即如这一段文字之拉杂，不亦可以为证乎？

以上作为得胜头回，现在还是说说自家的事。题目是要讲讲买书读书，事实上今年买书的力量已经很有限了，有时把不大心喜的旧书拿出去和人家换，譬如曾用十八册《世界美术全集续编》换了四十八册的《清稗类钞》，虽然是今春的事，如今想起来也还记得清楚，因为有许多书店老板告诉我这是上了当，不过我觉得也没什么，《清稗类钞》于我固无多大用处，但《美术全集》更无用也，若说为赚钱，卖书吃饭，未免这饭吃了也不好消化。后来记得又用江苏省立国学图书馆的书目换了几种零星书，这书目的篇幅很多，大约有三十册光景，在纸张论斤称售的市面上，自然可以换好几种书，郝氏《尔雅义疏》刻本乃是其一。

郝氏印本甚多，《四部备要》与商务版《国学基本丛书》的本子早已有之，字太小而且洋装，倒在床上看很不舒服，《备要》本是线装而油墨气味熏人，终于遗憾。这次所得也只是同治四年沛上重刊本，唯印得在前，纸墨疏朗，很是可爱。现在报纸都变成十六排扁体字，看到十几分钟就会头目昏花，再看这样的书，仅仅物力一端，也便感到昔日之可怀念。

郝公山东人，我屡次提到他在解释名物时常引用俗称俗语之可喜，因为知道了语言的来源，正是吾人求知的重大动机之一，而能运用民俗的智识与古奥的经典发生关系，其见解尤为近代的，与辗转稗贩自然不同。

我对经解一类的书，非常烦厌，架上《学海堂经解》只是石印小字本，觉得已经尽够者，殆亦此故，原来经并不难，说得通俗一点大家都有兴味却不易做到。从前在大学时上吴检斋先生的《三礼名物》绝不会骂《仪礼》《考工记》枯燥，其实吴先生正是章氏门下笃守古文家法之硕果，可见古文经今文经都不成问题，叫人弄得明白清楚才是第一要义。设使郝君生于今日，其兴味当然不减于吴公，且在《晒书堂笔谈》中更有绝好的随笔可以为证，寒斋虽不备郝氏遗书，若并《尔雅义疏》而无之，则亦太对不起这位引人入胜的学者矣。

南京书店差不到已无书可买，许多旧书铺把存货论斤称出去，换上一本一本的花花绿绿流行杂志，我也说不出有什么感想，只是遇到这样的地方就不去了。一次在状元境角隅某硕果仅存的什么山房里看书，买了《雪桥诗话》二集和《李文忠公朋僚函稿》。王渔洋《居易录》刻得还好，唯虫蛀太利害，未买。那时候正在搜罗关于满清入关时"逃人"的资料，山人曾服官督捕衙门，应当有所取资的，不能得到好的本子，心头很惆怅。幸而后来不久在别处买到了《池北偶谈》初刻本可以抵偿此失。

春初看张丰润《涧于书牍》，知道此公说话有才气而不甚负责，且似充满热中之念，这回颇想把李文忠的函稿对起来看，到底合肥对他的态度如何，但细检之下，始知所载覆信稿件极少，竟看不出怎样遇合来。我自己原有《涧于日记》，惟读起来枯燥得很，不能像徐一士先生那么细心籀看。冬初在冷摊得《涧于墨迹》印本一册，乃是其后嗣志潜先生所印，不知此与今日文坛红极一时之张女士，有何亲谊，今姑抄其第一跋语如次：

乙未和议告成，枢廷始以练兵为补牢计，先饬胡云楣侍郎就小站盛军遗垒练陆军，习洋操，侍郎旋他调，遂改派袁世凯，皆文正主之，先人时已被放南下，久不与文正通书，阅邸钞大骇，亟作此书，乃乙未八月也。文正得书感动，会言官劾世凯在营擅杀乡民诸款，朝旨派荣协揆禄，注按其事，文正与荣旧交，濒行谆嘱其得实以闻，勿以论荐在先，为之回护，比荣抵杨村，世凯预遣其同乡小枢某君，自营佯作回京相遇者，谒荣使邸，力陈世凯练兵成绩之佳，荣相至营校阅，反极称其军容之盛，诧为奇才，乃复命，文正已示疾在告，强起入直，见疏大恚，顿足呼负负，归遂不起；存亡所系，固有莫之为而为者，附志于此，为谈史者一助焉。志潜谨志。

此所云文正，指李鸿藻。册中附日记两则，乃癸巳八月十一日即光绪十九年，《涧于日记》已收入此篇，并将盖有宣统宸翰图章的"洞烛机先"四字亦照样刊入，跋文第二云：

右先人手函两通，乃甲午乙未先致李文正协揆者，乙未一函，志潜固习闻之，屡请诸符曾侍□，未及检还，辛酉入都，则并甲午一函，均由骙庵太传师得之厂估，举以见升，遂补刊入集中。

乙丑奔赴行在，仰蒙垂询，盖饫闻之骙师者，当即详晰奏对，旋将书牍恭呈乙览，上意仍欲一观墨迹，今年九月，志潜航海北来，敬赍以呈，并以先人癸巳八月十一日日记有记论朝鲜事一则，时距甲午八月十一日先人奉旨驱令回籍，适岁一期遂并赍呈。台对时上嗟叹久之，留览经旬，始蒙赐还，且各志宸翰于眉端，先人拳拳为国之苦心，亦可以少慰矣。

谨将两函及日记一则，装影成帙，藉赠知好，庶几先人平时梦争王宝之诚，及甲午秋间蜚语之诬，益得大白于世钦？此则志潜之微意也。

丁卯十月二十九日男志潜谨志。

乙丑当民国十四年，行在则天津张园也。丁卯乃十六年，北伐正急进之一年也。昔时读此种文字，感想总不大好，现在则不但原谅他的为先人辩诬，而且去国之悲，异代同威之遗山何遽不如郑思肖谢□山邪！这正该是分别观之的了。同样的情形我又得到国变后改名唐晏的《庚子西行日记》，查书房一角唐晏条云：

《贩书偶记》卷十八别集类，《涉江先生文钞》一卷，诗一卷，渤海唐晏撰，民国乙卯铅字排印本，又名《涉江遗稿》。又注云唐晏原名震钧，因辛亥国变改名……唐晏改名在辛亥后，一般均如是传说，唯求恕斋刻《庚子西行纪事》一卷，本文末尾署光绪辛丑五月，唐晏录于白下，然则在民国十年前固已有此名矣。或云《西行纪事》刻于民国乙卯，故卷首题唐晏撰，刻书者遂改去本文中署名，以归一律，亦未可知，但揆之事理，则为不通，鄙人未敢遽信也。《野棠轩文集》，卷四《娄氏说中》云，国变后儿辈乞食四方，冠其姓曰娄，结束云：

康熙时伊尔根觉罗之顾，雍正时章佳之尹，两朝圣人未之问也。独是彼乃化歧视之见，此则苟为逃死之谋，岂可同日而语哉！古来避仇避乱避讳易姓，时时有之，诚如所论，唯私心不甚喜者则以旗人有被歧视之感而出此耳。如循旧例，以第一字为姓，亦可通行，且似亦更为大方也。

○ 原载《东南风》，1945年1月创刊号

鲁迅先生译《苦闷的象征》

—— 许钦文

1947

　　晦庵先生在《文汇报》上发表的《书话》，引起了我写这一篇的动机。日本厨川白村著的《苦闷的象征》，我所知道的，国内已有两种译本，在南方印行，丰子恺先生译的比较后出版。这里要说的是先在北平出版鲁迅先生译的一

种。鲁迅先生在北京大学讲完了《中国小说史略》，就拏《苦闷的象征》来做讲义，一面翻译，一面教授，选修的人很多，旁听的人更多。无论已毕业在各处做事的，或者未毕业在工读的，到了这一点钟，爱好文学的远远近近的赶来，长长的大讲堂总是挤得满满的。这在当时固然是很难的关于文学的理论功课，而且鲁迅先生，同讲《中国小说史略》一样，并非只是呆板的解释本文，多方的带便说明写作的方法，也随时流露出些做小说的经验谈来。

　　《苦闷的象征》译完以后，计划出单行本。鲁迅先生趁我去看他的便，叫我要元庆画一个封面。这可以说是新文学书中第一个出版的封面画，至少在北新书局出版的书籍中。虽然《故乡》的封面，大红袍比这个先画好，但那不是专为书籍的封面，趁我出版小说集的便，复制起来以广保存就是了。画好以后，

鲁迅先生看得很高兴，表示非常满意。以后出书总要元庆画个封面，接连一大串，可以说都是由这幅《苦闷》引起来的。只是北新书局，当初只有几百块钱的资本，印图画，多一种颜色就要多一笔钱。限于经费，所以《苦闷》初版，只印一种红的单色。当然，这在鲁迅先生和元庆，都是感到欠缺的。好在销路广，不久初版书籍完，鲁迅先生虽然挲不到欠薪，经济很困难，却把应得的版税补充作印书的本钱，决定照着《苦闷》的原书，把再版书的封面印成三色。元庆得知了这个消息以后很兴奋，把《苦闷》的原书修改一下，正如细心的晦庵先生所说署名初在右角，这时改在左角了。

《苦闷》所画，一个裸体的少女，伸长着舌头在舔一把钢叉的尖端。少女的裸体上贴着几块膏药，其强烈的表现与书中插图恶魔派鲍特来尔的自画像相应和，那是吸醉了凶猛的烟，觉得星星和月亮都是近在一边，伸手可以摸到的。

少女的裸体上贴起几块膏药来，好像来得突兀。因为全画形成一个圆圈，女性的轮廓又是曲线的，用了笔挺的钢叉柄还嫌不够，其实膏药无非利用其"方形"，是于"变化"之中来补充"调和"的条件的，印成多色，用黑和蓝来衬托，两颊和舌头这才红得鲜艳，形成血淋淋的样子。原画舌头和两颊的红色不一样，印得分不大清楚，是美中不足之点。

钢叉、乱头发、药膏和女人的大腿，经过元庆的配置，只觉得醒目可观。这是艺术的表现。《苦闷的象征》不是直接的诉苦，是美化了的。

听过鲁迅先生《苦闷的象征》的讲的多少总都留点印象，影响于新文学家不少。元庆由《苦闷》这一幅开始，画了许多封面，增色新的书籍。鲁迅先生在翻译《苦闷的象征》时给《语丝》写散文诗之类的《野草》，我觉得许多地方都是应用了这书中的原则的，最明显的是《风筝》这一篇。

晦庵先生的话中，有这样一段，"封面上一个苦闷，里面一个苦闷，内外一致，简直是苦闷到骨子里去了"。这也不是偶然的。当时鲁迅先生在教育部里做官，北京大学的《苦闷的象征》不过一星期一小时，欠薪挈不到，固然生活很困难，而且受军人的政治当局压迫，常常要溜到东交民巷去避一下。元庆和我同寓在南半截胡同的绍兴县馆，靠我卖文一元四角一篇、一元六角一篇的小说稿费来维持，颜料画具不能如意购备，严冬室外寒冷，不便写生，室内纸糊窗暗沉沉，光线又嫌不足。装不起火炉，衣服不足，也觉得冷，只好常常躺在床上，摇摆着两只脚吟他的诗句。在这种时候，画起封面来恰巧书名《是苦闷的象征》，所以真是象征苦闷的了。

○ 原载《青年界》，1947 年新 3 卷第 1 期第 46—47 页

名家书单

《冷眼观》作者

—— 姜侠魂

1948

上个月在书堆里，随手拈了一册《论语》，是第一百卅九期的，翻开来一看，有《冷眼观》题目，是一行先生的大著，我以为这是一篇新鲜事实，一行先生瞧见了，心中很不舒服，来一篇不顺眼的纪事文罢了，决不会想到写我老朋友的遗著《冷眼观》的评语，岂知再仔细一瞧，正是为了这部吴研人、李伯元、王静庄，鼎足而三的，清末谴责小说《冷眼观》的批评文章。

笔者对吴研人曾在望平街会面过一次，当时大约在四十年前，他还住在现在中报馆南首，联合广告公司旧址，在这个时候，房屋尚未翻造，似乎是一爿照相馆隔壁楼上，因为有故友汪维甫君介绍，就在街头寒暄一番，握手而别，吴先生的相貌，额角冲出特别高，戴着很深的近视镜，红润的同字脸，打着广东官话，是一个很和蔼很恳挚的人，过了一时，我赴武汉去了，从此没有见过面。

对于李伯元先生，是没有机会碰面，那是不去说他了。对于《冷眼观》作者王静庄先生，那是很熟的熟人，大约在四十年前，宣统初年起，至民国八九年间为止，相处有十个左右的年头，这位先生是苏北宝应县人，他的祖父是王某某公，本系名宦世家，笔者很健忘，他的家世说过，到现在已模糊了。

他所做《冷眼观》，据一行先生所说一至二十回，是小说林版本，恐怕尚有有正书局所出的版本，也曾向作者借阅过一厚册，第几集第几回却是记不清了。去年旧书摊中，买得一册五六十页的残本，只有六七回，缺头少尾，看了一行先生的批评，就翻箱倒箧，寻找这本残书，想来对照，已不知去向，却是有正的版本，是很清楚的。

对于王静庄先生的足迹，走遍了长江、黄河、珠江三流域。他的信仰，宗尚道教。身躯骨瘦如柴，在当时年龄已有四十开外，不免名士风流，好色天性，沾染了阿芙蓉癖。谈吐间，当代掌故，新旧党争，说得历历如绘，声色活现。在民国初年，由麦家圈尚仁里隔壁，搬到二马路，和一个临时夫人，曾自拉自唱的，开设了自强书药局，出版自著的《女界烂污史》等二三种小说外，又自制一种风流药剂，叫做揭被香的发售，既无其他家属，又无小辈子女，两个人雇了一个佣人，生活的挣扎，也敷衍得过去。笔者经营出版时，在民国六年张勋复辟案尚未发动，曾经请他编过一本《推背图索隐》，此书现在已经绝版了。

以上对于《冷眼观》作者约略小史，我所知道的，就在这一些了。笔者与他在民元前，时相过从，常常一榻横陈，大谈其聊天，曾经谈过《水浒》作者施耐庵故事一段，笔者趁着这个机会，也不妨把他附写出来，请研究《水浒》作者的大方家，作一种谈助的资料吧。

据他说，施耐庵是元末时代人，当时刘伯温要捧场朱元璋做皇帝，在那时南征北剿的当儿，刘军师谋划全局，计筹策略，在天下尚未统一之前，招贤礼士，广纳人才，尤其是对于独当一面的大将，要物色得一个文武全材，福禄兼备的，方可胜任愉快，得能奠定朱家的统一河山。把这个意思，和朱元璋说

　　　　　　　　　　　　　　　　　　　　　　名家书单

了，朱元璋当然赞成，但是到哪里去访问这么一个资格的大将呢？宾主两人，却很踌躇了一番，有一天刘军师想起了一个老朋友，就是那位施耐庵先生了。

宾主两人，商议定当，就一同昼行夜宿，到施耐庵家里，施耐庵和刘军师多年不见，见有陌生客同来，也不与他招呼，刘军师略为寒暄几句，就问施耐庵这几年干的什么事情，施耐庵见刘军师问到这句话，他很高兴的就说做了一部小说，刘军师问他做了一部什么小说呢？那施耐庵就兴匆匆的在箱子里拿出一部《水浒》来，双手捧给刘军师观看，那刘军师也不顾一切，也没有介绍朱元璋给施耐庵，接着这部书稿，遂即手不释卷的连日连夜把这部书稿看毕，一方面，连声称赞好绝了，同时气也不喘一口，就递还给施耐庵，一方面回头来向朱元璋："我们回去吧。"朱元璋唯唯答应着，两人起身辞别施耐庵。施耐庵当然要挽留，刘军师坚决的推辞说："要拜访另有一个朋友，约会的时间，不可耽搁。"施耐庵送到门外，还要再送一程，刘军师坚意不肯，就此告别，长扬而去。

朱元璋跟刘军师匆匆而来，想聘请施耐庵的，岂知刘伯温连日连夜看完了这部书稿，不发一言，就匆匆而别，弄得莫名其妙，两人走了阵，就问刘军师这是弄的什么玄虚呢？

刘军师就对朱元璋说："我公事业，没有福禄兼备，文武全材的资格，恐怕要败坏乃公事的，施耐庵本是一个很够资格的人才，可惜他几年做了这部《水浒传》小说，我日夜把他细细看完，也真是用尽心思在这部书上了。满腹经纶，全副精神，可说'一字一滴血，尽在乎此中'，此人精力心血，牺牲已尽，不久人世了！倘然再把我公事，托付了他，必要取坏。故而我急急忙忙，辞别了他，就道回去，别打主意，另访他人，再作计较。"

朱元璋听了刘伯温一番议论，方始恍然大悟，后来就遇到了徐达，平定了天下，统一了河山，这就是王静庄先生亲口所述的施耐庵故事。笔者为老朋友传播其遗闻，是否可作一种《水浒》作者研究的参考，在乎高明者的鉴别了。

三七年，七，廿五。

○ 原载《论语》，1948 年第 159 期

孤灯书话

PART 4

作家书简

名家书单

日记与尺牍
1925

日记与尺牍是文学中特别有趣味的东西，因为比别的文章更鲜明的表出作者的个性。诗文、小说、戏曲都是做给第三者看的，所以艺术虽然更加精炼，也就多有一点做作的痕迹。信札只是写给第二个人，日记则给自己看的（写了日记预备将来石印出书的算作例外），自然是更真实更天然的了。我自己作文觉得都有点做作，因此反倒是喜看别人的日记尺牍，感到许多愉快。我不能写日记，更不善写信，自己的真相仿佛在心中隐约觉到，但要写它下来，即使想定是私密的文字，总不免还有做作。——这并非故意如此，实在是修养不足的缘故，然而因此也愈觉得别人的日记尺牍之佳妙，可喜亦可贵了。

中国尺牍向来好的很多，文章与风趣多能兼具，但最佳者还应能显出主人的性格。《全晋文》中录王羲之《杂帖》，有这两章：

吾顷无一日佳，衰老之弊日至，夏不得有所啖，而犹有劳务，甚劣劣。

不审复何似？永日多少看未？九日当采菊不？至日欲共行也，但不知当晴不耳？

我觉得这要比"奉橘三百颗"还有意思。日本诗人芭蕉（Basho）有这样一封向他的门人借钱的信，在寥寥数语中画出一个飘逸的俳人来。

欲往芳野行脚，希惠借银五钱。

此系勒借，容当奉还。

292　　　　　　　　　　　　　　　　　　　　　　　　　名家书单

唯老夫之事，亦殊难说耳。

去来君芭蕉。

日记又是一种考证的资料。近阅汪辉祖的《病杨梦痕录》上卷，乾隆二十年（1755）项下有这几句话：

绍兴秋收大歉。次年春夏之交，米价斗三百钱，丐殍载道。

同五十九年（1794）项下又云：

夏间米一斗钱三百三四十文。往时米价至一百五六十文，即有饿殍，今米常贵而人尚乐生，盖往年专贵在米，今则鱼虾蔬果无一不贵，故小贩村农俱可糊口。

这都是经济史的好材料，同时也可以看出他精明的性分。

日本俳人一茶（Issa）的日记一部分流行于世，最新发见刊行的为《一茶旅日记》，文化元年（1804）十二月中有记事云：

二十七日阴，买锅。

二十九日雨，买酱。

十几个字里贫穷之状表现无遗。同年五月项下云，

七日晴，投水男女二人浮出吾妻桥下。

此外还多同类的记事，年月从略：

九日晴，南风。妓女花井火刑。

二十四日晴。夜，庵前板桥被人窃去。

二十五日雨。所余板桥被窃。

这些不成章节的文句却含着不少的暗示的力量，我们读了恍惚想见作者的人物及背景，其效力或过于所作的俳句。我喜欢一茶的文集《俺的春天》，但也爱他的日记，虽然除了吟咏以外只是一行半行的纪事，我却觉得他尽有文艺的趣味。

在外国文人的日记尺牍中有一两节关于中国人的文章，也很有意思，抄录于下，博读者之一粲。倘若读者不笑而发怒，那是介绍者的不好，我愿意赔不是，只请不要见怪原作者就好了。

《夏目漱石日记》，明治四十二年（1909）：

七月三日

晨六时地震。夜有支那人来，站在棚门前说："把这个开了。"问："是谁，来干什么？"答说："我，你家里的事都听见，姑娘八位，使女三位，三块钱。"完全像个疯子。说："你走罢。"也仍不回去。说："还不走要交给警察了。"答说："我是钦差。"随出去了。是个荒谬的东西。

以上据《漱石全集》第十一卷译出，后面是从英译《契诃夫书简集》中抄译的一封信。

《契诃夫与妹书》

一八九〇年六月二十九日，在木拉伏夫轮船上。

我的舱里流星纷飞，——这是有光的甲虫，好像是电气的火光。白昼里野羊游泳过黑龙江。这里的苍蝇很大。我和一个契丹人同舱，名叫宋路理，他屡次告诉我在契丹为了一点小事就要头落地。昨夜他吸鸦片烟醉了，睡梦中只是讲话，使我不能睡觉。二十七日我在契丹爱珲城近地一走。我似乎渐渐的走进一个怪异的世界里去了。轮船播动，不好写字。

明天我将到伯力了。那个契丹人现在起首吟他扇上所写的诗了。

○ 原载《语丝》，1925 年第 17 期第 1—2 页

献给鲁迅先生
1936

—— 叶灵凤

最近病后的鲁迅先生发表了一篇《答徐懋庸》的长信，引起好多人的注意，大家都在口头上纸上谈鲁迅，这封信我虽然也读过，但我现在写这篇文章的动机，却是读了他不久以前出版的杂文集《花边文学》。

读了《花边文学》，才知道鲁迅写杂文所用的笔名，真是神出鬼没，使人无从捉摸。据说用笔名发表文章有两种区别：一种是造谣中伤，挑拨离间，或者藉端报复，一面却捏造了一个假名以躲避责任，这是"文人的无行"，是要不得的。另一种则是处在高压的环境之下，言论不自由，一举一动受人注意，甚或牵累旁人，又因了自己德高望重，怕编辑先生"另眼看待"，所以写了文章用笔名发表，而且时时更换，这是"有行的文人"干的，当然要得。鲁迅自己就在《花边文学》的序文里，说明他用笔名的动机是属于后者。既然这样，当然不便非议。

三年以前，我曾编过一种《文艺画报》。既称画报，当然有相当的插图，创刊号出版后不久，我就在那时的《中华日报·副刊》上发现一篇短文，批评这期《文艺画报》的插图，指摘在描写东北情形的文章内，插着日本人作的夸耀满洲战功的木刻，在穆时英的小说内，又用了马赛莱尔的插图，文章写得很刻薄。我当时很诧异，觉得这篇短文的作者倒也看过几本书，至少和我也有相同的嗜好，订购着日本出版的《版艺术》和《黑与白》。虽然对于他的意见我不敢赞同，因为利用与文字情调相同的图版作插画，是外国有插绘的杂志的惯例，尤其在戴平万先生描写失陷后的关外生活的散文中，插入几幅从《战争版画集》选来的关于满洲日军的木刻，我以为正是很好的一种对照，一点也看不出有什么可笑之处。

这是三年以前的旧事，这回拜读《花边文学》，发现这篇短文赫然在内，才知道竟是鲁迅的大笔。我抚摩着三年前的这一只暗箭的创痕，正是"冤有头，债有主"了！

我和鲁迅之间，说来古怪，这是他人所不易看出的，好像有一点冲突，同时又有一点契合。我有一个弱点，喜欢买一点有插图的书和画集放在家里看看，这弱点，他老先生好像也有。但我另有一个弱点，我早年是学过画的，看来技痒便也信手仿作几幅，他老先生虽然也画无常鬼，但对我的画却不肯恭维，于是天下便多事了。

说来话长，这是今日许多刚挤上文坛的后生小子所不知道的，但不妨当作"天宝遗事"一样的顺便来谈谈。

是十年以前的旧事了，郁达夫介绍了《黄面志》，田汉又翻译了王尔德的《莎乐美》，使我知道了英国的薄命画家比亚兹莱，对于他的画起了深深的爱好，当然，那时谁都有一点浪漫气氛，何况是一个酷好文艺美术未满二十岁的青年，我便设法买到了一册近代丛书本的《比亚兹莱画集》，看了又看，爱不释手，当下就卷起袖子模仿起来，一共画了一大迭，大大小小，零零碎碎，捧给郁达夫看，他老是"唔唔"点头，拉我去逛城隍庙旧书店；捧给郭沫若看，他赤了脚踞在藤椅上望我笑；送到成仿吾面前，他又庄严的点点头，拍拍我的肩膀，请我去吃由泰东书局记账的同兴楼；周全平和倪贻德更是大加赞赏，这一来，我成了"东方比亚兹莱"了，日夜的画，当时有许多

①

---

① 比亚兹莱自画像，刊载于《艺苑朝华》，1929 年第 1 卷第 4 期第 7—8 页。

名家书单

封面、扉画，都出自我的手笔，好几年兴致不衰，竟也有许多人倒来模仿我的画风，甚至冒用 L.F. 的签名，一时成了风气。

这样隔了几年，这回该由郑伯奇负责了，他刚从日本回来，身上剩下许多日本钱，他也不去兑换，那时正是夏天，却拖了我到虹口去逛日本冰店，吃了一家又一家，一直吃到北四川路阿瑞里，该也有十几家了，日本钱还没有用完，便跑进那时还在弄堂里的内山书店去买书，他知道我是喜欢画的，书架上有一迭路谷虹儿的秀丽轻倩的画集，我看了很爱好，他便用剩余的日本钱都买了送给我。后来北新书局邀我画封面插绘，李小峰先生送来几篇苏雪林的童话，我觉得如果用路谷虹儿的画风作童话插画是极适合的，便又模仿了几幅。当然，当时又受到了相当的赞赏。

这样，又过了几年，时代进展了，谁都"进步"起来，我看见美国《新群众》等刊物上的新派讽刺画，又手痒起来，这时恰巧又买到一部德国人著的关于苏联文化生活的书，附有大批的图片，那种崭新的俄国雄健的画法，我更手痒了。千不该，万不该，我那时竟用这样的画法画了一张鲁迅先生的画像，参加了那时正在激烈的"醉眼朦胧"的战争，虽然照例受到了赞赏，但这一来却和鲁迅先生结下冤家了。

我前面已经说过，鲁迅和我有一个共同的弱点，大概也喜欢收藏画集。他老先生年岁大，有涵养，能坐在家里翻阅就满足。我那时却年轻，不安分，看了还要动手。我有的那几本书，他那时大约也有。既然得罪了他，他老先生似乎便运用"釜底抽薪"的办法，当时就从那德国人的书中翻印了一张高尔基像，登在主编的《奔流》上，一面在编辑后记上射出了暗箭：

可惜有些"艺术家"，先前生吞琵亚词侣，活剥路谷虹儿，今年突变为"革命艺术家"，早又顺手将其中的几个作家撕碎了。这里翻印了两张……

我当时倒很高兴，觉得一个年轻人能使他老先生用这样手段对付倒也是荣誉的事。但他老先生似乎并不以此为满足，兴致冲冲，指挥着手下的喽啰，编了一辑《艺苑朝华》，将比亚兹莱和路谷虹儿的画都翻印出来，更进一步掘我的老窠了。在两部画集的《小引》上，都一再声明说是特地要将"真面目"和"未经撕剥的遗容"给大家看看。不特此也，连我本人的"真面目"也给他老先生显示了给大家，说是"唇红齿白，油头粉面"，和前年施蛰存先生的"洋场恶少"，最近田汉、周起应先生的"西装革履"，先后媲美起来了。

我与鲁迅先生在各种场合下也先后见过几面，我认识他，他大约也认识我，但是从不曾讲过话。近年偶尔遇见，他老先生虽然"丰采依然"，可是我早已唇不红，齿不白，头发也不光了，我以为早已各捐旧嫌，你印你的木刻，我玩我的藏书票，两不相犯，谁知读了《花边文学》，才知道"天长地久有时尽，此恨绵绵无绝期"，倒使我又要担心起来了。

本来，在鲁迅先生提倡木刻的时候，我也在热衷木刻，这话说起来又是五六年了，我一看冤家路狭，又碰在一起，知道不好办，便忍住一口气，退了一步，凡是写到关于木刻的文章，我总推崇鲁迅先生提倡之功，人家说我们妥协了，只有我自己才知道我是在"割地求和"。这方法似乎很灵验，所以在木刻上始终没有过冲突，而且还使一个朋友上了当，这位朋友便是赵家璧先生。

他大约看大家谈木刻谈得热闹，便想翻印几部木刻集，知道我有几本马赛莱尔的木刻连环故事，便写信来都借了去，这便是后来良友印出来的《木刻四种》。一册《一个人的受难》由鲁迅写了一篇介绍，我算是"物主"，便分润到了一篇《光明的追求》的序文，其余两部由达夫先生和家璧先生各任一部。鲁迅在给《一个人的受难》写序文时，大约想不到这本书竟是我的。后来印好出版，《文学》的社论里曾大加捧场，但我的一篇序文却捱了一句骂，说是：

但也有例外，如《光明的追求》序文只讲了些西洋木刻的源流。

文章很笨拙，似乎是茅盾先生的大笔，我真是吃力不讨好，气得便将几部木刻卖给了良友公司，今年茅盾先生的令亲孔先生编辑《现代作家书简》时，我更将赵家璧先生当时借木刻的一封信也交给了他去发表，以了却这一重公案。

在木刻上向鲁迅先生"讲和"，既然只换得"隐名受骂"，变成《花边文学》的数据，真使我进退两难，我想，我只有实行我惟一的愿望了。

这是我多年的愿望。我当年做"东方琵亚词侣"的时候，诚如鲁迅先生所说，只有一本近代丛书本的画集，但近年陆续搜买，却也买齐了英国出版的比氏早期作品集、晚期作品集、未收遗作集，都是八开本的巨册，此外更买了好几部传记，我希望率性让我生一场小病（鲁迅先生不是在病中又编好珂勒微支的《版画集》吗？），闭门两月，给比亚兹莱写一部评传，选他百十幅巨页大画（三闲书屋肯代印当然更好），印几十部，印得漂漂亮亮。在扉页上，我要用三号长体仿宋字印着：

献给鲁迅先生

虽然在这"国防文学"时代印这画集，连上海杂志公司的老朋友张静庐先生怕也要说我"落伍"，不肯寄售，但这是我的愿望，这愿望鲁迅先生是能了解的，这样一来，二人之间或许能"化干戈为玉帛"吧？

○ 原载《论语》，1936 年第 96 期第 13—15 页

与友人谈书简文学

1942

——江上风

第一函

持平兄：

《作家》要出"书简专辑"，还是决定在上一期"日记特辑"未出版以前，那时你才告诉我将出这两大特辑的计划时，我第一个拍掌赞成，你接下来就嘱我端整稿件，我也毫不犹豫地把胸膛拍下来了。

别的不敢说，写几节简单的日记，和短短的书牍，当是轻而易举，不费力气的事，可是事情真作怪，近来竟懒得不肯执笔，有时虽也有些零零碎碎的短文发表，都是在朋友再三督促，用劲努力之下逼写出来的，这已成为我近来写文的老例，当时你只轻描淡写地说了一句，又不常常会面，虽然明知这一个债终是要还清的，但理智竟敌不过积习，我还是一天天地偷懒下去，不想写一个字。

实在，大热天写文章也太苦恼了，额角上的汗淌下来，落到稿纸上，就是一堆模糊的水渍，胳膊搁在稿纸上，皮肤中的油腻受了压迫，从汗毛孔中渗出来，粘在白纸黑字中间，又是一个偌大的"烙印"，这些现象，先使人见了不舒服，如果说作文真有烟士比里纯的说法，则烟士比里纯见之恶心，早已望风逃走，又那里能再下笔千言呢？

颇想检几封旧信塞塞责，不管朋友的也好，自己的也好，明信片也好，便条纸也好，百货公司来的广告信也好，小时从《秋水轩尺牍》上抄来当作模范而朝夕讽诵的书信读本也好，随随便便检集一点，随随便便寄给你，由你随随便便地丢入字纸麓，或者随随便便注销来，让读者随随便便地笑笑，事情就不是完了吗？可惜我没有办法找到此种材料，我自己写给别人的既不留底稿，别人写给我的也早已撕作片片蝴蝶，纸质坚硬未经撕掉的来函，有"敬治菲酌，恭候台光"的请柬，教我怎好意思寄给你？

很想赖让别人去凑热闹，不替书简特辑写半个字，但又想不出最妥当的赖稿方法，这便如何是好？

第二函

持平兄：

电话及信均已收到，看上去是无从躲懒了，文情并茂，值得传诵的书简，我箧中委实没有，然而稿又不可不写，无已，且来和你略谈一下书简文学，聊以充数吧！

现代出版物中书信体的小说很多，但真正是作者自己的函牍，集中出版的则少得很，据我所知，前前后后只有三部：一部是鲁迅、许景宋合著的《两地书》，一部是杨骚、黄白薇合著的《前夜》，另一部则是徐志摩作的《爱眉小札》。巧得很，这三部都是情书集，论销路自然以《两地书》为最好，但我最不爱读《两地书》。因为我觉得鲁迅写的信太吃力了，一味的矜持，做作，读时使人不复能相信这是师生恋爱下的情书，我以为青年男女谈恋爱写情书，下笔不妨淡泊一点，使可得一种悠远深长的情致。初不必一泻无余，尽情倾吐，反使人见了起一种鸡皮疙瘩的感觉；四十以上的人重投情网，则反是，决不能有气无力，吞吞吐吐，欲说不说，欲言不言，使人见了生气。要火爆，要热烈，总能表示出老当益壮一马当先的精神。阴阳怪气，故作矜持，这种情书写出来，真使人见了不能痛快。杨骚比较热情一点，但病其浮夸，不能得深湛之美。徐志摩写给陆小曼的几封信，蕴藉有致，真情流露，好是好的，可惜不免有一种书生的酸味，同样有其美中不足之处。我最爱读的要推李石岑写给情妇童蕴珍的一封长函了。

李石岑，你是知道的，他学的哲学，但文学方面也颇有造诣，他和童蕴珍由热恋而诀别，在短短的几年中，有一番可泣可歌的情史，这里也不想说它，我所见到的那封长函，有好几万字，写别后相思情景深刻极了，文中有："我××的时候，也非想到你不可，否则便不足以尽欢！（大意如此）"等充溢着性感的字句，我入读时，不觉其荒唐，但觉其表情透澈，淋漓尽致，如饮了一杯浓郁醇烈的葡萄汁，李石岑这时年已四十以上了，能有如此泼剌的精神，才配谈恋爱，其情书才有一读的价值！

未知你以为如何？

第三函

持平兄：

上信意有未畅，兹再与兄作一纸下之空谈如何？我国的读书人素来不看重书简文学的，即算《曾国藩家书》罢，也只是一种连缀性的说教读物，为变相的修身教科书，一些没有尺牍的情趣，《郑板桥家书》比较有生气一点，思想也很推廓得开，可惜所传的仅是几封家书，未能窥其和友朋往还时写在字面上所流露出来的真情感为憾。

《小仓山房》《秋水轩》《雪鸿轩》这些卖弄辞藻典故的尺牍，自然能使我们感到头痛，明代文人屠赤水、王伯毅等有几封短简倒还写得不差，近代文人中苏玄瑛的书牍，也有可观之处。

此外，我特别欣赏梁遇春的短简。梁遇春，这短命的青年作家，你是知道的，他的《春醪集》，感伤的气氛很重，我并不怎样欢喜，但他的书牍，才思卓绝，情致悲恻，确有独到之处。如《寄石江》云：

久未晤，风雨愁人，焉能无念？午夜点滴凄清，撩起无端愁绪，回思弟生平谨愿，既无狂蜂浪蝶之举，更未曾受人翠袖捧钟，自更谈不到失恋，然每觉具有失恋之苦衷，前生注定，该当挨苦，才华尚浅，福薄如斯。昨宵雨声不绝，兄亦当为之起座，或已诗成二字矣。今宵细君归宁，重温年前生活，独酌于某酒楼，醉后挑灯，惜无剑可看，要亦别有一番风味也。暇时过我一谈如何？万弗吝步！

虽短短百余字，而极富诗意，堪称短简隽品，未知我兄以为如何？

○ 原载《作家》，1942 年第 3 卷第 1 期第 310—312 页

　　　　　　　　　　　　　　　　　　　　　　名家书单

寄持平
1942

—— 涵之

持平兄：

《作家》出"书简特辑"，天这么热，你一定要我今天交卷，这是你对我的一种虐待。

我告诉你，我真的相当忙，你以为坐写字间的朋友，全是看报，谈天，抽香烟，坐到月底等领法币吗？你的看法不是全部不对，但我的情形却是在你的看法之外的。我在《詹詹集》上说过，我在写字间里正好比公馆中的娘姨，"粗细一把连"做针线，擘硬柴，件件工作要做到。我们那里的情形相当别致，照理普通文件不必由我主稿，但以人事配置未尽得宜，十之八九要我亲自动笔。而有一点你是知道的，我还得每天晚上到京报馆写文章，脑筋日夜开工，身体这样瘦弱，自己想想，有点可怕。《作家》出特辑，你还要我限期交卷，守护人家吃苦，你真不够朋友。

关于"书简特辑"的题目，我想来想去，没有办法可以交卷。我平时很少写信，事忙没有工夫写信，这是一点；有许多朋友飘零在不知所之的地方，无法通信，这又是一点；写文章可以领取稿费，写信要赔折邮票奉送，最不合算，这又是一点。有了这三种原因，我难得写信，看到"书简特辑"的题目就特别觉得辛苦了。

在南京，谈得来的朋友也不算少，但我们差不多天天见面的。你想，天天见面的朋友还用得着书面谈话吗？

最耐人寻味的书简，自然是缠绵悱恻的情书，然而我今年已不是十八岁，除一妻以外，别无爱人，妻又从故乡赶来，随侍在侧，结婚多年，所谈全是柴米油盐有关齐家之论，情话已一句想不出，而且天天见面，亦决无书面谈话之必要。老兄，我纵使能写一手好信，请问：叫我写给谁呢？

至于搜集人家的来信，则问题又来了。有几处地方来信是用"勋鉴"开头，"即希查照为荷"结束的，照抄发表，倒像是编印"公文程序"，这在《作家》总非相宜吧。有时到编辑部，也有几位初习写作的朋友来信，把我恭维得"才高八斗，学富五车"，公开发表，且不管人家骂我有意招摇，我自己也觉得难为情。信写得很通而又颇富文艺性的也未始没有，但其中多少夹杂一点私事，未得人家同意，擅自发表，又恐触怒了朋友。最近王予来信，实在是篇篇都可以发表的，可是仅集一家言，总觉不大像样。

无以交卷的理由很多，即就上述云云，你应该就对我们予以谅解了。

我自己很抱歉，但我已为你征集，路鹊、旋蓍及江上风的稿件。兹特专差送上，将功赎罪。

陈大悲屡次执笔，又屡次废笔，结果一眼呒啥啥，天实在热，他又已决定不交卷，嘱我代致歉意云。

专此，敬颂编安。

弟　涵之
八月四日

○ 原载《作家》，1942 年第 3 卷第 1 期第 312—314 页

寄持平
1942

持平兄：

听到你说要出小说集的消息，不禁为之雀跃，多少年了不见你的创作集，而今，在战后冷落非常的创作园地里，将见到你手栽的一株挺秀的花草，该是多么叫我期待呵！希你能提早编印。说到你存在弟处的小说稿，除掉已收入你的几册单行本的外，似乎还有好几篇，但《破木船》是记得的，其余都已忘掉题目了，翻查一下，也查不出来，料想当日登载该文的杂志早经被家中人称斤两的卖给旧货商了吧。托人往鸿英图书馆及青年会图书馆去翻查，据说也没有，所以无从抄寄了。只《鱼泛》一篇，虽几经沧桑，却巍然犹存，可说是无意中留落下来的唯一作品。这真是不幸中之大幸了。其实，不幸也正是大幸，盖吾兄所失去者仅兄稿中的旧的部分，而所保存以及正在发展者却是整个新的创作生命也，这自是苦中作乐之言，无非希望你再接再厉，不屈不挠的继续努力创作，做一个文坛上的塞翁，如此，岂不更好？

自旧业重操以来，各方面认识了不少文友，也增进了不少兴趣。许多相识和未相识的朋友们，常有信来，说编得"大佳""绝好"这些话，我虽并不估量得过于珍贵，但对于一个编报人精神上的鼓励作用，却也不能估量得太低。我对于我所编的东西的外界批评，倒是常常盼望着的。前次不知是否出于你的客气，竟说我编得很活泼，这次又说较前更活泼了。翻翻发信的日子，相隔有半

作家书简   305

个月之多，这才相信你是确在注意着我编的刊物了。

我觉得一个刊物的生命力之强弱，该以活泼与否为标准。这正和人的生命力一样。面孔红润得像熟透了的苹果那样，眼睛像一泓流水那样，是一个富有生命力的人应有的表现；同样的，刊物也该如此。如果面孔红润，而双目无神，那就像第三期肺病患者，决然说不上活泼；最糟糕的，是面孔泛白，白里带青，一双眼睛呢，又是像咸货店里的死白鱼的神气。我编刊物，就注意到这种地方。我竭力求其活泼，要是有春风满面，秋波传神，我就引为满意，以为是最高的理想的表现。反之，就不快活。有人以为我们的水平提得这样高，恐不能博取广大读者的欢迎，这一点，也正是我们这些编者所要顾虑的。因此，我每天费掉大量的时间和精力，在修饰各方寄来的文稿上，特别是在一些爱好文艺的青年的文稿上。即使是一篇歌咏青年的热情或爱情的小曲，我也决不轻易忽视。能修改的予以修改，修改后而仍然不能发表的则指出它的缺点。（不附回信邮票的自然是例外，为的是我没有多余的钱呵！）如此，则作者的个体既多，而文章的作风亦多样了。为了顾及题材的现实性及作风的泼刺性的缘故，我就以身作则地每天写一篇杂文——最近的几篇如《我的雨伞呢？》《足迹和影子》《庄子游山》《如果我是摄影师》等——署上了各个不同的笔名，这并不是表示"孙行者善变"，实在是含有"抛砖以引玉"的真意，使读者骤见之下，不致染上"一手包办"的印象也。来信上说，你顾意替我们写杂文，那是再好没有了。希望你的文章支票能够立即兑现才好！

报馆的原有计划，是要载一长篇的作品，但一则因为没有适当的长篇，二则怕妨害了版面的活泼，暂时不想实行。但三五千字作品，只要是有价值的，我想倒不妨分载若干期。好在本刊是日刊的性质，决不致"上气不接下气"也。自然，我这意思正跟你的见解相同，以少载长稿，不见"未完"为最好。

××杂志需要我的社会科学稿殊为感幸，"主讲"云云，则吾岂敢！一周内倘无特别事项，自当寄你转去。《作家》方面，久想给它写些什么东西，但以别有所忙，终于没有"什么东西"好写了。憾甚歉甚！下期可不是就要出"书简特辑"吗？倘若你到发稿的时候还未接到我一个字，而这封芜函还未蒙丢进字纸篓的话，就请你把它塞入特辑里去做补白之用，可以吗？

慕清兄近患高度神经衰弱症，听说前些日子连看报的情绪都还不大正常，似乎很严重，现正竭力诊治，已经逐渐好起来了，大痊之日当不远矣。因为你问起，就顺便附告一下。《华文大阪每日》迭催弟稿，疏懒如我竟一字未寄，见一言先生时乞为吾道歉。无论如何，短文是一定会写出来的，但是何日交卷，却还是问题。

久未作长函，一写竟有原稿纸四张光景了，就此带住了吧。

祝笔健

弟　白涛

七月廿六日编稿之前

○ 原载《作家》，1942 年第 3 卷第 1 期第 312—314 页

寄外书
1942

—— 旋菱

× ×

　　你送我上船后，不待船开，你就赶回去办公了，我跟着一班人站在甲板上，看别离时的码头上的热闹噜杂，自己却很寂寞，不过，这样也好，省得一番依恋惜别。

　　去冬，你游异国，今春，我重寻你旧游之地，假如我们能一同来去的话，会觉得更有意思一点。

　　我们结婚五年了，超过二十天以上的分别，你出国时是第一次，现在是第二次，在一起的时候，没有计划过日子应该怎样过，很快的五年的时光滑过去了，现在这短短的二十天，倒让我盘算踟蹰起来，排定的日程很紧凑，当然不会有空闲，不过，你想，我是这一队里的仅仅一个女子（他们称我为"红一点"，盖取义于"万绿丛中一点红"的意思吧）。而且又不通日本语，孤独和寂寞的心情，即使在很热闹的场面下，还是无法挣脱的。去年你在异国时，我在家的遥祝和盼归的情绪，很能想象出你现在的心情。

　　我是第一次见到海，起先我很欣喜能看见辽阔无边水天相接的一片蔚蓝，据说在这样伟大空虚的穹窿中，会激起一种特别自尊的感情和很大的抱负的。我更高兴能看见太阳从海水浴出的千变万化的光彩的奇观。可是，这都是上船前的想头而已，船一出港口，我就晕得只能睡了，并且呕吐，什么都没有看见，要不是侍者每餐送食物来，我真昏昏糊糊的昼夜都不分的，等到船进了神户港，我才出来，已经看见陆地了。我才知道，这船上还有看各种的游戏娱乐运动，我真希望在回国时，我能习惯海船生活。

船靠岸，经过许多次检查，才到了旅馆，就是你上次来神户时住过的，一个很大的双铺房间，其实，比我们现在住的屋子还小一点呢！不过，因为只有我一个人，似乎觉得房子大了。洗了澡，就睡了，因为在船上困顿，所以一上床就睡着了，朦胧中好像已经天明。好像是在家里，你深夜从报馆回来，没有惊醒我，轻悄悄的自己睡了，大概现在正睡得很熟呢？翻身看看对面床铺，才醒悟自己是置身客店，床前的台灯睡时忘了关灭，时间还不过子夜一时，正是你踏着寂寞的柏油路回家的时候。关了灯，盘算着这短短的旅途生活，倒不能入眠了，想着正在出痧子的大宝贝，顶使我放心不下了。仅出生两月，她就一直由祖母带领着，我没有尽慈母的责任，在她病时而我出游，良心上是受到无限的谴责，我以为最好是住医院。回国以后，我真想把她带在自己身边了，你想，为了职业，自己和第一个而且现在还是唯一的孩子分处，我总觉得是一种缺陷，一种苦恼，不知什么时候入睡的，第二天早晨是被电话铃催醒的。

第二天到东京，在东京的繁文节目，你是会知道的，循规蹈矩，斯斯文文，所以虽然游名胜古迹玩庵寺庙宇，都没有从前爬天平山，游玄武湖的畅怀豪兴。何况应酬寒暄，素非我所习惯。来此一直穿中国服装，颇引起此间人士注目，同行者很希望我改穿西装，可是，我偏不愿意，因为我不想冒充西洋人，而且，冒充西洋人有什么荣耀呢？直是一种耻辱。

到东京的第二天，中午我们一起到陶然亭吃饭，是一个中国菜馆，据说到东京来的中国人大都总来过此地的。不过四五天没吃中国菜，可是真像久别逢故亲一样的高兴，我们大家都不客气的筷如雨下，顷刻之间，盘已见底，这是出国以来第一次畅快，真是一离祖国，就特别怀念祖国，处外邦人士中，益发时刻想到自己是中国人。

在这里遇见最多的是女招待，她们和夫子庙一带的女招待不同，温文尔雅，和蔼可亲，据说特别对中国人，就变成了多情种子，也无怪乎中国男子要说日本多美女了。她们当然并不以色相号召，但是店主总不会雇用瘸腿、歪嘴、瞎眼做女招待的，正好像餐具以及食堂布置，都要精美考究一样。我很欢喜日本招待的谦恭顺柔，夫子庙女招待种种令人喷饭的举动，真应该改改。不过，我不懂得男子心理，也许南京的大人先生们正乐于此道，所以女招待才投其所好了，这许多话和我们家庭之间并无关系，不过说说而已，但是，你前次回国时，怎么没有说起过日本女招待呢？

告诉你一件事情，你会生气吗？我跟着一队人赴日本式的宴会，地点是艺妓馆内，以一个女子而出现在艺妓们饮酒作乐的地方，在中国的人情风俗上是应该被非议的，但是邀宴的是一位一直伴领我们的，我不好意思谢绝，而且我自己也有想看看究竟的好奇，我实在不会席地而坐就把他们搁手的架子拚起来当短凳坐了，起初还有艺妓轮流的坐在我对面，可是，我不会日本话，也实在无话可说，而且又不饮酒，到后来，只有一个老婆子送上了日本米饭来，我的席前，就空无一人！日本菜我吃不惯，因为太甜，而且总有一种鱼腥气，所以我只要了白米饭和腌菜，也许她们会笑我不吃好货吧！我居高临下，可见的当仅是艺妓们的羞语媚笑呢？尽在不言中吧，其实，我又何曾能看见精彩节目呢，这次我算见识过了，下次再有这种场合，我决定不去了。我去看艺妓的歌舞，实在是无损于我，我不去，所以与人方便，功德无量也。一笑。你来此间时，也一定参加过这种宴会，因为我看见过你带回艺妓馆内用的牙签，其实，我倒以为这无伤大雅，见识见识，逢场作戏都是无所谓的，何况又是被邀赴宴而去的呢？据说这里还有普通女子绝对不能去的酒吧间，而其中又有绝不能缺少的某种女子的，如是我闻，不知其详，本来要作表里透澈的观察是很不容易，还是能看见什么就算什么好了。

我带些什么礼物回来送给你呢，你来信告诉我吧，你要用的，或者是你上次想买而没有买的，都告诉我，我想替大宝贝买几套衣服，并且一个大洋娃娃，我真想不出一样年纪老的人最合用的东西，还是买一点好吃的食品送给你我的父母吧！你说好吗？

× ×

○ 原载《作家》，1942 年第 3 卷第 1 期第 309—310 页

春半楼书简
1942

——王玉　辑

《作家》要出"书简特辑"，我不能不凑热闹。

但是我给朋友的信，都在朋友那里，一时无法要回来，同时也不好意思开口，因为这好像对朋友说连我的信都已经纸贵洛阳了。而且老实说，我所写的信也一无可取，同我所写的文章一样。

我所有的只是朋友给我的信，这是照理不该擅自发表的。好在臭味相投，我们在纸上所谈的，无非身边琐事，杂感偶兴，即使报告香烟等物价上落，也断然无关经济，我们既无公愤，亦不泄私恨，所以大抵冲淡和平，两无妨碍。给大家看看，果然并没有大意思，却亦不会出小毛病也。

朋友来信，我无不小心保藏，颇想装帧成册，也打算以十二家书简裱成四张小屏，但行踪靡定，朝不保夕，念及过去所珍藏的无不毁失，不胜惋惜，遂更以为不妨趁此机会，随便选出几通，排印在杂志上，倒可以希望在他日无意中复得之于旧书摊中，到那时如获至宝，自不待说。

凭此私衷，胆大妄为，五位师友，或不致骂我无赖了。不过此等事亦只此一遭，下不为例，故以后写信给我的朋友，千万不要因此扭捏起来，害我日常生活，更无精神食粮。天下最难得者朋友，我以为人生最不可少的节目，便是和朋友在一起时的吃茶谈天或默默对坐，和朋友分离时的短简长书。日里吃茶，夜里看信覆信，这是十足人间味的温暖的生活。

王玉

三十一年八月三夜

王玉仁弟：

两投信及另一信，皆已收到。

天书一时之间还写不出，等心绪稍定再说。

涵之、建之、上风，今日会过面了，中央亦去过。

《狂人与死女》亦已阅毕，的确写得不错。

其余的话再谈。

如有陆拾之来访，请予一见，陆君寓桃花坞 ××× 号。

丁季两兄皆请代候，即问近好

彦长三十日

玉弟：

信已悉。

周小姐已久不见面，此亦人存政在之一例也。

农历新年是在京中过的。

但在初五以后，我又在上海露了二天的脸，居然在散步中遇见沙小姐，她说："明天下午到新雅来看你。"我说："对不起，明天一早非走不到。"于是相对一鞠躬，各奔前程，她是有男伴的。

这一次，在上海没有买烟，也没有到过新雅。

此地生活，一切如常。

还是东吃一顿，西吃一顿。中央茶室物价较前略加。正兴馆的清鳝，现在是五元六角。车价也大有更动了，所以步行得也更多了。

余再谈，即问近好

彦长

三月四日

玉弟：

上月二十八日及本月二日二信，皆已收到。勿念。

在这十余天之中，看过三本尚称满意的书，是巴金译的《家庭的戏剧》，二是钱钟书的《写在人生边上》，三是杨丙辰译的《赫贝尔小说》。

寓沪时，吃过长人一顿十分丰富的晚宴，地点是国际十四层楼，每客三十五元。我同长人各饮一杯加 Coca Cola 的 Dry Gin（这一杯大约很贵）。五个人吃，看长人付了三百元左右。其余三人饮啤酒。除这一次之外，我好久不饮酒了。新雅炒饭，一碗五元，白饭每碗一元。他住的房间，每日八十元（指定要付中储券）。

生活寂寞是"活该"之一，除忍受之外，竟想不出什么妥善的法子。Compass 十支，一元一角（在沪之价），二十支（在京之价）要二元四角。

其余的话，下次再说。即问近好

彦长

四月九日

玉：

三月九日信已悉。又在申逗留了若干日，所以今天才覆。与微音连吃了好几天的茶，奇人待他如常，报出下去，不过副刊是取消了，微音每日写一短文，题目也是"半夜"之类。

周乐山先生已尽室东迁了，此次在申，与他一共吃过三次饭。千梦的弟弟，在新雅会过了，微音待他似乎很好。

上海的 Mapleton 是八元一包，微音或者还有一二包，他现在所吃的只是"第五街"。Favourite 是一元三角，我买过二包。手上的烟黄包，就要消失了，不吃烟并无不合。

文希只会过一次面，他手里的货色是小三炮台（十支的）一匣。

李与黄这一次未见。

此地新街口有兑换新旧法币的行（说立也可）商。

这一二天只用储备的人，未免受到损失。

余再谈，即问近好

彦长

二十五日

玉：

涵之转交一信已悉。

与他们二人（涵，莹）会面之时间与地点，大约都在黄昏时之中央茶室。另外有于刘二秘书，也时时加入。

生活一切如常，但总有愈活愈吃力之感耳。单票稀少，因此为了要付车钱，时时买三元半（左右）之烟草以资对付，一天用二三十元，真是平常事。哈德门（十支）一元五角，总是二包一买，志在得二元单票而已。

天气渐热，蚊子臭虫已逐渐出世，京居已非秋末时期之景象矣。

大滢已任《京报》编辑，负责看第二版之稿。

盛伯伯现在也每天外出，到处游食。

其余的话，一时想不出，再谈吧。

彦长

五月一日

中央茶室昨天面目一新又及

王玉兄：

昨以天不做美，居然大雨倾盆，幸当机立断于下午慢车返京，得免于枯坐逆旅之苦，涵之说大不得体，我则安之如素，因为林太太拟晋京，涵兄快函，请其趁便与弟同行，却因为一搬栈房而不接头了，足下所说冷灰里热栗子，决不爆出来，此间官不聊生，已为口头禅，大概树已将倒，齐天大圣当可复兴花果山也。

在苏多蒙照拂，谢谢，余不多赘。即请　编安

弟　许竹园

四月廿八日

王予兄：

读到你的信，十分激赏你信写得好，可是我真荒唐，没有将原信保存，而记性又坏透，此时作覆就根本想不起来你来信对我说了些什么话。

我们还是和过去一样的上写字间，坐茶室，中央饭店房间则久已不开，麻雀亦随之久已不打，此非改过自新立志向上，经济环境逼迫实行节约运动耳。

近来空气好像异常沉闷，各人心中都满腹鸟气，建之如此，上风如此，我亦如此，你过去常说神经衰弱，现在我们觉得假使再不见别有开展，我们都要发神经病了。

传公时常晤谈，他曾慨乎言之曰：官不聊生矣，当简任官的生活不及摆香烟摊，老兄你想，将来还希望儿子做官吗？

《京报》稿费已激增至每千字八元以上，你为什么近来极少有文章寄来？寒士生涯，互相同情，我颇有诚意想救济你也。

上风、一帆以及全将树等都牵记你，盼你时常来信。

弟　涵之
四月廿日

王予兄：

连续接到大稿甚多，已分批送报馆，在陆续发表中，倒不是说恭维话，近来你的文章越写越好了，像行改姓坐改名之类，我们都非常激赏。

京中一切如日，我们的生活也和往日差不多，中央茶室还是天天必到，建之对我说："你不吃茶要断命的么？"我笑而不答，真的，不吃茶好像就活不下去。

每天必须上茶室，一方面显出我们生活情调的幽闲，然而由此亦可见我们生活之无聊。

彦长天天见面，也差不多天天谈及到你，也许正因为你离京已久，觉得你特别可爱，吃茶谈天确是少不得你，要是天天和你见面，自然我们对你的印象也就觉得不过尔尔了。

读《江苏日报》，知道你荣兼教师训练班讲师，我们就想到了沈兄会不会爱你的教训，假使他也被逼来受训，那末他自己未必叫屈，我们却认为是一大滑稽。

《民国日报》三月份稿费××元，早经代领，并托江上风兄一并汇奉，怎么你说稿费单遗失申请补领？糊涂该死，应予训斥。四月份稿费×××元，已为代领，容积聚成数，一并结算。今天我接到《清乡新报》稿费×元，好像这笔小款已经与你去年底《民国日报》稿费一划两讫了，现在该款又寄来，使我反而缠不清楚，我不知应该再找还你若干？谈来谈去谈几个钱，真十分俗气，算了吧，你记得，你就开发票来，忘记了也就不必再谈，俟我回到苏州请你上酒楼一醉作为两讫，如何？

你文章中所述及的房东女儿，使我不胜神往，同时又为你十分担心，交运头上最忌色迷，你的老祖母没有叮嘱过你吗：一走桃花，便要冲破好运。你目前好像是在交运，你得注意这点！

丁太太已到苏州，你常去吃便饭吗？我很牵记他们，但又懒得写问候信，请代致拳拳之意。

弟　涵之

五，廿

予兄：

稿费十元收到，谢谢。

《碰伤》大概已没希望注销了。

《教育短论》日内当着手写，但殊觉难写，因定论大无意思，倘触着现实，用笔又尖刻不得。

今晨获读《关于教育》一文（刊在《京副》)，所论甚是，对此我也有一点感想，草成一短文，《江教》恐不要用，看过后请代转《清乡报》。

你所要的参考资料，我找了半天，毫无所获，奈何。通俗文学方面的本有一些，都在逃难时烧掉了，因这些题材"那个"得厉害，当时无法保存，关于地方文学的，一点没有，偶然在旧什志中想起朱湘的《地方文学》一短文，特检出撕下寄你，恐怕于你未必有用。

沈壬寺

四月五日

予兄：

惠教敬悉，夜饭恐不能来吃，因寓址偏僻，晚间黄包车均不肯到此，且自旧疾复发以来，绝酒已一年余，诚情心领，乞谅！

兄拟办《杂文周刊》殊同意，但倘要说正经话，恐此时此地未必能发刊，亦难有地方附着，因现在只有官家期刊，决不会容许有骨气的什文来驰驱的，兄意何如？

《新中国报》有拙稿刊出否？上月稿费单迄未到。

何时有暇，可在吴苑一叙？

弟　潜

四月廿一日

予兄：

《作家》二卷四期已收到，手示亦悉，《鲁迅及其流派》一文及伊马兄大作均拜读一过，但不想来说什么话，兄期以长论，却连短文也不能有，兹就概见所及，随便说几句话：

杨先生文中说："鲁迅恨不得把一切人都打落水中"，其实杨先生自己这文章，也是打"落水狗"的。鲁迅一死，打的人很多，我的朋友也大有参与其事者，现在所见的一顿，打的较重，连门徒们一道打，方法玄妙，因为谁开口批评的，就是"鲁迅的门徒"或"鲁迅的儿子"，这是我不想挺出来做文章的原因之一，不过平心说，该文所论亦很空虚，并未触及理论。

伊马兄《同胞》很佳！但观点与弟略不同，我以为中国同胞的力量是存在着的，只被历来的治者之治绩所掩，无从现出来，证之历史，就明明白白的，至于口口声声叫"同胞的人"，其实未必真要同胞，这一点伊马所未知也，吾兄以为何如？

专覆即颂笔安

弟　寺

五月十五日下午

王玉：

把十六开误缠做三十二开，所以以为一页只五百字左右就够，现在只有再补上五六千字。

不晓得从你的信，还是从你的什么文章，你的太太好像去过苏州，来信说"大概已经回乡"是不是真预备做和尚？还是由此造就一个方便？

想去苏州，出门证却至今还没有着落，这会这样地形成一个好像无法解决的问题，那在别人却那样地轻松得不算一回什么事的。

"跑上茶楼去洗漱"，好像很是苏州式的，在其中似乎有苏州的乡村风味，在茶楼该有一把自备的茶壶的。至于"一淘吃吃茶坐坐"的人的难于碰得，则到处皆然，这就是所以七巧座之类的地方想不去却终至于无法不去。——你为什么不来一次上海？

发表鲁宾文章的报纸请寄一份。——昨天借得《南报》一全份，《别多日》等什么都在内的。

最近听得一个关系人说："你就要发财了。"虽然觉得是一种神话，却也会有但愿如此的想头，在只感不够用的现在。

斐

四月十八夜

王玉：

《托泼斯先生》每晚在译，想如你所提议的译完四章，预备在星期一寄出。还有一篇，《布拉格的时运》，是一本小说中四个各自独立的一个故事，有五万字，又重看了一遍，并不有违碍的地方，如能被采用，最好请设法先寄一些稿费——永远在这样的贫困中，奈何。

几天前尝有一次看过自己的心境，是"沉又沉不下去，浮又浮不上来"，可以说虚得丝毫无实。

斐

四月二十四夜

名家书单

王玉：

《布拉格的时运》的原作者名詹姆孙，为当代英国第一流女作家之一。她以善写短篇小说闻名，结构严密，有北欧风，尝得《大西洋杂志》小说征文第一名奖金。短篇小说外，并擅写随感，而《欧罗巴出租》可说是随感式的小说，既锐厉，又坚实，可作为詹姆孙所擅二长的代表作。《欧罗巴出租》为四个不相连接的短篇小说所组成，而《布拉格的时运》为其中的最后一个，我们可从此略窥到作者的细微而深入的眼光，以及朴实而简切的手法。译者的名字可用萧竹缅，或者听你另拟一个从未用过的。

现在的做人，气质在一天天向下沉落，无论何人都在给人这样以为，弄得不在向下沉落的简直有些难以生存。要生存是那样难，又无法或者不欲不生存，为要已变气质也像要不生存一样地无法或者不欲，所以也只有看自己碰到那里是那里了。

你在病？祝速愈。这样有事劳你奔走，歉而感。

斐

五月三夜

王玉：

要是运气再好一些的话，那预支会到在正在要告不接的今天。没有这样的运气，于是终于脱了榫，而今天不得不压抑着心而有了一个奔走。管钱的一科要是有熟人，请你去向他关切一声，说在等着那笔钱的是怎样的一个穷鬼，一听到有钱就只是在张大着眼睛望，希他加以协助，以早寄为妙。

一向并不想校正自己的做人的，到现在似乎非校正一些人有些像要做不下去，可是要校却实在无法校：眼看着就做人之道讲是不该做的事情，却还是看着自己在做。

恕扰

斐

五月七夜

作家书简

王玉：

　　七日信和汇款通知单都在今日到。去银行取款，说还没有获得分行的通知。银行，像邮政汇兑部一样，手续异样地曲折，人总无法领会，只看到所去领取的好像是它们的施与，不免常会显出异样的面色，随同着所给与了人的异样的麻烦。得等星期一再去。所可怪的，钱得来烦难而用去却非常容易，每在一百元的获得以后，用到第三天的下半节已得望上别的款项的接应。是的，脱空得实在太多了，只有多多译，烦你多多推销，附上一篇。

斐

五月九夜

王玉：

　　只是在想什么都是命运，甚至这几天常在想去找一个什么人相一次面，像今天出门，到跑马厅畔，电车不能再前行；而今天又必得去一次在北京路的发行部，否则，眼看反正新雅无法去，就可安然在那里等待电车的继续开动，想只要早出门五分钟，到那时人已可在外滩。不晓得要等待多久，而时间很快就会过了五点，发行部会没有人了的；所以一得知从爱多亚路可走，即倒头从马霍路沿跑马厅兜过去，见二十路无轨电车还是在行，便赶了一些路赶上了一辆，而到四马路口终于又停了下来。见南京路那面已在有一路电车走，于是赶了去，而就在刚才下车的地方重新上了另一辆。就这样命运地兜了一圈跑马厅，至少有路程的五之四是急速的步行，而只在龙门路与四马路口之间搭了电车。结果是一身汗。

　　晚上去一个地方，想在十二点以前赶进，便坐了黄包车。只在开头跑了几步，黄包车随即在一步步地踏，而所回答着询问的是："先生，横竖你回家了，慢一点没有关系。我在生病，请你帮帮忙吧。"一向在厌恶着的，同时也甚至在认为奢侈或者浪费的，勉强地坐了却又碰到帮帮忙。眼见自己没有用，无论如何拿不出煞辣来，出了坐车的代价，到头还是步行，正也像要像那黄包车一边拖着步一边叹着气那样地叹一口气。可是就连叹一口气的发泄都不让自己有。

　　有苏州人做你的邻人的太太，你还是吃不到可口的菜，足见你的口福也实在稀薄，因为大都的苏州太太是总能煮几个可口的菜的。

你说你现在变成很吃得落，其实现在变成很吃得落的不只你，差不多每天总能听得个把人这样说到，正合着"荒年大肚皮"的这一句俗语。——常在想，你能从苏州人的口头听得许多很精彩的吐辞，这对于有兴味于地方语言的人是一个很可告慰的拾得。——关于民间文学的材料问不到有人有。

关于娱乐的止渴读《上海报》似乎并不是一个道理，而正相反，读《上海报》却只会诱馋，说穿了，想你也会有同感。

斐

五月十五夜

王玉：

有一次你来信说你看到同你有过噜苏的女子都免不了要遭到一种不幸，当时想对你说而没有说，而现在看到迪小姐也在说到这一类的事情，而还是想对你说："并不仅是同你有过噜苏的女子会遭到一种不幸，是凡是不怕有噜苏的女子都会有遭到不幸的可能。"因为像这样的女子是在触犯着社会的习惯，或者庸俗的观念。这可以说是对于庸俗的社会的一种挑战，而所谓不幸，就是那挑战者终于又去依附着她所挑战过的社会与庸俗，而终告失败了的结果。要是她能不为那庸俗的社会所左右的话（致命的难办到的就是这一点），她就可始终做一个挑战者，而不致有什么不幸的遭遇了。一个不肯放弃自己同时又无法放弃社会的人结果免不了会陷进一种苦楚中去，不肯放弃的成分越多遭受苦楚便越深，不管不肯放弃的是女子还是男子。这是一种因果，是一种命。所以常在想到所欠缺的就是一笔可无须顾虑地用的钱财，以致不得不向庸俗的社会迁就着，虽然不管怎样迁就终于还既迁就得不够。这是一种命，没有什么说的。——这样说出了看到了上一次为什么想说而终于没有说——终于这样地说了。

今天出门时没有见来信。

斐

五月二十夜

王玉：

款今天已取到。并接得九日的信。

虽然在过去几天连续写了好些信，有一件事想同你谈起的却总没有谈起。那是有一天经过四马路言源茂，看到在玻璃窗上贴著"活蛋上市"。想要是你在上海的话，就可同你一起去一尝活蛋的风味。活蛋在苏州也有，叫做喜蛋，是鸡孵不出了出售的。活蛋是可以活的蛋，是不是？喜蛋登不上言源茂之类的柜台，只是在路边头卖，价格好像还及不上一个蛋，因为那可说是坏了的。要是活蛋是可以活的蛋的话，就是一个人也想去一试。就只不知道这几天是不是还在市上。想萧芜为什么总不会想到来新雅吃一次茶。

Decagot Lying 尝有过，集在 *Inlteutions* 里，不晓得是不是留在北四川路的书橱里，待回头回去搜索了一遍再告诉你。尝想译过，不日就可开始。

游乐的地方很少去，连黄金的三楼在内。麒麟童去看过一次，印象比以前看的要好。李世芳是看了《洛神》，只看了一个开头，觉得没有什么意思没有看下去。报载黄金满期了李世芳要去苏州，或者由此可解除你几个黄昏。就只袁世海也不见得会同去，精彩更为显得欠缺。记性真坏，那次袁世海演的什么竟一些都想不起来。听说曹慧麟想在南京以后在苏州也红过了的，要到上海来。最近在来的还有一个宋宝罗，有那样的响嗓子的。电影最后的一张是《大国民》，是一张怪片子，到现在怕要隔上近一年了，还无缘看过别的片子，前天李延龄来新雅，在一起去了中南以后，由他的提议，去看了一次俄罗斯巴雷。关于娱乐的享受这样欠缺。

问起你没有来一次上海，意思是来一次，耽上两三天而已：这样的两三天你却也并不想抽一抽空？

斐

九月十一夜

○ 原载《作家》，1942 年第 3 卷第 1 期第 294—300 页

作家书简
1942

——鲁迅　许广平　鲁彦

伏园兄：

今天副刊上关于爱情定则的讨论只有不相干的两封信，莫非竟要依了钟孟公的"忠告"，逐渐停止了么？我以为那封信虽然也不失为言之成理的提议，但在变态的中国，很可以不依，可以变态的办理的。

先前登过二十来篇文章，诚然是古怪的居多，和爱情定则的讨论无甚关系，但在别一面，却可作参考，也有意外的价值。这不但可以给改革家看看，略为惊醒他们黄金色的好梦。而"足为中国人没有讨论的资格的佐证"，也就是这些文章的价值之所在了。

我交际太少，能够使我和社会相通的，多靠这类白纸上的黑字，所以于我实在是不为无益的东西。例如"教员就应该格外严办""主张爱情可以变迁，要当心你的老婆也会变心不爱你"之类，著想都非常有趣，令人看之茫茫然惘惘然，倘无报章讨论，是一时不容易听到，不容易想到的，如果"至期截止"，杜塞了这些名言的发展地，岂不可惜。

钟先生还是脱不了旧思想，他以为丑，他就想遮盖住，殊不知外面遮上了，里面依然还在腐烂，倒不如不论好歹，一齐揭开来，大家看看好。往时布袋和尚带一个大袋，装些零碎东西，一遇见人，便倒在地上道，"看看，看看！"这举动虽然难免有些发疯的嫌疑，然而在现在却是大多可虑师法的办法。

至于信中所谓揭出怪论来便使"青年出丑",也不过是虑,照目下的情形看,甲们以为可丑者,在乙们也许以为可贵,全不一定,正无须乎替别人如此操心,况且就在上面的一封信里,也已经有了反证了。

以上是我的意见,就是希望不截止。若夫究竟如何,那自然由你自定,我这些话,单是愿意作为一点参考罢了。

六月十二日·迅

(记者按:这封信是孙伏老主编《北京晨报》副刊时代鲁迅先生写给他的,大概在民国十一二年,在《鲁迅书简》内尚未收入。)

蓬子先生暨文艺协会诸先生钧鉴:

上月接奉贵会由渝汇来国币六百元正,业已收妥。前从曹靖华先生函知,贵会于去年敝稿拟给予特别优待,隆颁稿金,宣传报章,以示劝励,虽在□末,敢不努力! 当于领到汇款之后,不敢自私。良以"孤岛"文化人数年来谋生路缺,断炊粥食,所在皆是,然犹公尔忘私,黾勉从事于团结合力,共赴艰难,耳目所触,殊足痛心! 除大报外,一般杂志期刊,多为文化人节衣缩食,独自写稿、校对、编辑、推销,俱力任艰巨,为贵会作拼死支柱。用是之故,敢将贵会汇交鄙人之六百元,酌量分配与七种刊物,聊作补助之资,且为贵会劝励之助,想贵会亦当谅其冒昧,赐以首肯也。计奔流出版社三百元,学习半月刊社五十元,求知文丛社五十元,妇女知识丛书社五十元,时代女□社五十元,妇女界出版社五十元,妇女文粹社五十元。附上收条七张,敬希查照。风便,尚祈时赐教言。

肃请台绥!

许广平敬启

三十年十一月二十日

蓬子:

稿子到了,真是望眼欲穿呵。第二期即可刊出。为了这一个刊物,我把朋友们都弄得太累了。老舍怎样了？他在头晕的时候给校阅剧本。老巴赶了四万多字的中篇，老在深晚冻着，病了一次至今未十分显得壮健。艾芜、靳以也辛

苦得厉害。我想起来真是十分感慨。（中略）

艾芜编的《文学手册》以四百五十元卖了版权，现在销到一万余。××（书店名，姑隐。——记者）××（书店名，姑隐。——记者）的书，大家都拿不到钱，天翼来信亦甚愤慨。而一般书店还想把版税减到百分之八。×××××（书店名，姑隐。——记者）曾提出过。你说今年想借钱出几本书，不知如何出法？你不能在重庆多想点办法，让我们这些衣食尚难维持的文人少受点剥削吗？（下略）

祝好。

弟　鲁彦

元月十七日

○ 原载《文坛》，1942 年创刊号第 4 页

闲步庵书简

1943

—— 沈启无

一

雨生：

　　今朝清晴可喜。兑之此时想已高翔空际，古有鸿雁传书，惜未能为我带得一信去也。

　　你说上午不来，大约真未必来了。早起在写文章，而文思却把握不住。顷茶博士又来收拾房间，只好点枝香烟到江边闲步闲步，或有所得亦未可知。

启无

四日于华懋饭店四〇〇号

二

雨生：

　　到南京即住福昌饭店。龙榆生昨已去信××××订时见面，今日尚未得回音，不知何时可以见谈也。七日上海的日报今天下午过夫子庙的报摊上买到，论文只错排一二字，甚为难得矣。以后关于此一类文章大可借星期论文的地位写一写。报馆诸位乞代为致意。古今社诸君未能多谈为怅，希望将来再有机会见面。朴之先生襟度极佳，文雅鉴识兼而有之。……黎庵佳期何时？既营新居，想不在远，无以为赠，欲书一小幅字奉贺，请先为转致也。果庵大可谈，约去吃北平馆子，又闲逛朱雀桥边书摊子，十年前的旧怀抱不图于今日重温之。老纪亦大有意思人也。匆匆不一。

启无

八日灯下

三

雨生：

来南京后，几乎天天看见果庵，随便乱谈。此公既能办事，而又健于谈天，长于写作，真当今之人才也。今晚他叫人送《沪报》副刊来（因为福昌无沪地日报，新街口等处亦买不着），我看了你们总在谈到我，觉得也倒有意思。薛慧子的文章里，把我写给他的知堂先生小诗错排一字，却弄得不大好讲，应请更正，原诗是这样的：

> 生小东南学放牛，水边林下任嬉游，
>
> 廿年关在书房里，欲看山光不自由。

看山光的看字，我草写有点像为字，于是错成为字"欲为山光不自由"，这个句子就费解了。

杨之华兄《随便谈谈》一文里，也有出入。未名社李霁（误作斋）野、曹靖华、韦丛芜三君，只有霁野还留在北京辅仁大学英文系教书，从事翻译工作，曹靖华不知何往，韦丛芜在事变前即早已离开北平，而且离开文艺界，在他的故乡安徽做官，此后的情况就不大知道了。喔，还有台静农忘记了，他也是事变以前就不在北平的，到厦门大学去教书，听说还在长汀吧。我还有位写新诗的朋友，废名常呼之为诗人林庚的，他也在那里，他常时挂念我们，有信给周先生平伯和我，不过最近快一年没有信来了，想起从前在废名的"常出屋斋"里大谈其诗，兴致是多么好。林君有一时期非常喜爱李贺的两句诗，"东家蝴蝶西家飞，白骑少年今日归"。故我曾戏呼之曰"白骑少年"，殆谓其朝气十足也。

说到废名，这位莫须有先生，最是令人想念不置。自从他回湖北（杨文误作湖南）黄梅以后，想不到入山不厌其深，他大约将完成他的高深哲学，未必再写什么文艺创作，暂时也未必造那座人人所期待的美丽的"桥"了。他是最爱北平的，尝比之为不结婚的恋人。从前他住在北河沿，我住在板厂胡同，南北相去甚近，只隔一道小河一条大路，他总是来访我谈天的时候多。有时飘然而至，兴会飙举，一定是抱着灵感心得来了，于是我的意外的收获就颇伙。有一次偶尔不小心，被他发现我能写诗，他乃大为惊诧欢喜（因为他一向以为我是弄散文的与流行所谓什么小品文结缘的），随后一见面便催我写诗，他写诗也总是送给我看，现在还有许多诗稿留在我这里。事变前一年，他忽然要对北大同学讲"新诗"，于是和我讨论怎样写新诗讲义，他非常慎重地而又是独到的和我谈中国以往的诗文学，以及现代的新诗的物质，他每写一章，必令我详细审阅，如有词义晦涩的地方，务期改到妥当为止，大约他连写带修改誊清，一星期只写得一章，他这等婆心苦口，非仅是学理的供献，乃是一种教育的意义和责任了。他一共写了十二章，原稿我全代他保存，这真是珍贵的材料啊，将来在《集刊》上预备陆续发表。

废名和我们不通信问也有一年多了，虽然知道他很平安的，住在黄梅乡下一个小村镇上。

青青河畔草

你们终于回到江南去了

阳春是宇宙的纨袴

素肖乃有山河之异

你们再来是什么时候

浮云似的人情

流水里催他老了

这是我写给他的诗句，此诗曾登早期的《中国文艺》，题名记得是《寄远》，首尾还有两句，实际我这诗是写给这位久归的莫须有先生的。现在却正是春的日子，匆匆我在杏花春雨江南，转眼便又渡江而北，归去北平，不觉春风容易别，始知怀友是情深，灯下偶得这样两句旧形式，诗并没有什么可取，因为不是赋得式的，所以也就写下来当做纪念了。

　　　　　　　　　　　　　　　　　　　　　　　　名家书单

这封通信本想写得长一点的，因为太疲倦了，明天还要摒挡行李，此时已过午夜，只得搁笔，且待回北平后再用这样通信式的笔谈吧。

启无

十二夜里于南京客邸

○ 原载《风雨谈》，1943 年第 2 期

鲁迅书简
——关于"大众语"、智识青年及"保存现状者"

——鲁迅

1946

一

聚仁先生:

惠书敬悉。近来的事,其实也未尝比明末更坏,不过交通既广,智识大增,所以手段也比较的绵密而且恶辣。然而明末有些士大夫,曾捧魏忠贤入孔庙,被以衮冕,现在却还不至此,我但于胡公适之之侃侃而谈,有些不觉为之颜厚有忸怩耳。但是,如此公者,何代蔑有哉。渔仲亭林诸公,我以为今人已无从企及,此时代不同,环境所致,亦无可奈何。中国学问,待从新整理者甚多,即如历史,就该另编一部。古人告诉我们唐如何盛,明如何佳,其实唐室大有胡气,明则无赖儿郎。此种物件,却须褫其华衮,示人本相,庶青年不再乌烟瘴气,莫名其妙。其他如社会史、艺术史、赌博史、娼妓史、文祸史……都未有人着手。然而又怎能着手?居今之世,纵使在决堤灌水,飞机掷弹范围之外,也难得数年粮食,一屋图书。我数年前,曾拟编《中国字体变迁史》及《文学史稿》各一部,先从作长编入手,但即此长编,已成难事,剪取欤,无此许多书,赴图书馆抄录欤,上海就没有图书馆,即有之,一人无此精力与时光,请书记又有欠薪之惧,所以直到现在,还是空谈。

现在做人,似乎只能随时随手做点有益于人之事。倘其不能,就做些利己而不损人之事，只有损人而不利己的事。我是反对的，如强盗之放火是也。知识分子以外，现在是不能有作家的，戈理基虽称非知识阶级出身，其实他看的书很不少。中国文字如此之难，工农何从看起？所以新的文学，只能希望于好的青年。十余年来，我所遇见的文学青年真也不少了，而希奇古怪的居多。最大的通病，是以为因为自己是青年，所以最可贵，最不错的，待到被人驳得无话可说的时候，他就说是因为青年，当然不免有错误，该当原谅的了。而变化也真来得快，三四年中，三翻四覆的，你看有多少。古之师道，实在也太尊，我对此颇有反感。我以为师如荒谬，不妨叛之，但师如非罪而遭冤，却不可乘机下石，以图快敌人之意而自救。太炎先生曾教我《小学》，后来因为我主张白话，不敢再去见他了，后来他主张投壶，心窃非之，但当国民党要没收他的几间破屋，我实不能向当局作媚笑。以后如见，仍当执礼甚恭（而太炎先生对于弟子，向来也绝无傲态，和蔼若朋友然），自以为师弟之道，如此已可矣。

今之青年，似乎比我们青年时代的青年精明，而有些也更重目前之益，为了一点小利，而反噬构陷，真有大出于意料之外者，历来所身受之事，真是一言难尽，但我是总如野兽一样，受了伤，就回头钻入草莽，舐掉血迹，至多也不过呻吟几声的。只是现在却因为年纪渐大，精力就衰，世故也愈深，所以渐在回避了。自首之辈，当分别论之，别国的硬汉比中国多，也因为别国的淫刑不及中国的缘故。我曾查欧洲先前虐杀耶稣教徒的记录，其残虐实不及中国，有至死不屈者，史上在姓名之前就冠一"圣"字了。中国青年之至死不屈者，亦常有之，但皆秘不发表，不能受刑至死，就非卖友不可，于是坚卓者不灭亡，游移者愈堕落，长此以往，将使中国无一好人，倘中国终而亡，操此策者为之也。

此复，并颂著祺。

鲁迅启上

六月十八夜

二

聚仁先生：

我对于大众语的问题，一向未曾研究，所以即使下问，也说不出什么来。现在但将得来信后，这才想起的意见，略述于下：

一、有划分新阶段，提倡起来的必要的。对于白话和国语，先不要一味"继承"，只是择取；二、秀才想造反，一中举人，便打官话了；三、最要紧的是大众至少能够看，倘不然，即使造出一种"大众语文"来，也还是特殊阶级的独占工具；四、先建设多元的大众语文，然后看看情形，再谋集中，或竟不集中；五、现在答不出。

我看这事情复杂，艰难得很。一面要研究，推行罗马字拼音；一面要教育大众，先使他们能够看；一面是这班提倡者先来写作一下，逐渐使大众自能写作，这大众语才真的成了大众语。

但现在真是哗啦哗啦。有些论者，简直是狗才，借大众语以打击白话的，因为他们知道大众语的起来还不在目前，所以要趁机会先将为害显然的白话打倒。至于建立大众语，他们是不来的。中国语拉丁化，到大众中去学习，采用方言，以至要大众自己来写作都不错。但迫在目前的明后天，怎么办？

我想，也必须有一批人，立刻试作浅显的文章。一面是试验，一面看对于将来的大众语有无好处，并且要支持欧化式的文章。但要区别这种文章，是故意胡闹，还是为了立论的精密，不得不如此。照现在的情形看来，倘不小心，便要弄到大众无语结果，白话文遭毒打，那么，剩下来的是什么呢？

草此布复，顺请道安。

迅上

七月二十九日。

三

聚仁先生：

十一日信，十三才收到。咋天我没有去，虽然并非"兄弟素不吃饭"，但实在有些怕宴会。办小刊物，我的意见是不要贴大广告，却不妨卖好货色；编辑要独裁，"一个和尚挑水吃，两个和尚抬水吃，三个和尚无水吃"，是中国人的老毛病，而这回却有了两种上述的病根，书坊老板代编辑打算盘，道不同，必无是处，将来大约不容易办。但是，我说过做文章，文章当然是做的。关于大众语问题，我因为素无研究，对个人不妨发表私见，公开则有一点踌躇，因为不预备公开的，所以信笔乱写，没有顾到各方面，容易引出岔子的人。后来有一些人会由于骂鲁迅而忘记了大众语。上海有些这样的"革命"的青年，由此显示其"革命"，而一方面又可以取悦于某方。这并不是我的神经过敏，"如鱼饮水，冷暖自知"，一箭之来，我是明白来意的。但如先生一定要发表，那么，两封都发表也可以，但有一句"狗才"云云，我忘了原文了，请代改为"客观上替敌人缴械"的意思，以免无谓的纠葛。

语堂是我的老朋友，我应以朋友待之，当《人间世》还未出世，《论语》已很无聊时，曾经竭了我的诚意，写一封信，劝他放弃这玩意儿，我并不主张他去革命，拼死，只劝他译些英国文学名作，以他的英文程度，不但译本于今有用，在将来恐怕也有用的。他回我的信是说，这些事等他老了再说。这时我才悟到我的意见，在语堂看来是暮气，但我至今还自信是良言，要他于中国有益，要他在中国存留，并非要他消灭。他能更急进，那当然很好。但我看是决不会的。我决不出难题给别人做。不过另外也无话可说了。看近来的《论语》之类，语堂在牛角尖里，虽愤愤不平，却更钻得滋滋有味，以我的微力，是拉他不出来的。至于陶徐，那是林门的颜曾，不及夫子远甚远甚，但也更无法可想了。

专复即请道安。

鲁迅

八月十三日

四

聚仁先生：

十七日信当日到。官威莫测，即使无论如何圆通，也难办的，因为中国的事，此退一步，而彼不进者极少，大抵反进两步，非力批其颊，彼决不止步也。我说中国人非中庸者，亦因见此等事太多之故。《蹇安五记》见赠，谢谢。但纸用仿中国纸，为精印本之一小缺点。我亦非中庸者，时而为极端国粹派，以为印古色香书，必须用古式纸，以机器制造者斥之，犹之泡中国绿茶之不可用咖啡杯也。

此复，即请撰安。

迅顿

三月廿九夜

五

聚仁先生：

三月八日的信，都已收到，《芒种》三期也读过了，我觉得这回比第二期活泼些。广收外稿，可以打破单调，是很好的，但看稿却是苦事，有些也许要动笔校改一点，那么，仍得有许多工夫花费在那上面，于编者是有损的。那一篇文章，因为不能一直写下去，又难以逼心而谈，真弄得虎头蛇尾，开初原想大发议论，但几天以后，竟急急的结束了。那些维持现状的先生们，貌似平和，实乃进步的大害。最可笑的是他们对于已经错定的，无论如何，毫无改革之意，只在防患未然，不许"新错"，而又保护"旧错"，这岂不可笑。老先生们保存现状，连在黑屋子开一个窗也不肯，还有种种不可开的理由。但倘有人要来连屋顶也掀掉它，他这才魂飞魄散，设法调解，折中之后，许开一个窗，但总在觑机想把它塞起来。

《集外集》二校还没有到，但我想可以不必等我看过，这才打纸板了，还是快点印出的好，否则，邮件往来，又是许多日子。

我在再版《引玉集》，因为重排序文，往往来来，从去年底到现在，才算办妥，足足四个月。一个人活五六十岁，在中国实在做不出什么事来（但，英雄除外），古人之想成仙，或者也是不得已的。

《集外集》付装订时，可否给我留十本不切边的。我是十年前的毛边党，至今脾气还没有改。但如麻烦，那就算了，而且装订作也未必肯听，他们是反对毛边的。陈先生的漫画，望寄给我。他日印《杂感集》时，也许可以把它印出来。所流转的四个编辑室，并希见示为幸。

　　专此布复，并请著安。

迅上

四月十日

○ 原载《文联》，1946 年第 1 卷第 3 期第 8—9 页

书简
1946

———— 施蛰存

《论语》复刊了，鄙人被算在第一批写稿人之中，理应从速效命。刚巧日来给几个旧日的学生写去几封覆信，自以为是正襟危坐而谈，不失从前讲坛风度，却不道拙荆在旁，冷然一笑，怪我何必写此幽默文字，未免轻薄。鄙人听她说这些信是幽默文字，不觉惊喜，既然如此，落得就以这些现成文字抄去给论语献丑。是为序。

一、覆黄焕良（一个经济系毕业生）

焕良同学：

惠书收到，所陈种种，真可谓慨乎言之，但我觉得你还应该多下克己工夫，知足于现状，方才易于生活下去。纵然你是屈居下僚，纵然有许多庸俗无知的人高高地在你之上，对你颐指气使，你毕竟已经凭你的经济学士头衔获得了一个职业。薪水虽小，每月也领到十多万块钱。你得知道有许多同学，例如中文系的蒋家彦，历史系的吴浩如，生物系的周镇，他们毕业了一年多，至今还找不到事情。他们的成绩并不坏，这是你知道的，也许你更知道他们的成绩还比你好。然而你有一个舅父把你介绍进税务局，他们却没有这样一个舅父。你在抱怨你的事情太小，他们却在羡慕你。如果你看一看他们，你该满足了吧。

至于说你的上司庸俗无知，那是你的幼稚了。你应该了解他们，正因为庸俗无知，他们才能做你的上司。如果他们都跟你一样地用功读书，诚心诚意的替国家做事，他们也许到现在还是你的同一个办公桌上的伙伴，如果他们的学问比你更好一些，也许此刻还在你的底下。如果不信，请往下看一看你的同事，我想你一定会发现许多学识志气在你之上的小职员的。

如果你真不甘心于你现在的地位，如果你相信你的学识和才干还可以担任更高的职务，那么你也不是没有办法的。现在，你就应该向你的那些庸俗无知的上司学习了。你不要以一个经济学士的头衔自傲。你这个头衔只表示了你已经修毕了大学里的经济学系的课程，而并不表示你已经学会了做科长主任或局长的才能。现在的大学之不切实际，就在这些地方。你学到了一大套理论，却一个方法都不懂。今日你还能安居于下僚而不被裁汰，我想，恐怕还是你舅父的效力而不是你这个"学士"的效力吧。

学习，这是一个很时髦的名词，你不必以学习为耻辱。你应当学习你的上司之所以为你的上司者。简言之，就是他的以何方法对付他们的上司而得以安稳地做你的上司。如果你学会了这些方法，你就可以如法泡制。以同样的方法去对付你的上司，你可以做别人的上司。以同样的方法去对付你的上司的上司，你可以做到与你的上司同列。这是一个很专门的技术问题，决不是你在大学里所学得到的。

从你信上的语气看来，我相信你一点也没有注意到这个问题。你还在很幼稚地跟你的上司比学问。真可发一笑。如今在学术机关里都不以学问为用人的标准，又安能求之于一个税务局。所以我觉得应该提醒你一下，收到这封信以后，你得立刻开始注意你的上司的行仪，揣摩他们的性情脾气。凡是一个能久于其位的主任，科长或局长，必然有他的一套特殊本领。这一套本领，往往可以战败了他的职位所必需的学问，而成为他的保持地位，或甚至平升三级的因素。你所急宜学习的，就是这一套本领。大体上说起来，这些本领主要都是用于媚上的，其关于御下的部分，暂时可以不去管他。一般做主管长官的人，他们的御下政策，往往是侧重于怎样与下属隔绝，怎样使下属畏惧与怨恨。他们只要获得了上司的支持，就不惜不怕与下属为敌了。你在媚上没有成就之前，千万不可骄下。至于媚上之道，其实也不甚难，一言以蔽之，逢迎意志而已。

作家书简

从前的主管长官，多少还有一点学问，这些人的确不容易谄媚，因为他们有时候也会涌现一点书生气，轻蔑你的谄媚，尽管心里觉得受用，表面上却反而压住了你，于是你抛了心力，弄巧反拙。现在的主管长官，胸无点墨者多，这些人其实最容易巴结。你愈肉麻，他愈高兴。尤其是对于他们的太太或姨太太，只有你暂时把廉耻丢在一边，多说几句奉承话，逢时到节，多送几份厚礼去，一定会有显著的功效。听说现在各机关人事室主任的权也很大，你们局里想必也有此一官，切宜加意奉迎，勿有千虑之一失。

你信上说，你的同事都跟你很好，都为你不平。这可见你虽然没有蒙上司的青睐，却已颇得同僚的拥护。但是，据我看来，这并不是好兆。你没有获得你所必须获得的，而已获得了你所不宜获得的。你必须看清楚一个事实：一万个拥护你的人不足以增高你的地位，而一个提拔你的人可以把你送入青云。你必须舍弃一万个人的拥护以求取一个人的提拔。因为，我恐怕一万人的拥护，会得妨碍了一人的提拔。你所引以自慰者，恐怕适足以自害，这一层亦非仔细思量不可。所谓群众之力，不如领袖；国家大事，固已如此；个人私事，何莫不然。

二、覆蒋家彦（一个中文系毕业生）

三封信皆已先后收到，因为没有时间细细作覆，所以搁到今天，非常抱歉。你的不安定的情绪，由于你这三封美妙的书简，我相信我已经全部感觉到了。一个极有希望的文学青年，栖迟在一个偏僻的山城中，真是为你所自述的，不异于"涸辙之鲋"。但是，我有什么办法呢？即使我相信你的文学成就，不久就可以把你自己建设起来（而事实上，我也的确认为你可能有此前途），我还是不敢替你画策，说一声"你到上海来罢"。

按理说，争名者于朝，争利者于市。上海是市而兼朝的都会，你要在文学事业上奋斗，的确应该到上海来。上海有许多文人，他们的文学修养都相当好，足以使你获得切磋琢磨之益。上海容易买到或看到古今中外的书，这也是你所需要的方便。上海有人会赏识你的作品，也有人会鼓励你，影响你，使你的文学修养高深起来。在上海，一个人的眼界广大，可以开拓你那狭隘固陋的胸襟。从这几点看来，我应该赞成你的计划，并且努力帮助你，使你能够来到上海，开拓你的前程。

自从被一个外国记者夸张地称为"冒险家的乐园"以后，上海真成为许多不幸的冒险家的目的地。这个现象，在胜利后的今天，尤其显明。但是可怜得很，大多数冒险家所发现的上海，并不是一个"乐园"，而是一个"地狱"。这些冒险家在发现了上海是个地狱的时候，已经被这个地狱所吞噬了，恐怕一辈子也不容易脱离这个魔窟。从前的上海，并不是没有地狱的。但那时候的地狱是沉没在乐园底下，除非你自愿堕落，普通的人多少可以在这个乐园里享受了他所愿意享受的。但是现在，地狱也从地下爬了出来，反而把乐园打到底下去了。在这个情形之下，你就算可以到乐园里去，也得先打地狱里穿过。因此，这乐园也跟从前的不同了。

如果你是一个内地的大商人、大财主，能带几千万国币或美钞到上海来，我就决不反对你来。你可以靠拆息过很舒服，很荒唐的梦一般的日子。但现在你不过是一个文学青年，你所有的资本不过是一点点闪光的天才。你想凭这一点资本到上海来放拆息，我可以断言你一定会失败得很惨的。天才与学问，在上海，岂但轮不到做冒险家的资本，简直是每一个里衖中的垃圾。真的，现在上海的里衖中，垃圾堆中找不到一块三寸以上的废布，而天才与学问却有不少蛰伏在那里。我曾经和衖口小报摊的老板谈天过几次，也曾经和一个测字的谈天过几次，觉得他们都比我所碰到过的简任官高明。

我刚才说过，上海并不是没有人赏识你的成就，也不是没有人能使你获益，但是这些人现在都正在过着各种艰苦的日子。他们之中，也许有些人的生活还不如一个小报摊老板或测字先生。他们至多是赏识你，并且告诉你一些为你所不知的事情。对于你的实际上的帮助，例如找一个职业，甚至在他自己家里给你腾出一个床位，都是不可能的。能有余裕给你谈谈文学的人，已经是不可多得的了。我自己就不复能像从前在内地时那样地陪同学聊天了。有一天，一个学生来找我闲谈。他还是内地的抗战作风，一坐就坐了三小时，从中国古小说谈到法国文学上的新运动。却不知道屋子里急坏了贱内，她在等我出去找钱买米。

不错，上海有个文艺协会，还有什么文化运动委员会，但这些会的事业只能在报纸记事上看看的，你希望它们能给你一些帮助，也是绝不可能的。第一，你没有办法加入这些会。第二，纵然加入了也不能从此中获得援助。文化运动会我不甚熟悉，好像是早办了一个什么戏院和饭店。文艺协会虽然参加过一二次，也不明白在做些什么有利于文艺或文艺家的工作。你要加入这些组织，恕我不能介绍。不过听说上海已经有了许多想加入那个会而还加不入的作家，想来一定是很不容易吧。又听说有许多文学青年曾经参加了几次盛会，多数奉缴了茶点费而吃不到茶点的。这样看来，你希望加入这些组织以为在上海学习文学的根据，也完全是与虎谋皮之计了。凡是一切文化运动，应该讲做假借"文"艺的募"化"运动。它是向你要索一些什么的，不是给与你一些什么的。这个意义你必须弄清楚。

以上总算答复了你的几个问题。抱歉得很，我几乎把你的每一个美梦都打破了。但事实是，我企图在你没有落进地狱之前先把你救起来。你不必想赶到上海来了。你所说的那个中学国文教员的事情也就不妨接收下来，比在家赋闲总好些。万一你还是要来，我所能给你的帮助只是：（一）在我家里给你安排一个临时的床位。你不要希望我能供给你一个小小的房间。我所谓临时的床位，若不是在楼梯边，就得在走廊里。你只能晚上在那儿睡觉，白天无法在那儿工作的。（二）在我家里吃饭，可是别笑我饭菜供应欠佳。（三）我介绍你给几家报纸副刊写文章。这只是为了你要努力练习写作，所以给你找这个机会。并不是为了给你找钱。现在的报馆，十之九是要欠稿费的。你希望在上海靠稿费维持生活，也是一个幻梦。说来你也许不信，何以排工高于稿费的时候还会得欠稿费。其实理由也很简单。报馆里的会计先生权衡利害的结果，当然觉得作家的稿费是最应该欠的。如果他们欠了排字工人的薪水，工人立刻会罢工了。如果欠了纸账，明天就没有纸印报了。如果欠了编辑和职员的薪俸，报馆里没有人工作了。只有欠了你的稿费，下个月还有他来跟着写稿，跟着上当。好在上海作家很多，每人写一次文章，上一次当，轮流过来也可以敷衍一年的副刊。所以，既然已经被报馆里的会计先生认为是该欠的，你也必须自承是该欠的了。

我所能帮助你的，只有这三桩。你可以住在我家里，找一个地方去写拿不

340   名家书单

到稿费的文章，其他的事情就必须你自己去解决了。你再考虑考虑，如果确有办法解决，你就来，否则，只好以后再等机会了。

十一月七日

○ 原载《论语》，1946 年第 119 期第 45—48 页